中国西南古建筑典例图文史料

平武报恩寺

PINGWU BAOENSI

张兴国 郭璇 陈蔚 总主编

郭璇 戴秋思 编著

重庆大学出版社

序

中国国土广袤，地貌、气候多样，决定了其建筑体系下各地建筑呈现出丰富的地域特征，反映了文化的多元性。四川盆地、云贵高原，地形复杂、气候多变，该区域内的传统建筑取材丰富、形态多姿，是我国民族和地域建筑的宝库。《中国西南古建筑典例图文史料》书系囊括了西南地区最具有代表性的古建筑的案例，其中包括：世界文化遗产、中国石窟寺的奇葩——大足石刻，我国明代官式建筑的经典案例平武报恩寺，西南禅宗祖庭梁平双桂堂，以及民间祠庙会馆建筑和摩崖风景建筑的杰作镇远青龙洞。这些古建筑均具有极其重要的历史、文化和艺术价值。而该书系以翔实的史料、丰富的图文，全面记录了这些珍贵的文化遗产，揭示了其价值，因而具有重要的文献价值和学术意义。

重庆大学建筑城规学院作为全国历史最悠久的八所建筑院系之一，创办该院系的老一辈学者早在20世纪30年代就参与了中国营造学社对西南地区传统建筑的调查与研究，为创建中国的建筑史学、探索中国建筑史研究方法作出了历史贡献，培养了不少人才并组成了中国建筑科学院建筑历史研究所重庆分所，其研究成果十分丰富、学术积淀深厚、地域特色鲜明，并积累了大量的传统建筑实测资料。《中国西南古建筑典例图文史料》是重庆大学建筑城规学院建筑历史与理论研究所多名专家学者近三十年来对西南地区的文物古迹和历史建筑的调查研究成果以及多年来该学院师生对古建筑测绘、研究的成果集合。这些成果不但是师生们辛勤劳动的结晶，而且是十分珍贵的重要历史文献。今将这些珍贵资料汇编成书系出版，具有重要的学术意义。特别是 "五·一二" 汶川大地震后，这些古建筑测绘资料将是西南地区古建筑保护与修复的重要、可靠的图文史料依据，为今后的进一步深入研究提供了可靠的研究基础。

愿书系的出版激发更多有识之士和民间大众对我国建筑遗产的珍视和保护之情。

晋宏逵

2013年夏初于故宫博物院

丛书序

西南地区悠久的历史上曾经有过光辉灿烂的建筑文化。云南元谋遗址，重庆大溪遗址，成都三星堆遗址、金沙遗址，都反映出西南地域优秀的建筑文化成就；东汉的崖墓、汉阙、画像石与画像砖，反映了早期中国建筑形制及其优秀的建筑文化技术水平；唐宋摩崖石刻中的建筑形象，折射出西南地区佛教建筑的高峰水平。西南地域辽阔，地形地貌复杂，民族民俗文化丰富，明清以来遗存的古典建筑呈现多元化和地域化特色。

西南地区遗存的古典建筑，是极为丰富的文化遗产和技术遗产。但古建筑的设计施工主要靠世袭工匠言传身教，尤其是地方性民间性的古建筑，更是靠经验积累相传，少有文献记载，更无图纸档案留存。要系统整理这笔巨大的遗产，需要大量而艰苦的田野调查，尤其是准确的建筑测绘资料整理。从20世纪上半叶起，梁思成、刘敦桢等大批建筑界前辈，为中国建筑研究和测绘调查奠定了良好的基础。

西南地区的古建筑调查测绘，可追溯到20世纪30年代末40年代初，中国营造学社先辈们对云南、四川古建筑的调查研究。调查研究类型涉及寺观、衙署、祠庙、会馆、城堡、桥梁、民居、塔幢、崖墓、墓阙等，并在《中国营造学社会刊》发表《云南一颗印》《宜宾旧州坝白塔宋墓》《旋螺殿》《四川南溪李庄宋墓》《云南之塔幢》《成都清真寺》等文，应是最早公开出版的西南古建筑研究成果。后来不少营造学社的先辈到高校执教，如梁思成、刘敦桢等，是高校古建筑研究和人才培养的先驱。这里值得一提的是叶仲玑先生，他就有过中国营造学社的工作经历，来到重庆建筑工程学院建筑系任首届系主任，营造学社的精神在建筑系无形延续。

新中国成立以来的古建筑测绘，主要由全国建筑高校承担起来。重庆建筑工程学院是当时西南地区唯一拥有建筑系的高校。结合教学和科研工作，建校之初就建立了建筑历史研究室，并成立中国建筑科学院建筑历史研究所重庆分所。研究室的学者来自全国各地，辜其一、叶启燊、邵俊仪、吕祖谦、吕少怀、余卓群、白佐民、尹培桐、罗裕锟、杨嵩林、万钟英等，是建筑历史研究室开创以来的老一辈学者，他们对西南地区历史建筑研究作出了贡献，并培养了大批从事建筑历史理论研究的人才，他们的精神深深影响着建筑历史理论研究的后来者。

建筑历史研究室的老一辈们，对历史建筑研究有锲而不舍的精神，扎根西南地区几十年甚至默默奉献一生。担任首届历史研究室主任的辜其一先生，在极其困难的20世纪60年代，几乎走遍了巴蜀大地，坚持巴蜀地区的汉唐古建筑研究，系统调查整理巴蜀的东汉崖墓建筑，绘制出测绘图文手稿两大册，他在"文革"中含冤而去，可惜没能最终整理出版；幸喜的是他早期调查整理的摩崖石刻中的唐宋建筑，通过《文物》杂志发表，成为研究巴蜀唐宋建筑可贵的图文史料。叶启燊、邵俊仪等先生，系统开展了四川民居的调查测绘，他们还深入川西高原的羌藏地区、大凉山的彝族山区，开展对少数民族建筑的调查研究，部分资料已整理出版，叶启燊先生所著的《四川藏族住宅》是其中重要的研究成果。曾师从于刘敦桢的邵俊仪先生，调查整理发表了《重庆吊脚楼民居》学术论文，在传统吊脚楼民居荡然无存的重庆城区，其图文史料价值显得尤其珍贵。

几十年来，结合教学与科研工作，建筑系的师生测绘了上百项古建筑，并留下大量测绘图文资料档案。平武报恩寺、成都杜甫草堂、成都武侯祠、成都望江公园、眉山三苏祠、峨眉山寺庙群、青城

山道观、大足圣寿寺、潼南大佛寺、涞滩二佛寺、镇远青龙洞、重庆湖广会馆、梁平双桂堂、重庆老君洞道观等，都是这些年来有代表性的古建筑测绘项目。这些测绘资料成果，成为国家及地方文物保护单位的必备资料档案，更为文物保护修复设计提供了技术支持。2008年的汶川大地震，平武报恩寺遭到地震的摧残，师生们30年前的测绘资料，其用于修复设计的价值凸显。近20年来，结合民居研究、历史文化名城名镇保护，开展了民居建筑群、古镇古村落的测绘调查。重庆双江民居、贵州镇远民居、习水土城古镇、四川古蔺太平古镇、四川肖溪古镇、重庆东溪古镇、重庆涞滩古镇等，都是这一时期具有代表性的测绘研究成果。

由于诸多原因，几十年的研究成果，较多的留存在档案室，甚至不同程度地损坏缺失，没能公开整理出版，甚为遗憾。国家出版基金项目的资助，激励我们将这些研究成果整理出版。《中国西南古建筑典例图文史料》首批整理了四川平武报恩寺、贵州镇远青龙洞、重庆梁平双桂堂、重庆大足石刻与古建筑群等测绘资料，并由重庆大学出版社组织出版。这四组古建筑群的测绘时间跨越了30年，代表不同时期的测绘资料成果，反映不同历史时期和地域特色的建筑。平武报恩寺是巴蜀明代的建筑原物，反映了典型的北方官式建筑风格风貌，对其的测绘是恢复高考后的七七、七八级学生在教师指导下完成的；贵州镇远青龙洞是一组具有特色的摩崖式古建筑群，建筑群依附于陡峭的崖壁，出挑吊脚，凌空飞架，是山地建筑空间组织和营造技术的优秀典例；大足石刻是中国南方佛教石窟寺的杰出代表，大足圣寿寺是一组丘陵山地古建筑群，建筑布局结合坡地起伏变化，逐步往后升高，群体空间轮廓线尤为突出，其山门运用牌楼门式处理手法，在巴蜀地区的佛教建筑群中具有代表意义；测绘于21世纪初的梁平双桂堂，被誉为"西南禅宗祖庭"，其空间组合既强调佛教寺院的轴线空间序列，又巧妙结合民间院落空间组织特色，在建筑营造技术上，巧妙运用石木组合构架技术，建筑的地域特色浓厚，是佛教建筑地域化特色的典型例证。

《中国西南古建筑典例图文史料》所呈现的，仅是几十年测绘成果的一部分，我们希望以此为契机将整理、出版工作继续进行下去。西南地区的古建筑类型极其丰富，有价值的建筑遗产远远不止这些，需要更多团队和有志于古建筑的研究人员去抢救和整理，一系列完整的西南古典建筑图文史料才将会展现于世。

《中国西南古建筑典例图文史料》的出版，得到东南大学建筑学院齐康院士、故宫博物院前副院长晋宏逵先生、重庆市名城专委会主任何智亚先生、中国三峡博物馆馆长程武彦先生、重庆市文物局前副总工程师吴涛先生等专家和学者的支持和积极推荐，特此表示感谢！

《中国西南古建筑典例图文史料》，涉及几百位建筑专业学生的辛勤劳动，他们既学习又奉献。资料的整理、出版，更是对从事古建筑研究的老一辈研究学者的最好纪念。

重庆大学建筑城规学院
建筑历史与理论研究所

前言

平武报恩寺为明正统五年（1440年）始由龙州宣抚司土官金事王玺、王鉴父子奉旨主持修建，主体工程于正统十一年（1446年）基本竣工。它和青海瞿昙寺、北京智化寺同为国内保存最完整的明代宫殿式寺庙建筑群。平武报恩寺远离封建政治中心和官式建筑活动中心，却具典型的官式建筑特征。它是国内罕有的建筑于少数民族地区的汉式建筑风格的佛教寺院，也是多民族文化融合的突出代表，被誉为"明代罕见之遗物"，对研究我国古代建筑具有不可替代的价值。

平武报恩寺建筑坐落于四川盆地西北部，地处龙门山系涪江河谷中的龙安府故城（今绵阳市平武县龙安镇），海拔约1500米。报恩寺在选址和布局上，既遵循了中国传统寺庙建筑的一般规律，又受到当地风俗和地理环境的影响。建筑群依山就势，呈西高东低的三阶台地布置，采取了坐西朝东的布局形式，与我国寺庙坐北朝南的传统做法迥然相异。这一方面是由于地理环境条件的限定，同时也与特定的历史文化因素相关。当地氐羌等少数民族以东为尊，本有崇日而东拜的习俗；再者，如当时修建寺院的目的确实是为了"祝延圣寿"，明皇城在平武之东，王玺所设的"龙位"也正朝东方，报恩寺建筑采取坐西朝东的布局也就不足为怪了。

平武报恩寺总建筑面积3500余平方米，现占地面积2.5公顷，主体建筑以东西方向为轴线，三进院落东西长270余米，南北宽100余米；中轴线上有四座大殿，依次为山门、天王殿、大雄宝殿、万佛阁，并与寺前广场、经幢、石狮、钟楼、华严藏、大悲殿、南北御碑亭与廊庑等组成院落空间序列。建筑在纵深布局的空间处理上采取一抑一放的手法，表现出设计者高度的思想和艺术造诣。建筑群檐牙高啄，殿院参差错落，在群山环抱下更显得气势恢宏、深远莫测。

从建筑的形制上看，平武报恩寺是一座寺庙和宫殿特征兼而有之的古代佛寺建筑群。除符合寺院建筑的一般形制外，报恩寺建筑与明代宫殿建筑多有相似之处。例如，寺前广场和金水桥的设置，大雄宝殿左右各设置了造型独特的斜廊且与周围其他建筑互不挨靠。"斜廊式"的布局在同时期的寺院建筑中已不多见，而主要见于明代的宫殿建筑当中。大雄宝殿抱厦部分构架与台基形式不符，似为改寺时模仿同时期庙宇建筑的形制而后来添加。故而，该建筑群的建造动因是寺报皇恩还是僭越等级的王府后改为佛寺，学界至今仍有争议。

平武报恩寺的建筑形式极其丰富，每组建筑群的单体建筑造型均不同：其中山门建筑为五开间，单檐悬山顶；钟楼三开间，重檐歇山顶；天王殿五开间，单檐歇山顶；大悲、华严两殿皆为三开间，重檐歇山顶；大雄宝殿为五开间，重檐歇山顶；御碑亭为三开间，上檐为八角攒尖顶，而下檐为方形，构思大胆，造型别致。万佛阁为五开间，重檐三滴水。除了帝王宫殿最高等级的庑殿顶外，报恩寺几乎集中了中国古代建筑屋顶的全部式样。

报恩寺各建筑的结构构架属正统大木系统，一方面表现出从宋

测绘现场师生合影

测绘现场同学合影（一）

元向明清过渡的时代特征，同时也体现出官式和地方民间手法相结合的特点。寺内各建筑斗栱如云，尺度较清式为大，宏雄有力，结构作用明显，但斗栱的踩数、等级又不拘规则，形式十分富于变化。报恩寺建筑中的斗栱多采用象鼻昂、斜栱等装饰性很强的形式，尤其是斜栱花样之多，为全国少见，很好地糅合了官式做法和地方风格。

报恩寺单体建筑均为"穿斗式"与"抬梁式"合并使用。各殿梁架结构原则相同，天花以下明栿为抬梁式，天花以上草栿为穿斗式做法。各殿多用分心槽加副阶周匝之制，侧脚生起明显，不仅美观，且具有优越的抗震性能。此外，报恩寺建筑主体构架用材为精选楠木，因件配料，质量颇高，历经多次地震的考验，仍能保存完整。

报恩寺建筑的屋顶、八字墙等多处使用琉璃，这些琉璃不仅图案优美、色彩绚烂，且烧制工艺精良。报恩寺建筑的内、外檐装修构图华巧，大雄宝殿和天王殿等处仍保留部分明代门窗原物，天花为明清所称的"井口天花"，是明清建筑中天花的最高形制。建筑彩画也是报恩寺建筑特别引人注目的部分之一，与其同期的智化寺、法海寺不同，是另一风格的明代彩画，同时局部又保留了宋风。此外，建筑中的壁画、彩塑均为明代建筑中之精品。

平武报恩寺是明代民族边远地区特殊政治制度、社会状况以及建筑艺术和技术工艺水平的重要历史见证。在泥石流、地震及阴湿时常威胁的环境中，经受清代以后数年的兵燹以及"文化大革命"十年浩劫而保存下来，实为难能可贵。建筑群极高的历史、艺术、文化价值和科学技术价值，至今值得进一步深入挖掘和研究。

20世纪80年代初，重庆建筑工程学院建筑系（现重庆大学建筑城规学院）组织恢复高考后的第一、第二届学生开展了对平武报恩寺建筑群的调查测绘，这也是"文革"结束后西南地区乃至同时期全国开展的最大规模的古建筑测绘之一。此次测绘共完成精美的测绘图手稿近百张。这批测绘图纸承载着几代建筑学人的辛劳，也记录了时代发展的轨迹。如今，参加测绘的指导教师叶启燊先生业已故去，邵俊仪、白佐民先生也年逾八旬，李先逵先生则已退休，当年学生中的刘家琨、汤桦、徐行川、戴志中、杨文炎、李秉奇等人则已成长为当代的著名建筑师和学者。2008年，平武报恩寺建筑遭受"五·一二"汶川大地震的影响，昔日的测绘成果更显珍贵。2010年，重庆大学建筑城规学院建筑历史与理论研究所中青年教师指导建筑学本科学生对这批测绘图纸进行了数字化处理。2013年包括《平武报恩寺》在内的《中国西南古建筑典例图文史料》丛书得到国家出版基金的资助，使得这批珍贵的史料得以问世。

本书的前言部分对平武报恩寺的地理区位、建筑的总体风格特点等进行了概括性的介绍；第一部分对报恩寺建造的起因进行了考证，此部分内容收录自邵俊仪先生指导、李志荣撰写的硕士学位论文，并基本保持了文字的原貌，作为一家之言，是对老一辈学者建筑教育工作的纪念，同时也是对20世纪80年代中期建筑历史研究成果的真实反映；第二部分是本书的主体，该部分汇集了报恩寺内各个建筑的平、立、剖面测绘图纸，以及斗栱、小木作和彩绘详图等，图纸基本保持了80年代初测绘成果的原貌，进行了数字化处理和少量修正，彩色照片大部分为现状照片；第三部分汇集了彩塑、壁画、石雕、碑

测绘现场同学合影（二）

文等附属文物的图文史料；第四部分是地震灾害对平武报恩寺的影响与灾后修复简述，并附地震后实景照片，最后收录了平武报恩寺彩画复原图、建筑斗栱形式和等级一览表以及大事年表。全书内容充实饱满，为平武报恩寺古建筑群的研究、保护提供了详尽的第一手资料。

感谢清华大学文化遗产保护研究所的同仁在本书编写过程中提供的帮助。最后，对重庆大学建筑城规学院建筑历史与理论研究所全体老、中、青教师在历年来的古建筑调查测绘和研究中所付出的辛勤劳动表示衷心的感谢。本书系是对历史建筑调查与研究工作的传承和最好的纪念。

重庆大学建筑城规学院
建筑历史与理论研究所

天音醒世

目录

平武报恩寺历史考

一、王府还是寺庙？[1]

1. 问题的提出

究竟是原本有计划建筑的寺庙，还是由僭越等级建造的王府改成的寺庙？这一直是围绕报恩寺的一大“公案”，两种说法并存，至今没有定论。

一说报恩寺是明正统五年（1440 年）龙州土官佥事王玺奏修的报答皇恩的寺庙[2]。寺内碑文是此说的据证。寺内碑亭明正统十一年（1446 年）由王玺所立“九重天命碑”《敕修大报恩寺碑铭》是寺内最主要的碑记。碑文说明王玺修寺的原因及寺之规模形制并以溢美之词颂赞王公德行。碑载：“龙阳旧治青川，洪武中徙今乐平（即今平武县城龙安镇）。古有观音院，在今寺之南，规制湫隘，无以容众。土官佥事王玺恩无补报，欲大创寺宇，保障遐方。乃于土僧正知叶同开山遂请于朝，皇上允之。纶音既下，卜其美地，水环以流，山拱而秀，揄材鸠工，伐石陶甓。经始于正统庚申（1440 年）。龙人之趍势赴功者罔敢或后。越七禩而告成。殿宇深峻，阶墀轩敞。殿之前则有天王殿、三桥、山门、二狮、二幢、钟楼而极其华美，殿之后则有七佛楼、二亭、戒台、龙神祖师之堂而极其壮丽，殿之东西峙以大悲殿、轮藏殿而翼以廊庑，楼之后则环以方丈僧寮、斋厨库舍悉完整清洁。其妆塑点染，雕琢藻绘，黝垩丹漆，金碧琉璃，争光照耀……”从碑文看，建筑的是“报恩寺”，而且经皇上允准，因而为“敕修”。碑中记述建筑配置，主体形制与今留存报恩寺相合。

“王府改寺说”认为报恩寺原是龙州土官王玺僭越等级制度建造的王府。建府之事被察觉后，王玺惶奏建报皇恩大寺。明代对私建寺庙，按例应予惩处。皇上念其土官守边拓疆有功而不为例准之。王玺将王府改成寺庙，即今报恩寺。传说认为报恩寺是北京来的直隶工匠仿北京故宫建造的。传说认为建筑始建于正统五年，完成于正统十一年。对于由府改寺的时间不清晰，且故事带有很多民间故事的成分。传说依据之一为寺内“九重天命碑”圣旨“既是土官不为例。准他这遭……”以及其他关于王玺及修建过程的传闻轶事。然而传说生命力很强，流传很广。

龙州距京城万里之遥。在今天看来，报恩寺之修建亦不是简单的事件，更不消说五百多年前的明代。两种说法并存，说明这期间定有文章。事实上，人们很难轻易地把规模宏大的报恩寺建筑群与官位仅在六品的龙州土官王玺联系起来。因此弄清建寺之缘由，就成了研究报恩寺首先必须解决的问题。

2. 龙州及王玺

古龙州，即今平武县。位于川西北，四川盆地边缘，是盆地与高原相通的过渡带。宋诗云：“峭壁阴森古木绸，万山深处指龙州，猿啼鸦噌溪云暮，不是愁人亦是愁。”即使现在，现代交通相对发达，由成都到平武也还要几小时，古代平武与外界之联系可想而知。《平安府志》载：“龙城距京师万里之遥”。古龙州似乎是远离尘嚣的静谷。

然而，龙州地处汉夷交错杂处的最前沿。自蜀汉以来，一直是战略要地（蜀汉江油关即在平武县，邓艾经阴平道攻下江油关，蜀汉失西川）。虽弹丸之地却关系着国家的命脉。《龙安府志》载：“……惟我龙州僻处边陲，介在羌氐，松峰积雪，六月如银；柳留凄凉，三春迟暮……舟车不到，作客罕闻……然数西蜀则金川之史册无光；微龙州则西蜀之藩篱莫固。”因其如此重要的战略地位，龙州地区自蜀汉起即有土官政权雏形，直到北宋末年正式设土司政权（一直延续到 1956 年才彻底取消）。所谓“土”即指边防要塞少数民族自治政权，或是由汉官充任的统治少数民族的政权。“土”政权由土司集团组成。土司政权受控于中央政权，其官制服色品位与汉同级官制相同，只是它具有双重职能：一方面是统治少数民族，“关辖边寨及藩民种类，户口，业产，服色，嫁娶，死丧风俗”“兴学化夷”的机构；另一方面是镇压少数民族，保卫边陲安全的机构。因而，土司政权具有相当的独立性和特殊性。历代镇守中原的汉族统治者或蒙、满统治者，均把安氏定边的伟命全权交给镇夷土官，特别是明朝。

龙州土司自北宋一直是薛、王、李三姓控制，土司政权世袭。三姓控制平武一带藩民，各拥有一定数量的少数民族藩寨，颇有些藩国余韵。“分封茅土经千载，带砺江山历数朝”是为土司写照。王玺，是明宣德三年（1428 年）袭文职的仕郎判官。明初，朱元璋伐蜀。龙州土官三姓争相投靠，镇边有功。宣德八年（1433 年）升龙州为宣抚司。王玺任土官佥事，相当于六品武职。品位虽不高，但是军事要镇的军权掌握者；虽是小官，王玺有自己的藩民边寨，自己的领地，在自己领地一方，做着事实上的“皇帝”。

因此，王玺有僭越等级的基础。

1. 本章节选自：邵俊仪教授指导、李志荣撰写的《平武报恩寺研究》，重庆建筑工程学院硕士学位论文,1988 年。
2. 正统四年（1439 年），王玺奏请建寺事宜获允。故也有部分学者将平武报恩寺的始建年代定为 1439 年。

3. 王玺建造王府的可行性

龙州盛产楠木，为王玺准备了优越的建材条件。正统五年北京大修故宫，平武出贡木。因而为王玺伐材量木提供了方便。传说，王玺逼民交大木，不交便杀头。有材之家多掘坑埋木而逃脱。这说明当时有采木一事。可以说是为皇府，也可以为自己准备。

王玺家资富足，龙州又出产麸金，为其修建营造准备了财力条件；明朝工匠的轮班匠制，为社会上提供了大批可以独立于田地的自由工匠，这就使营建的工匠来源有了保证。

材、财、匠有了保障，营造的工作就有了充分条件。有了心理上的基础，加上物质条件，王府之修建有了可能性。

4. "报恩寺"之说值得怀疑

事实上存在的是报恩寺而不是王府。寺内碑文极力说明是报恩寺，然而，关于报恩寺建造历史的资料，只有寺内所立的"九重天命碑"和"万乘皇恩碑"提供的碑文。碑立于正统十一年，立碑者王玺。前者正面镌刻圣旨："既是土官不为例，准他这遭。"背面即敕修报恩寺碑铭。后者碑文为修大报恩寺记，同样记述了报恩寺修建前因后果。总的看来，二碑似乎都是为王玺努力正名。"九重天命碑"铭中说"开基创寺，坐西面东，伊谁檀越，金事王公，奏于帝廷，帝曰准从"，其中可见僭越的存在。而且寺建在前而帝准在后，不若其碑文前讲"纶音既下……揆材鸠工"。这二者是显见的矛盾。而"万乘皇恩碑"开头即说："建寺奉佛，人心之至善也，然事有可为而不为，理不可为而为之，均之不得忠君爱国。"而王公因享有世袭爵禄而恩无补报，遂以为建寺为允当"请之于朝。圣天子念其土官特允请而不为例……"可见这碑文其内在微妙的逻辑，王玺是做了"理不可为而为之"的事，碑显然是在为其辩护开脱。

唐代以后，封建统治者对佛教建立了严格的管理制度：不准随意私建寺院；不准私下剃度僧尼；实行度牒考试制度；限制寺院经济的发展等。建造寺院要经国家批准，严禁民间建寺。明代洪武年间沿宋代制度加强了对佛教的严格管理。洪武二十四年（1391年），又命令各州县府只许保留大寺院一所及僧众聚住（注：见《世界七大宗教》陈鳞书、朱森溥著），但明代却有许多"报恩寺"及敕修的寺院。特别是英宗正统年间，王振摄政，作为宦官内臣与寺院本有不可分之联系。王振自己就耗巨资在京城建了智化寺；法海寺等其他寺庙都是

宦官修建。王振仅正统五年就度僧道22 300余人。僧道事业在明朝是有些畸形发展的。而王玺为皇帝修建一座寺庙何会引出如此不恭的言辞"既是土官不为例，准他这遭"？可以推断，王玺违例实质不在于建寺。再说其报恩亦含糊其辞，似是搪塞之词。

更可疑之点是王土司家族修建如此一座报答皇恩的寺庙，应该算是一件大功德。可王氏族谱及《龙安府志》对此绝口不提，这说明建寺并非光耀门户。

然两碑的确是明正统十一年所立，也确是王玺所立。寺也确是正统建筑，但建筑建造动土在先，而奏修寺庙在后。是否原本建寺，值得怀疑。

我们推论王玺原本建造的不是寺庙，而是王府，被察觉才改奏建寺，以报答皇恩为由寻求解脱。从寺内碑文的撰稿人都是朝廷要员这点看来，王玺家族与京城朝廷有某种联系。皇上"不为例而准他这遭"也许是钻了明朝关于建筑寺庙制度的空子，大肆立碑正在于遮掩事实。

二、再论王府还是寺庙？

以上我们脱开建筑，从历史原因上说明王玺修王府之可能性。寺由府改有一定道理，原建即寺值得怀疑。事实上，目前存在的报恩寺就是正统年间建的引起公案的建筑群。因而，我们回到建筑，来说明以上判断推论的真确性。

1. "报恩寺"选址

龙州城地势西高东低，呈三阶梯状，涪江从西环城向东流，北山为城依靠向东延伸，形成三面环水一面依山的形势。

报恩寺位于龙城东城墙脚下一开阔地带。前有涪江水潆绕，左右南北二山遥呼拱托。报恩寺所处环境"水环以流，山拱而秀"。从风水角度讲，是一处理想的建筑场所。寺即坐西面东，顺地势，以东城墙为照壁展开布局。

据《龙安府志》和寺内碑文以及实地考察知，报恩寺址处在王氏园地之内，而且是王氏家族历代认定的风水宝地，并与王氏衙署府邸在同一轴线上。

把一座寺庙，而且是一座大型佛寺，安排到家园中，并占领轴线及风水优势，压倒邸府，这在我国建筑史中是不多见的，也不合情理。

因此，我们认为"报恩寺"址原是为建王府而选定的，并非原即建寺。

2. 从总体布局看

报恩寺主体三进院落，以东西轴线组织。

山门、天王殿、钟楼、大雄宝殿、转轮藏、大悲殿、万佛阁、碑亭与廊庑组成院落，成寺之主体。山门前置广场，辅助用房有斋厨、方丈室、僧房等，现已不存。

主体依地势，层次分明，主次井然。应用建筑的"等级"去谐调强化地势，在强化地势中突出中心重点。建筑等级表现在台基高低、屋顶形式、建筑高度等方面。

辅助用房荫蔽在绿树间，体量卑小。

从整体布局看来，报恩寺主体的完整严谨与辅助用房的草率形成强烈对比。佛寺一方面是神的宫殿，信徒朝拜的场所；一方面是僧的住所，香客的旅舍。中国佛寺吸收宫殿住宅布局的特点，结合其特定要求，形成了一定的布局形制，如钟鼓楼设置，主体伽蓝七堂之制等；对于大型寺庙，僧侣用房设置需齐备。今拿报恩寺建筑群与北京智化寺相比可见。智化寺是严谨的禅宗寺院，其方丈、法堂、斋堂设置严谨齐备且安排位置恰当，是寺院布局特点。在报恩寺建筑群中，三进的寺院主体建筑规模相当可观。配套用房并不处于轴线，配置没有一定规则，建筑风格与主体建筑风格不同，前者是官式建筑，后者是民居[1]；显然，这是两个时期的建筑，为两种匠师所为，而且显然这些都不在原计划之中。计划建造的是轴线一路，有钟楼而没有鼓楼。钟楼建筑外观、结构与主体建筑轴线一路风格亦完全不同。显见亦是在寺主体建筑计划外添加的建筑。

从布局也可看出，报恩寺并非原本计划的寺庙。其设置安排伊始，没有考虑寺之要求。

报恩寺山门前广场，面积 13 560 平方米。广场上相对耸立二经幢、二狻猊（即石狮），山门前广场不是寺院建筑所要求的，因为寺庙没有大规模礼仪之要求，从广场看来，与王府联系就很容易解释：王玺是龙州武官，建造王府，应有校兵阅兵设置。事实上，寺山门前广场一直是龙州古校场。至于经幢设置、狻猊设置，则应是改寺后的安排。

山门与天王殿间夹以金水桥，这不是寺庙布置的典型形制。

报恩寺第二进院落即主庭院采用"斜廊式"布局，这是报恩寺建筑群的一大特点。主体建筑两旁采用斜廊的庭院在唐宋时期曾普遍应用于寺庙、宫殿。明代，南京、北京故宫都沿用古制而用斜廊，而在明代的寺庙中却很少见[2]。明正统间或前后的典型寺庙如北京智化寺、护国寺等都不用此制，川西的寺庙亦不见。斜廊院布局到明清已是不很普遍等级较高的一种布局，仅用于宫殿及仿故宫修建的亲王府中。从这点来看，报恩寺采用这种已经很少用的布局，说明其确有仿故宫的可能。

3. 由府改寺的时间

把报恩寺建筑群与智化寺相对照可见，二者在伽蓝名称的配置上有极大相似性。在《北平智化寺如来殿调查记》中，刘敦桢认为智化寺配置是明中叶流行的寺庙制度，证之以北京护国寺残迹、法海寺，特别是佛殿的凸形平面形式，是明中叶寺庙最常用的平面形式。

报恩寺大雄宝殿，亦采用凸形平面，后部有抱厦。然而大殿台基平面是口形，殿身后部凸出部分与台基关系很紧张，与智化寺智化殿、护国寺延寿殿的抱厦平面台基相比，可见报恩寺大雄宝殿抱厦为后加，而不是预先设计。从其抱厦建筑风格，彩画风格与大殿整体风格统一看，抱厦所加时间应当在建筑最后完成之前，即正统十一年前。

因此，我们推论，报恩寺由府改寺的时间是在正统五年至十一年之间，大雄宝殿完成之前。这种由府改寺是有一定参照蓝本的，或许就是北京智化寺。智化寺完成于正统九年（1444 年），或者是一种当时流行的庙制。

4. 寺之完成

正统十一年，作为改成寺的报恩寺建筑已经齐备，但是寺并没有完成。

天顺年间，王玺之子接着完成了彩画、佛塑等全部任务，加点匾额，还为其父塑像于大殿万佛阁，并立碑铭志，最后完成了报恩寺。后经明清无所添建，亦未修葺，直至现在。

三、结论

综上所述，笔者认为报恩寺确是由建府而改成的寺庙。建府过程中，有仿故宫布局的痕迹，改寺则又依据明典型庙制。改寺时间当在明正统五年至十一年之间。因为报恩寺建寺历史的特殊性，使得其建筑群呈现融多种艺术风格于一身的特点，不论从建筑艺术还是从与建筑配合的其他艺术形式（如佛塑、雕刻、壁画等）来看，都反映了这一特点。

1. 僧房部分的建筑已经于近年拆除。
2. 另一例有斜廊的明代庙宇是青海的瞿坛寺。

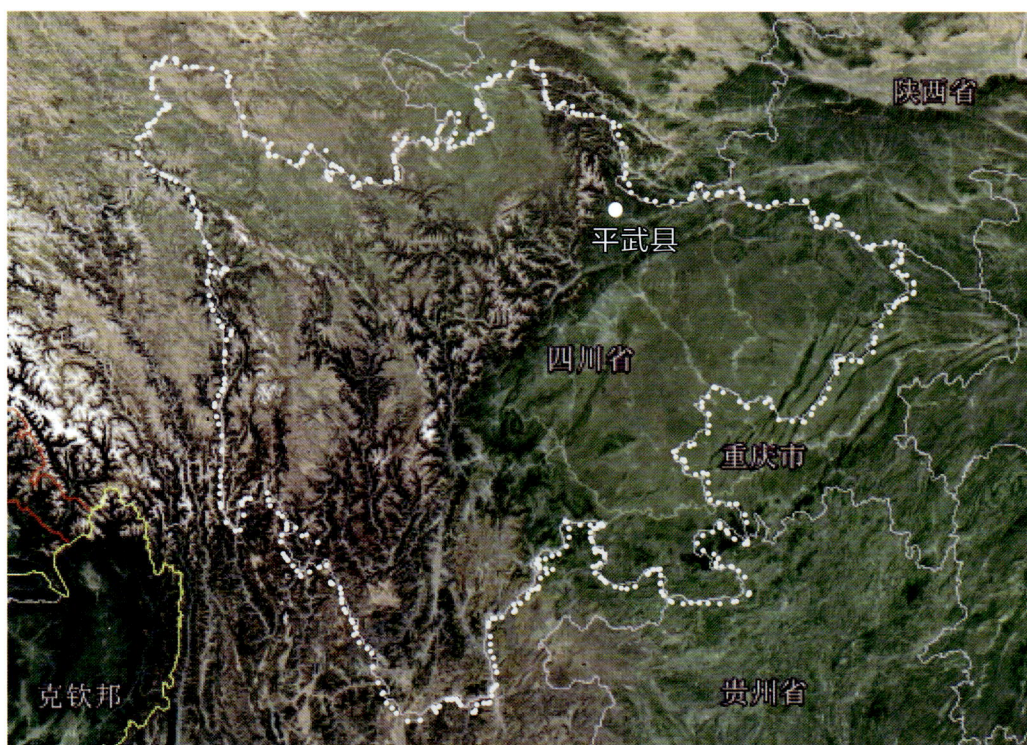

四川省平武县区位图

平武县卫星图

平武报恩寺卫星图

平武报恩寺建筑

总体布局

报恩寺建筑群依山就势，沿东西轴线展开三进院落。一进院落依次为山门及天王殿，院中置金水桥，桥北为钟楼；二进院落主体为大雄宝殿，南北分置华严藏与大悲殿；三进院落主体为万佛阁，阁前南北分置碑亭，并在外围置廊庑；二、三进院落以大雄宝殿及两侧斜廊分隔。院落东西长270余米，南北宽100余米，建筑面积3 500余平方米，现占地面积2.5公顷。山门前为寺前广场，上立经幢和石狮。

群山环抱中的报恩寺

北

⑫

⑪

⑩

⑩

⑨

⑫

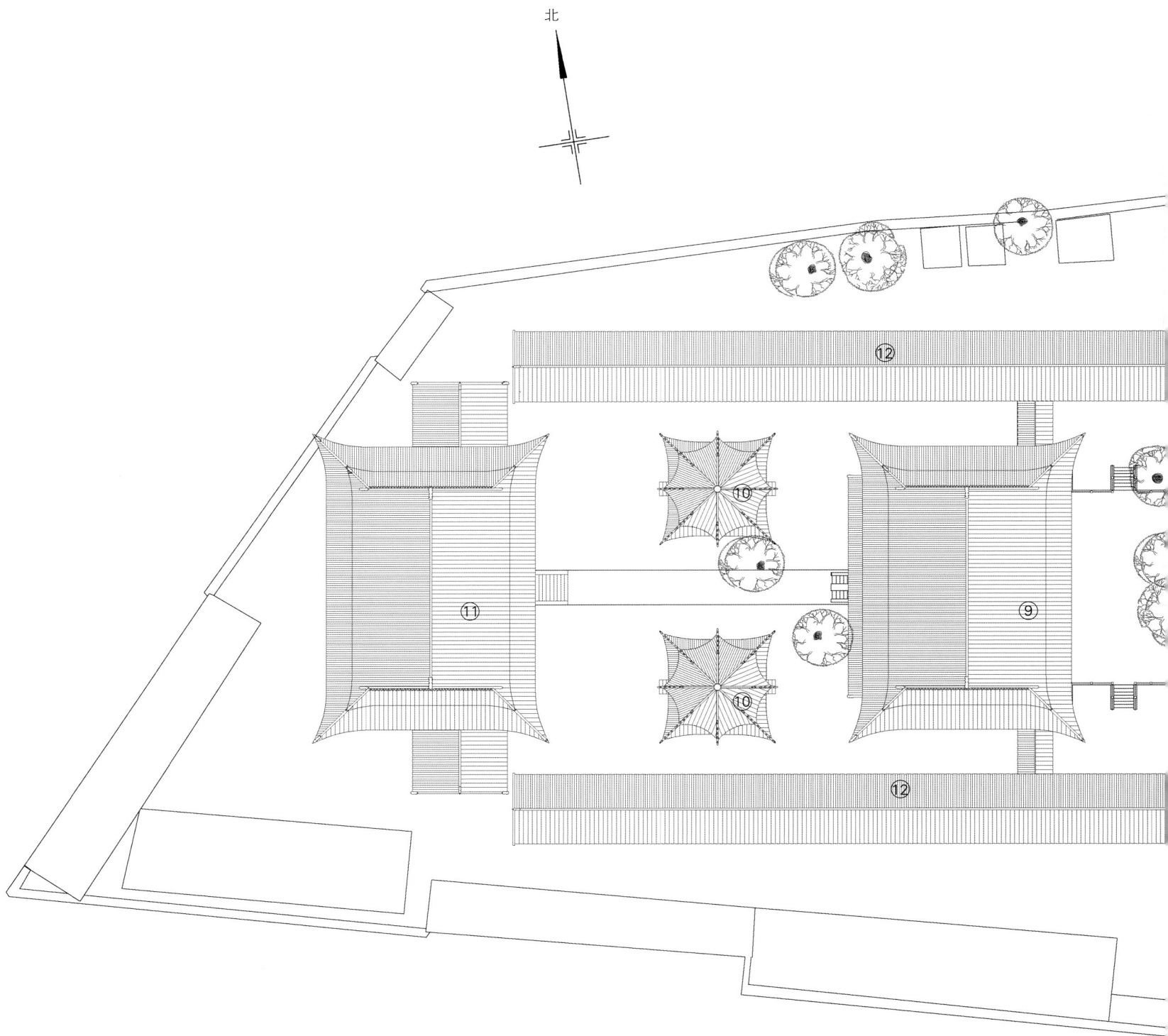

报恩寺总平面图

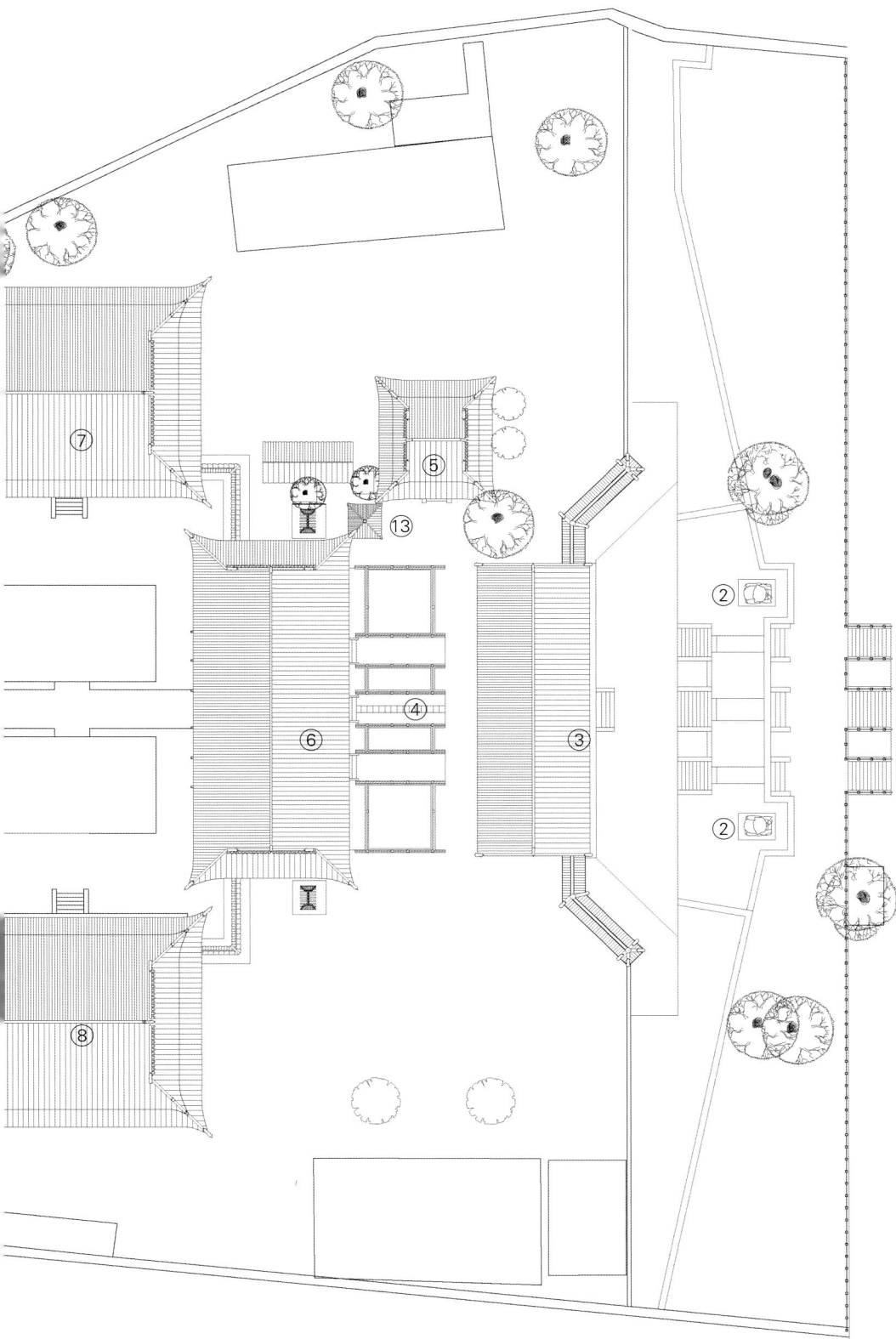

① 经幢　② 石狮
③ 山门　④ 金水桥
⑤ 钟楼　⑥ 天王殿
⑦ 大悲殿　⑧ 华严藏
⑨ 大雄宝殿　⑩ 御碑亭
⑪ 万佛阁　⑫ 回廊
⑬ 范公井

0　5　10　15m

北

⑫

⑩

⑪

⑩

⑨

⑫

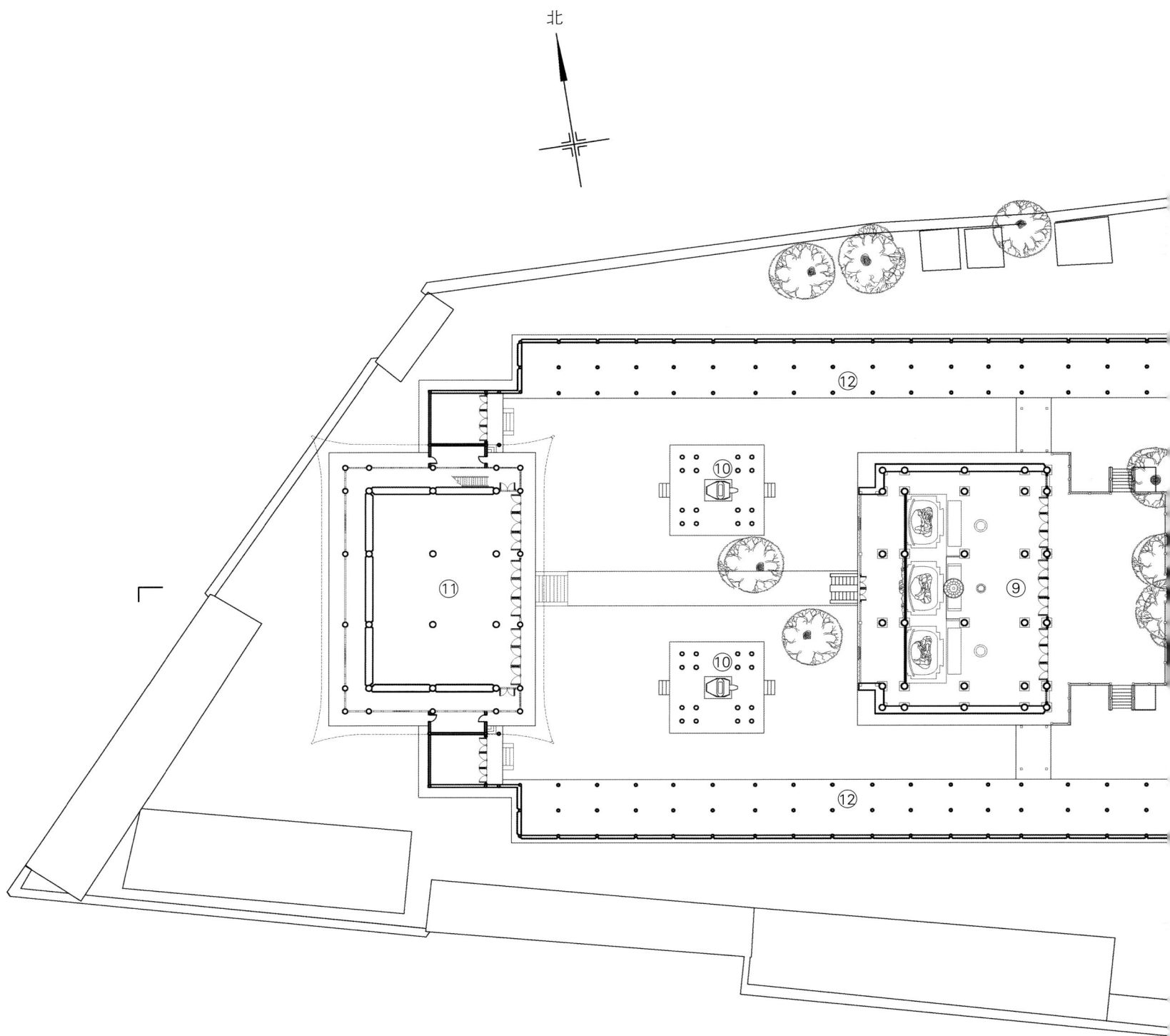

报恩寺建筑群平面图

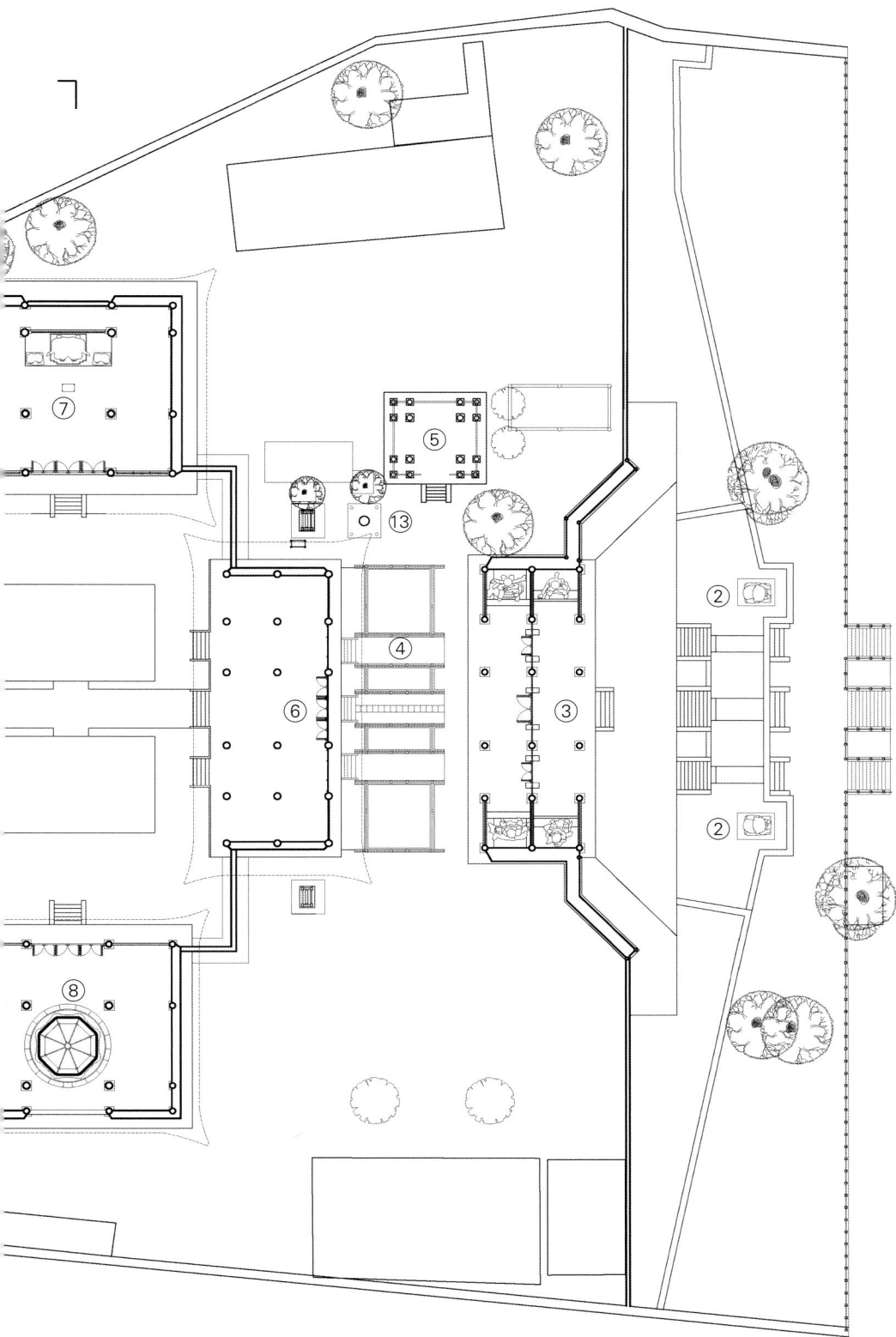

①	经幢	②	石狮
③	山门	④	金水桥
⑤	钟楼	⑥	天王殿
⑦	大悲殿	⑧	华严藏
⑨	大雄宝殿	⑩	御碑亭
⑪	万佛阁	⑫	回廊
⑬	范公井		

0　5　10　15m

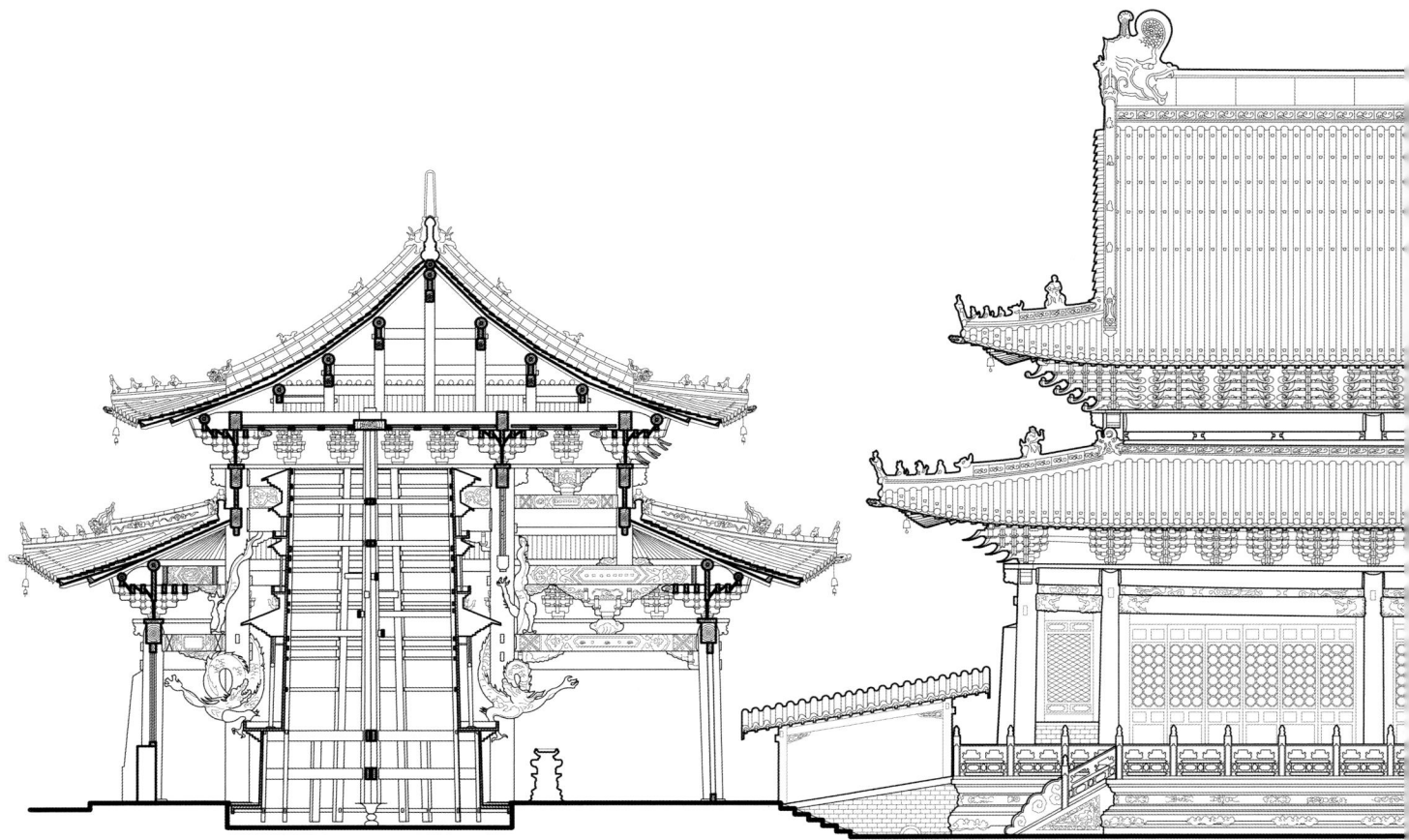

报恩寺建筑群横剖面图

0　1　2　3m

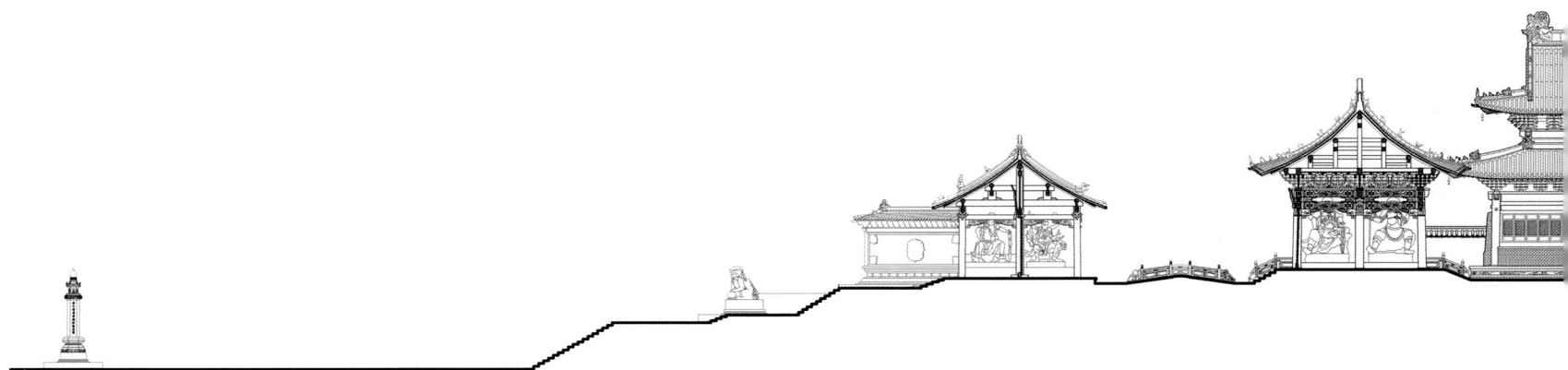

报恩寺建筑群纵剖面图

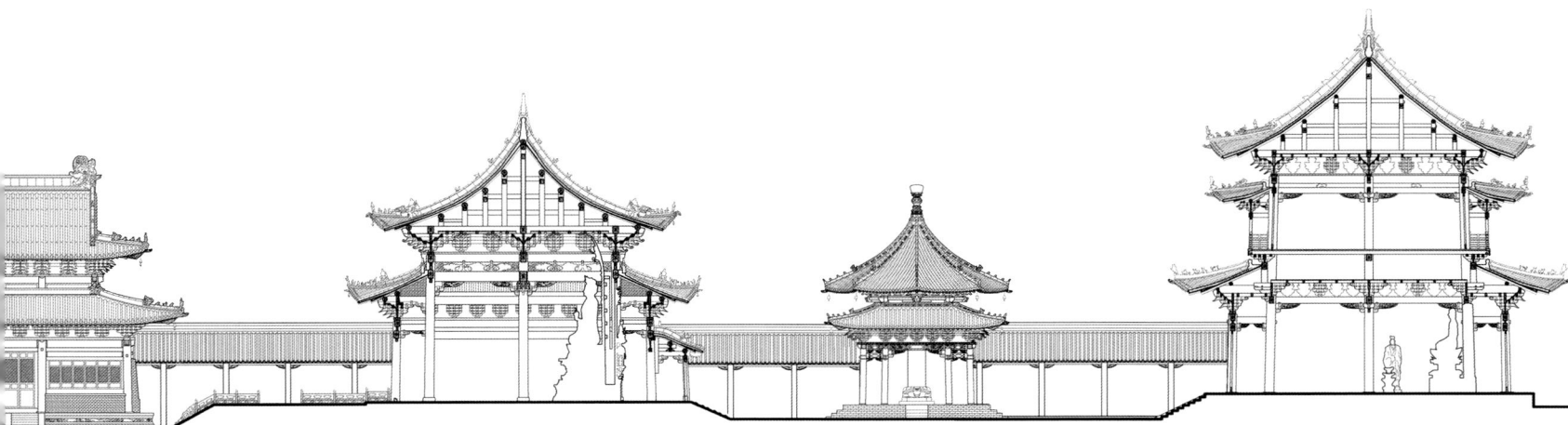

0   5   10   15m

经幢和石狮

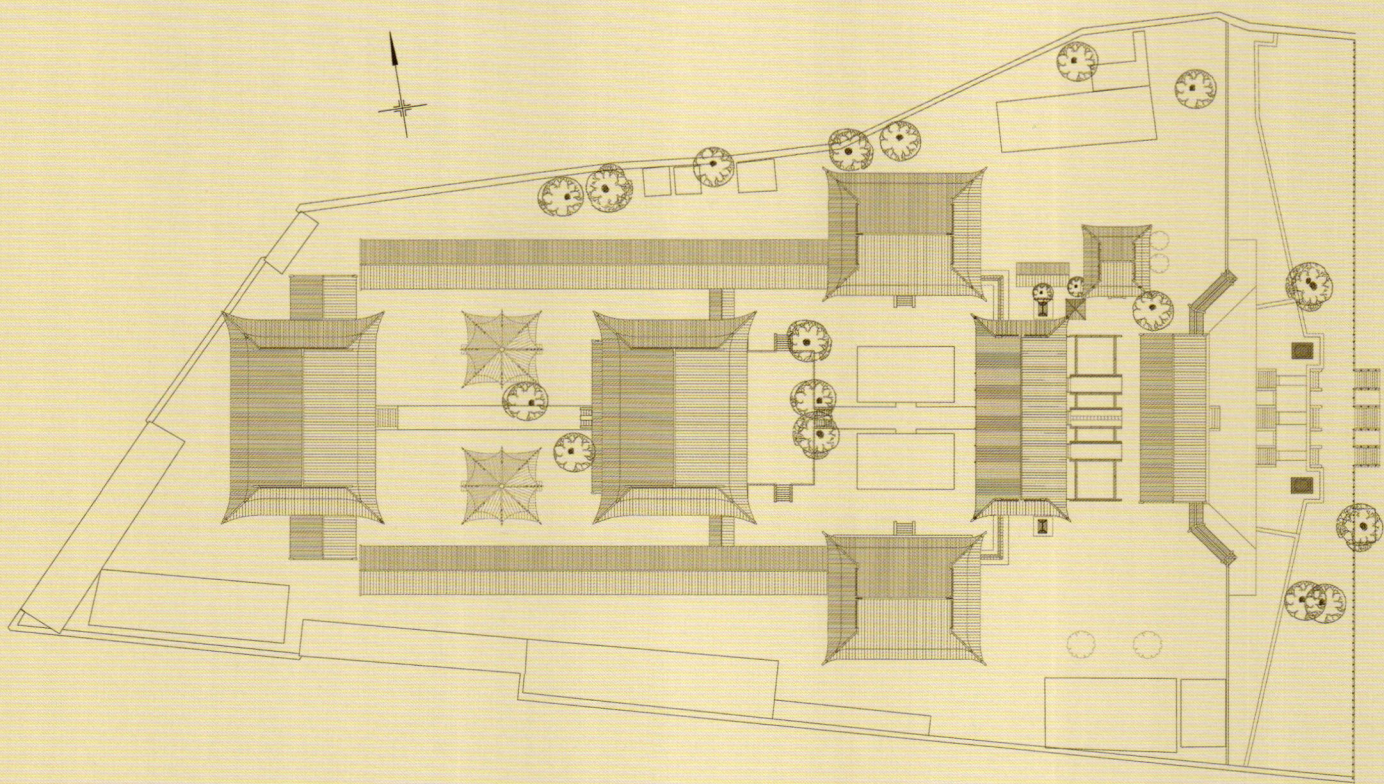

经幢

　　幢身由底座、须弥座、柱身、幢顶四部分组成。幢底为四边形花岗石底座，其上承六边形花岗石须弥座，座底圭角部刻卷云，束腰六角部石刻角柱。须弥座上置地栿，再上为六边形花岗石幢身，幢身正面刻"唵大佛顶尊胜陀罗尼幢"，另五面刻藏、汉两种文字的"陀罗尼经文"，笔画圆润，字迹秀美。幢顶由下至上依次为流云、仰莲、短柱、华盖、宝珠宝顶。

石狮

　　山门阶梯两侧各立一圆雕石狮，蹲坐于花岗石须弥座上。左为雄狮，颈下铃铛上阴刻"狻猊"二字，右前爪抚弄绣球一只，绣球上彩带翻飞。右为雌狮，左前爪轻抚一只幼狮。两狮形象威武生动，将山门衬托得森严雄伟。

南侧经幢

北侧经幢

雌狮

雄狮

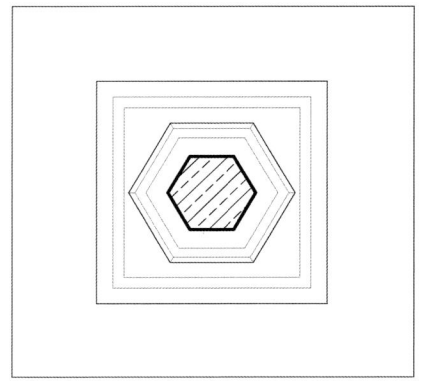

经幢平面

经幢立面

石狮立面

0　50　100 150cm

经幢和石狮

0　20　40 60cm

山门

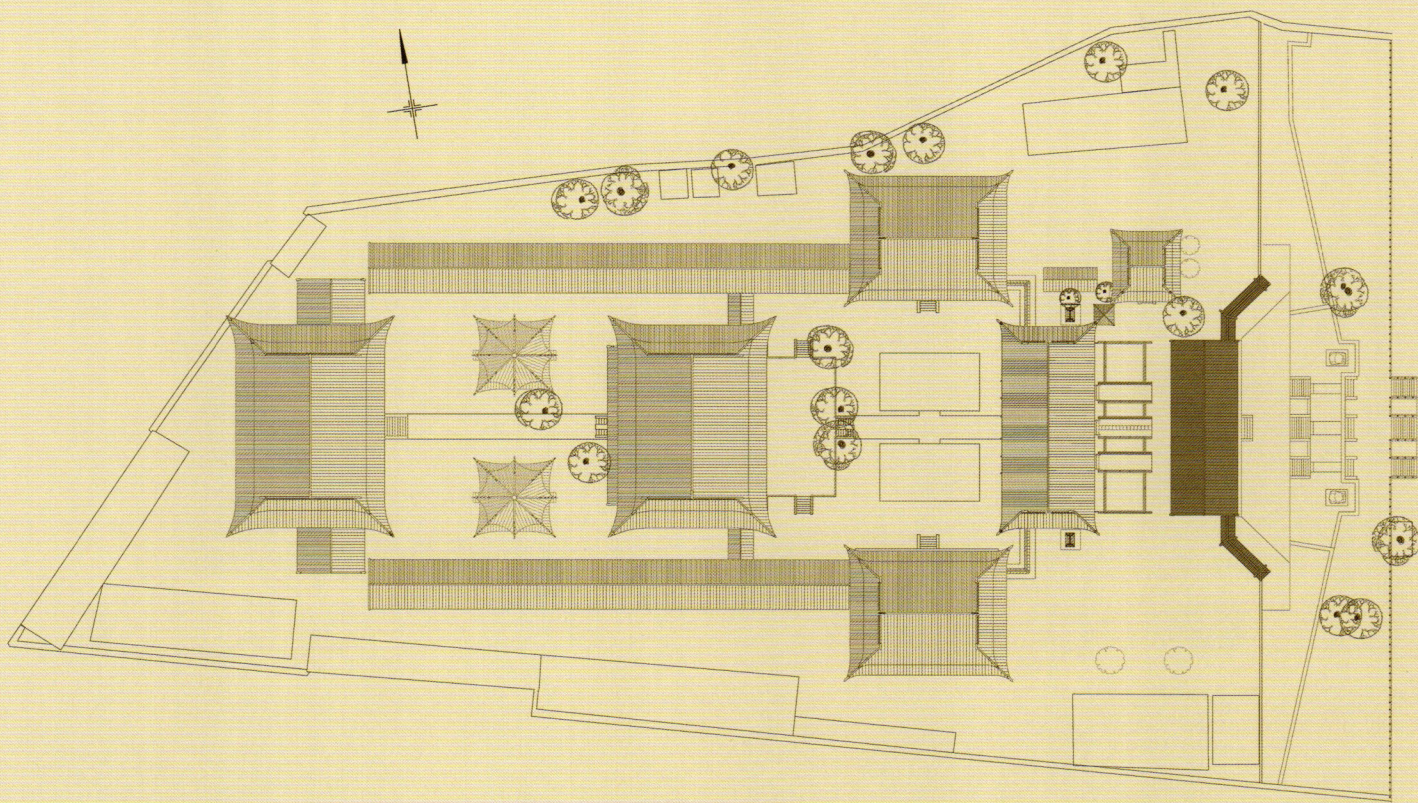

通面阔五间计 21.9 米，通进深两间计 7.2 米，单檐悬山式。屋面覆盖黑琉璃瓦，以绿琉璃瓦剪边。柱梁作构架，五檩无廊式，中柱落地，砌上露明造。建筑用侧脚之制。台基方形，前檐石砌垂带踏跺一道。

墙体及木装修：山墙为砌石墙体。中柱柱缝上置木板门。明间悬挂 "敕修报恩寺" 匾额，边缘镂空透雕云龙图案。

彩画：殿内柱头、梁、额、枋遍施彩画，主要用青、绿、蓝等颜色。

八字墙：山门南北建八字墙，砌石墙身。墙体立面仿木构建筑，下置须弥座，墙边及墙身转角处立柱，柱头置额枋，额枋上施五踩重翘丁字栱。墙身表面以绿琉璃砖拼装祥瑞图案。

山门实景（平武县文管所提供）

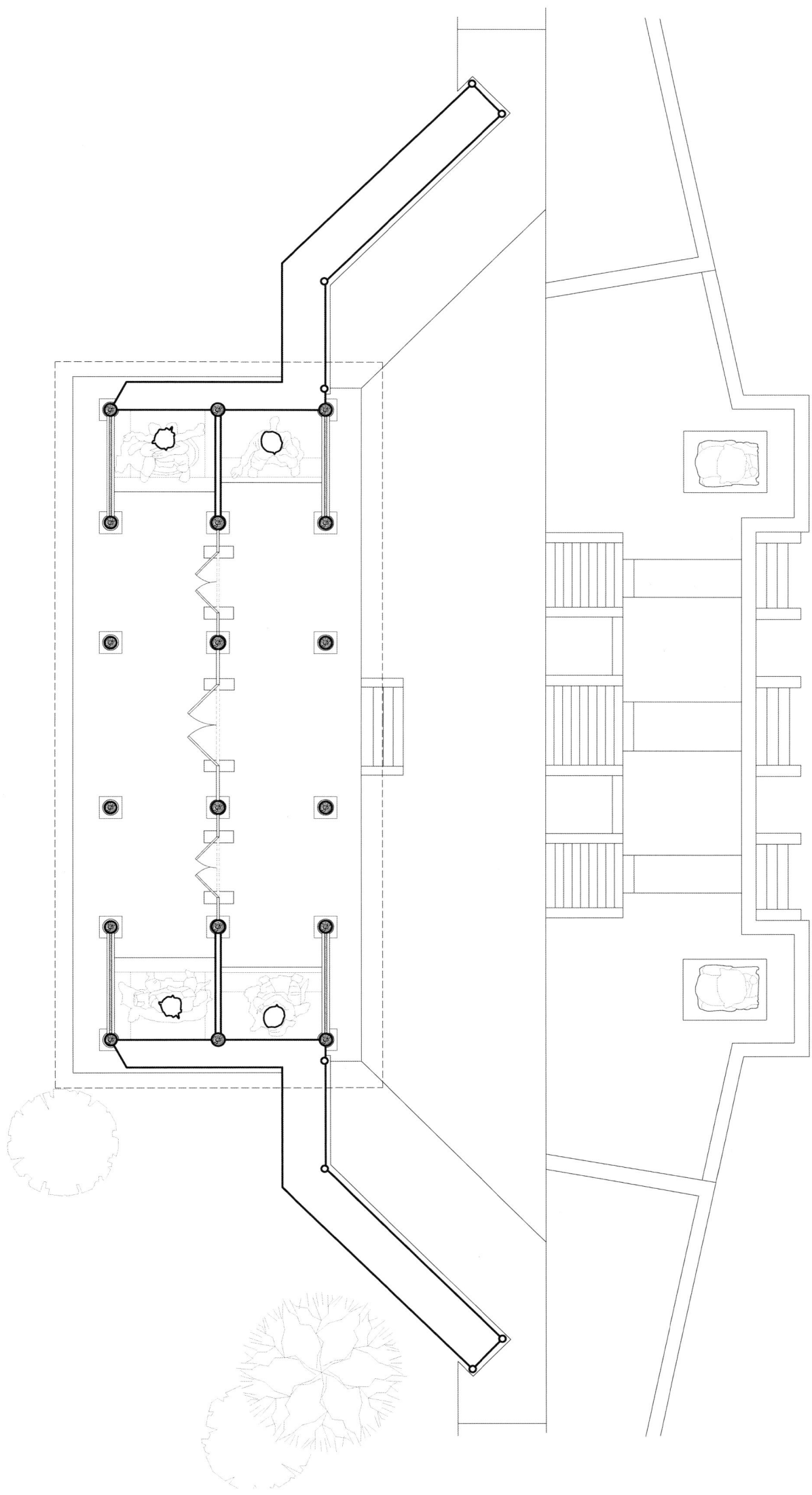

0 1 2 3m

图面木山门

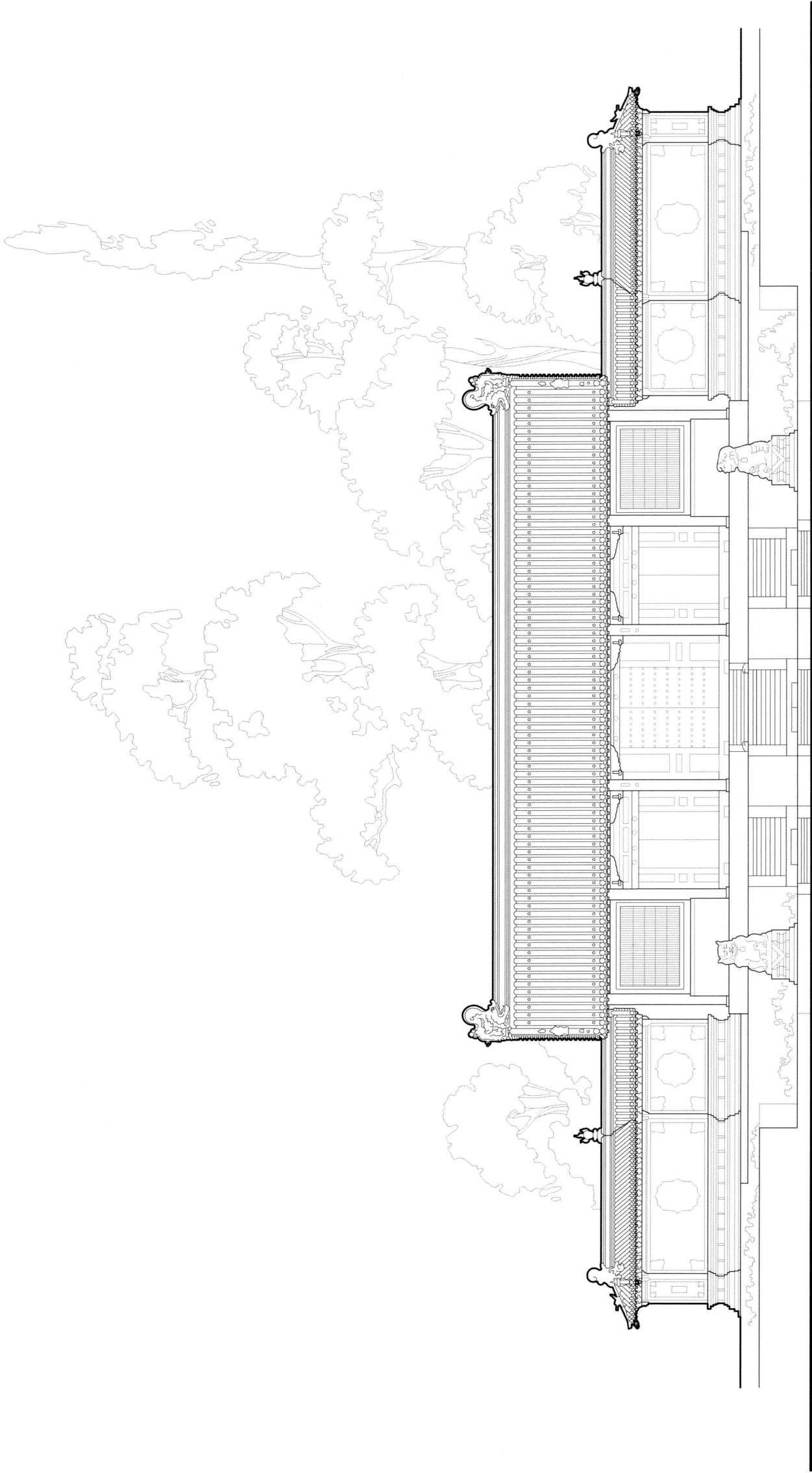

0　1　2　3m

山门正立面图

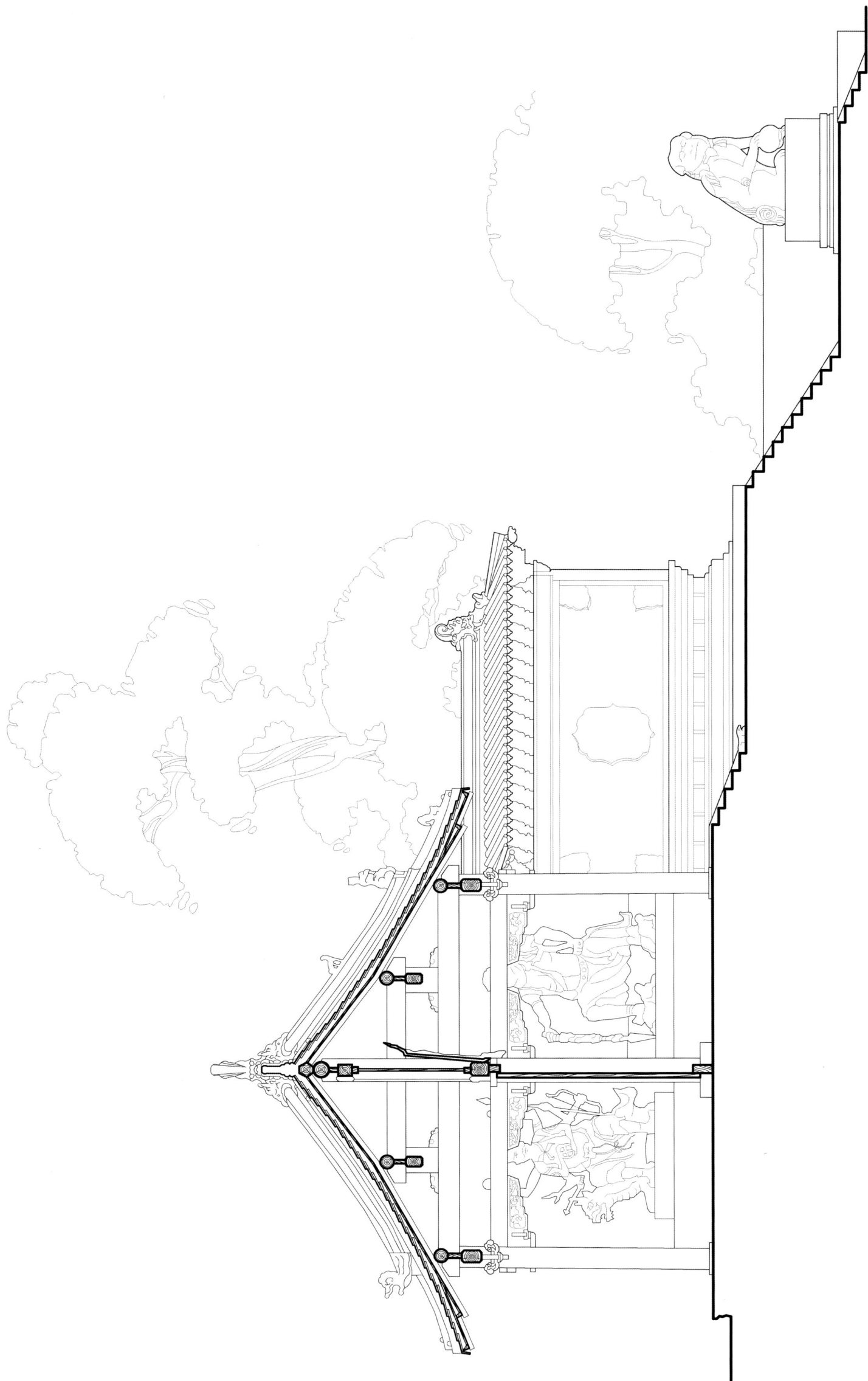

山门横剖面图

0　1　2　3m

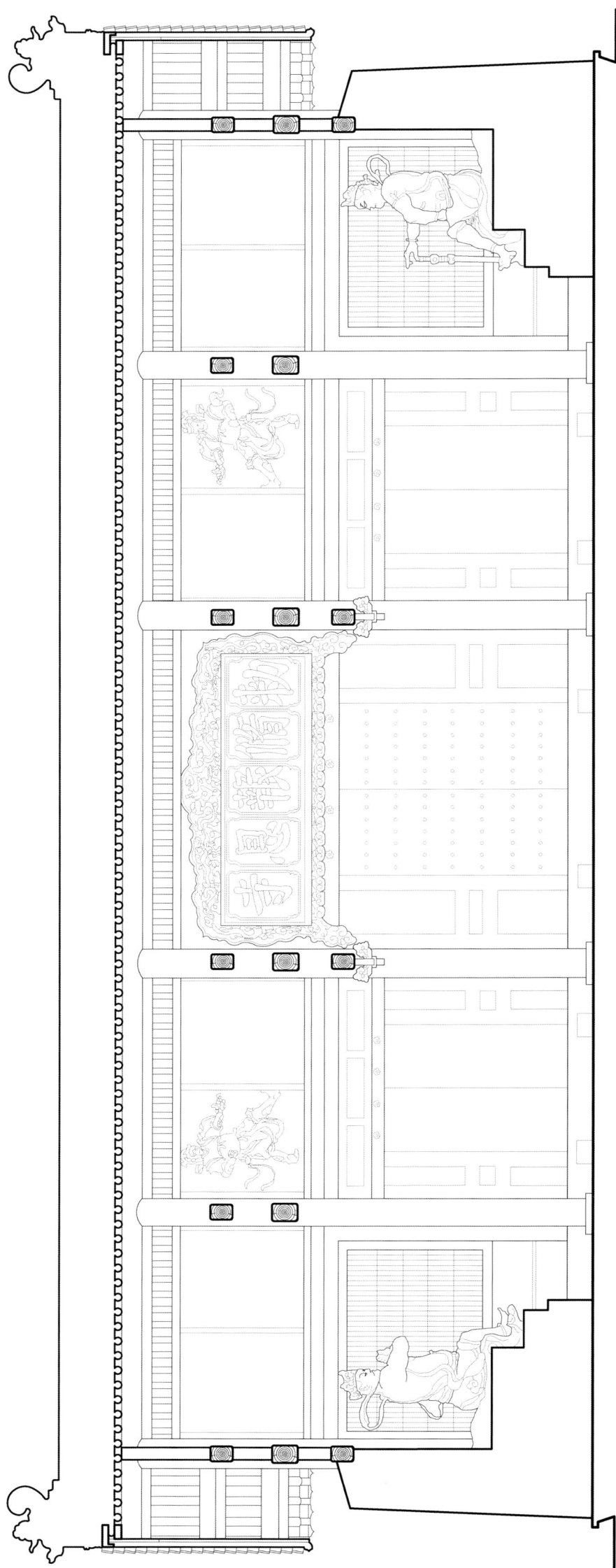

山门纵剖面图

0　20　40　60cm

墙身剖面图
———
须弥座
立面图

山门八字墙详图

0　10　20　30cm

平身科	角科

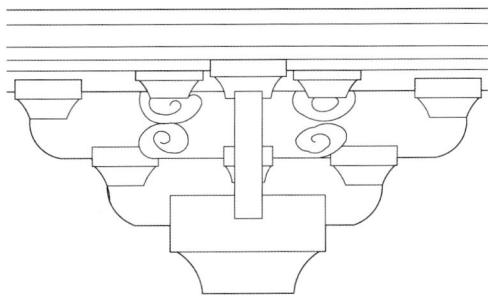

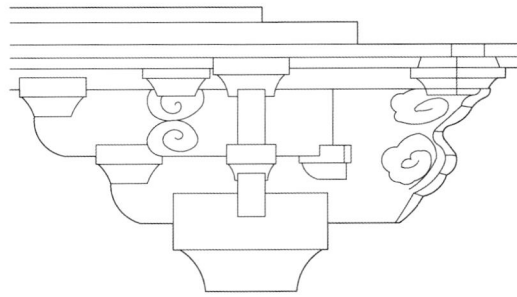

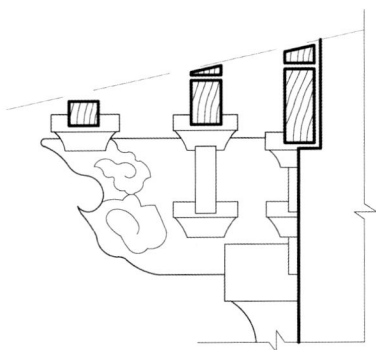

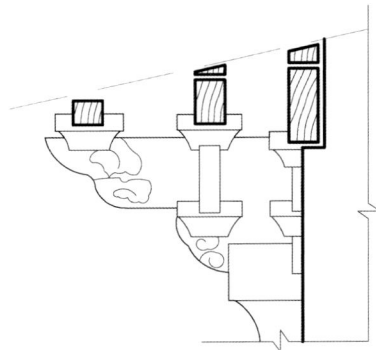

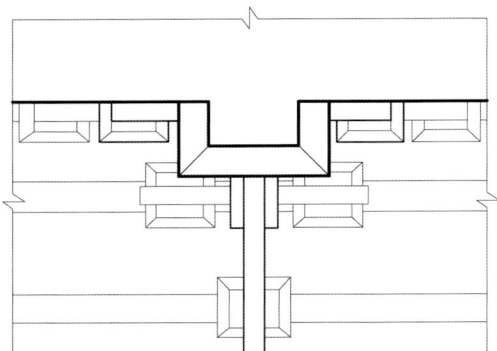

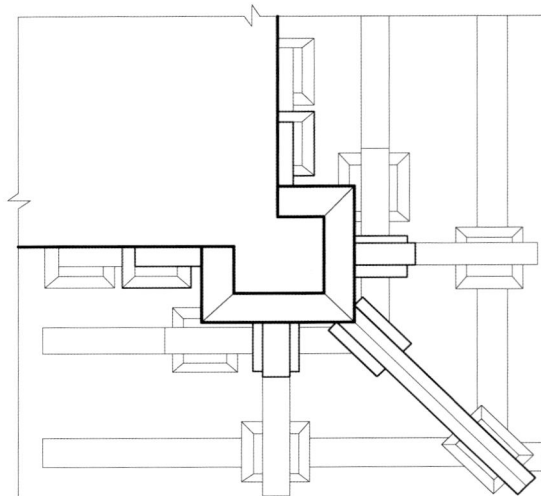

正立面图	正立面图
侧立面图	侧立面图
仰视平面	仰视平面

山门八字墙斗栱详图

0　10　20　30cm

0　10　20　30cm

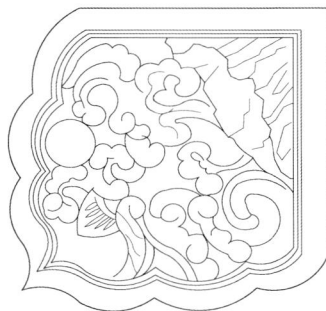

山门八字墙琉璃花饰详图

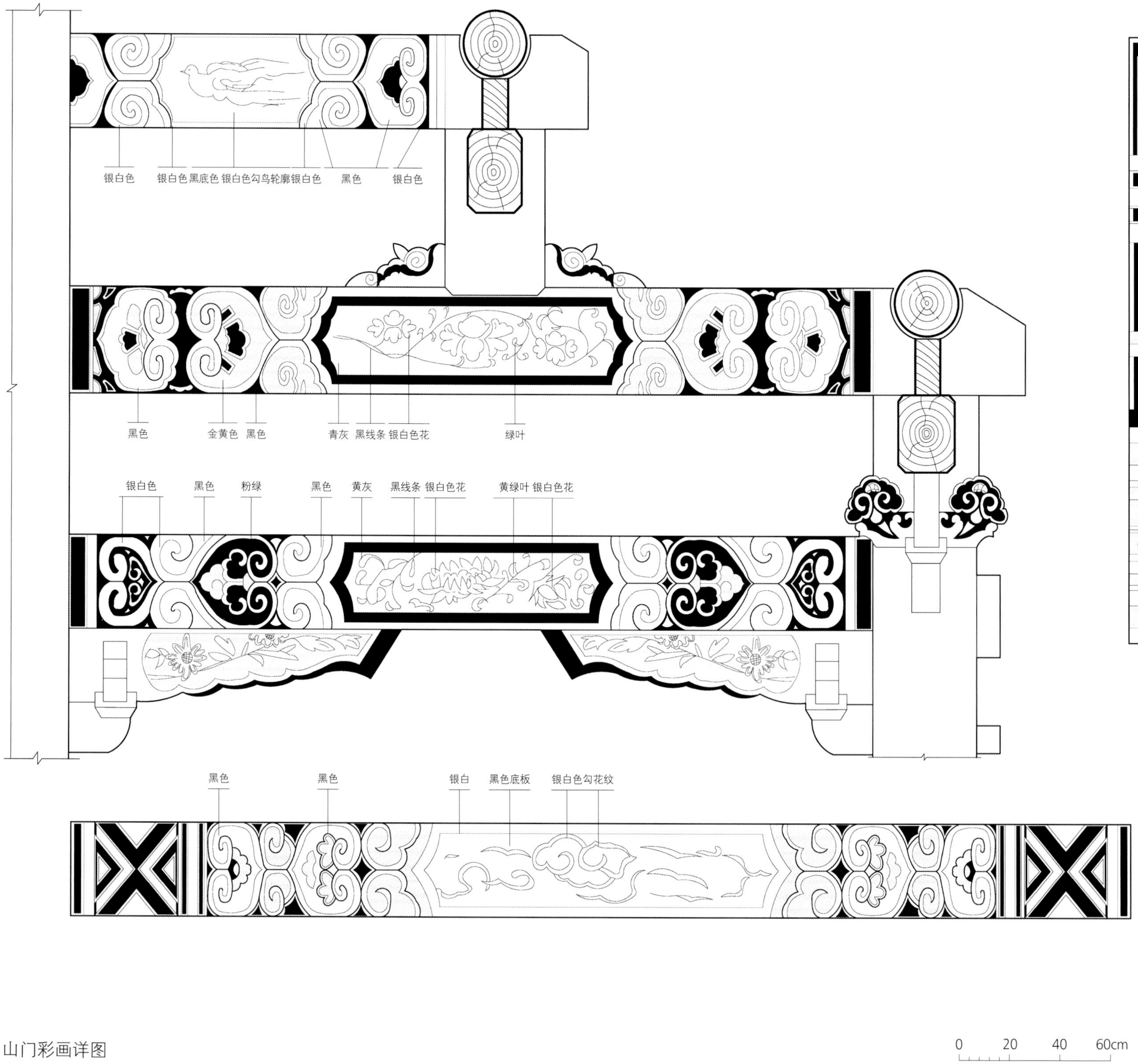

黑色

30cm
20
10
0

60cm
40
20
0

黑色

绿叶

黄绿叶 银白色

黑线条 银白色花

青灰 黑线条 银白色花

黄灰

黑色

黑色 金黄色 黑色

粉绿

黑色

银白色

银白底黑底色 银白色勾勾轮廓银白色

银白色

黑色 银白色

银白底黑底色 银白色花

银白色

银白 黑色底板 银白色勾花纹

黑色

黑色

山门彩画详图

"敕修报恩寺"匾额

山门八字墙须弥座雕刻局部

山门震前垂脊装饰天王（平武县文管所提供）

山门垂脊现状

山门八字墙脊饰

山门八字墙琉璃花饰（一）

山门八字墙琉璃花饰（二）

山门八字墙斗栱

山门梁枋彩画

山门雀替

金水桥

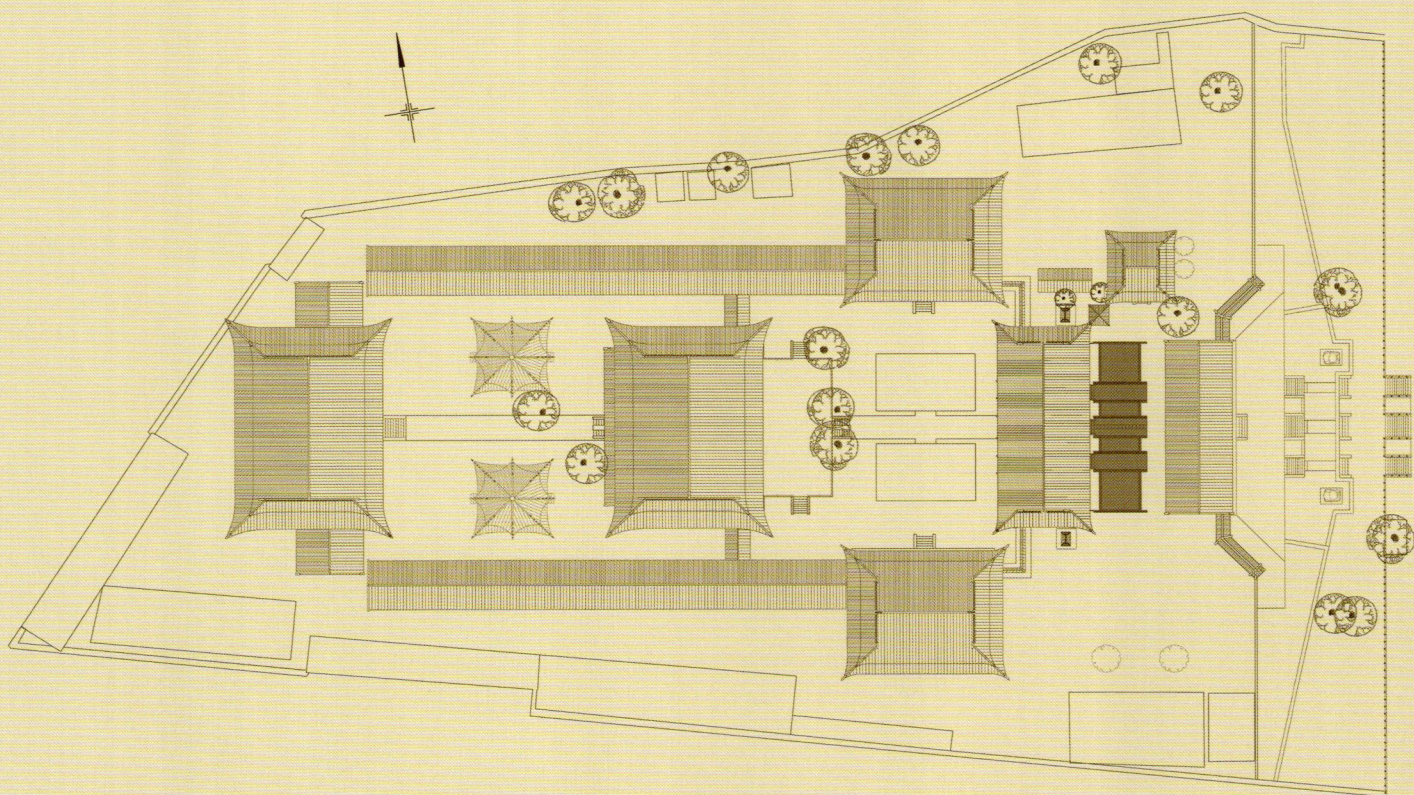

桥为三座并列的单孔石拱桥。桥跨度 7.55 米，中桥宽 2.84 米，两侧桥各宽 2.6 米。中桥桥面铺砌团花图案琉璃砖，两侧桥面嵌以青砖。桥身安装石勾栏，勾栏望柱柱头作火焰、云形纹；栏板浮雕人物、山水、楼阁、花卉等图案。

金水桥实景（一）

金水桥实景（二）

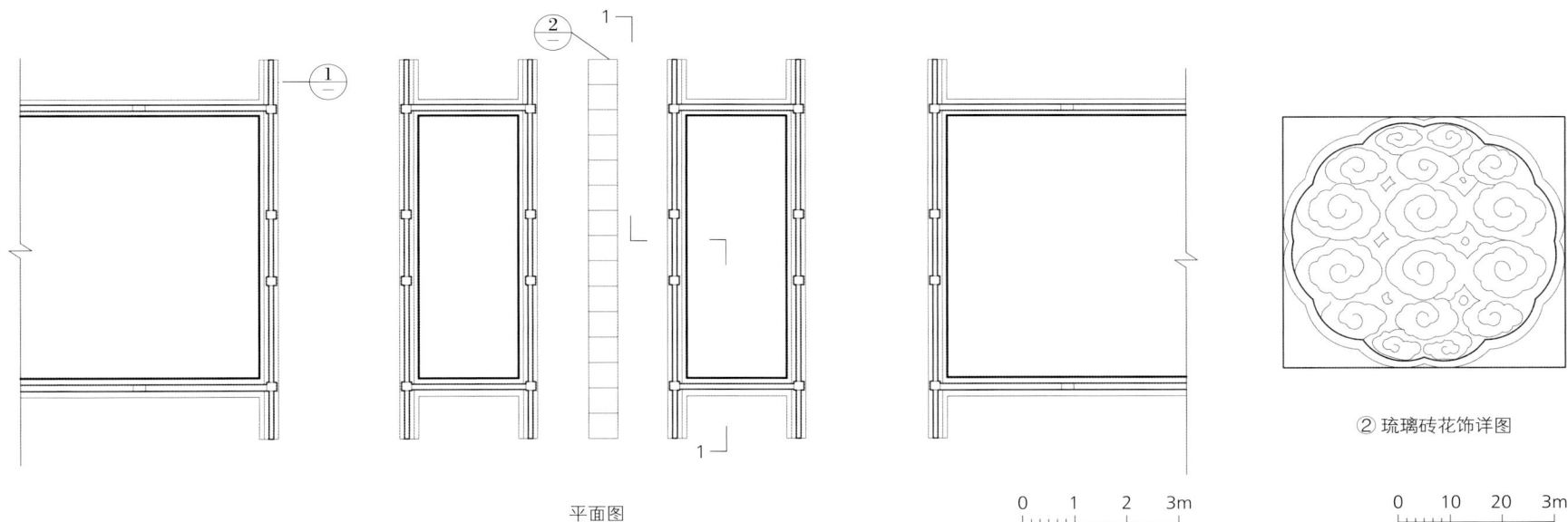

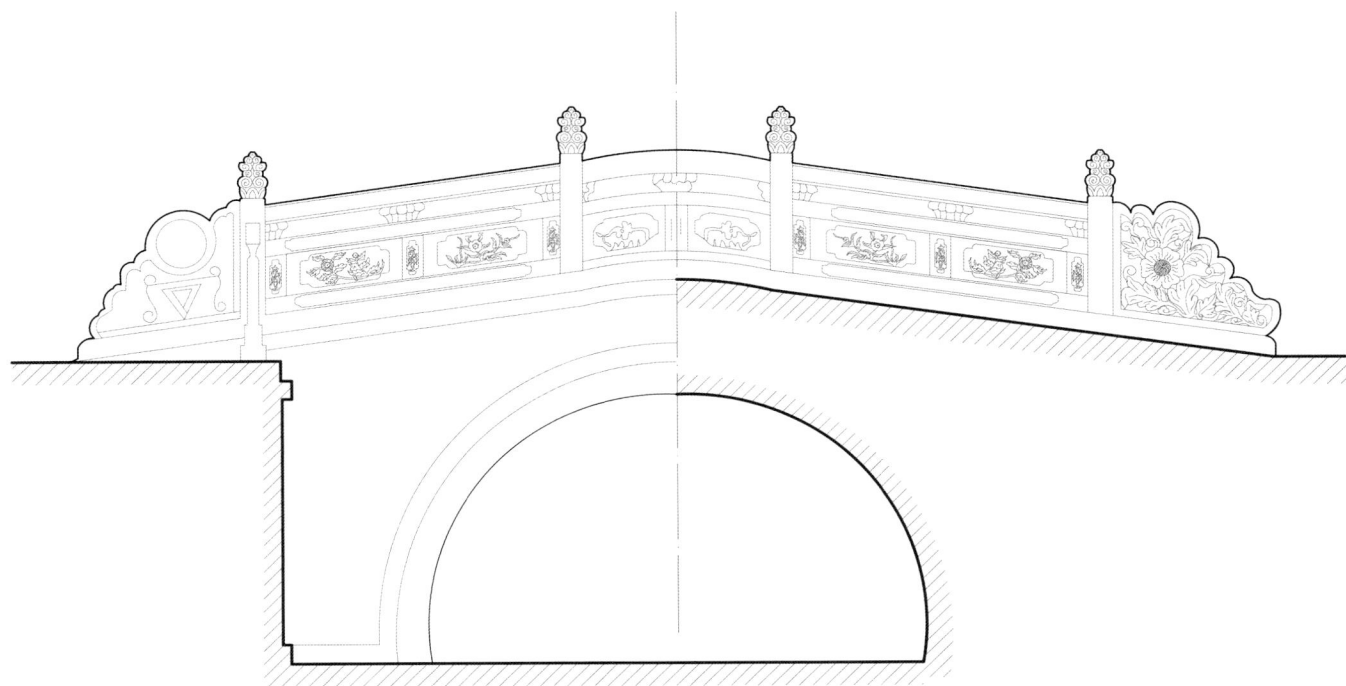

平面图

② 琉璃砖花饰详图

0　1　2　3m

0　10　20　3m

1-1 剖面图

0　30　60　90m

① 栏杆局部立面图

金水桥详图

0　15　30　45m

钟楼

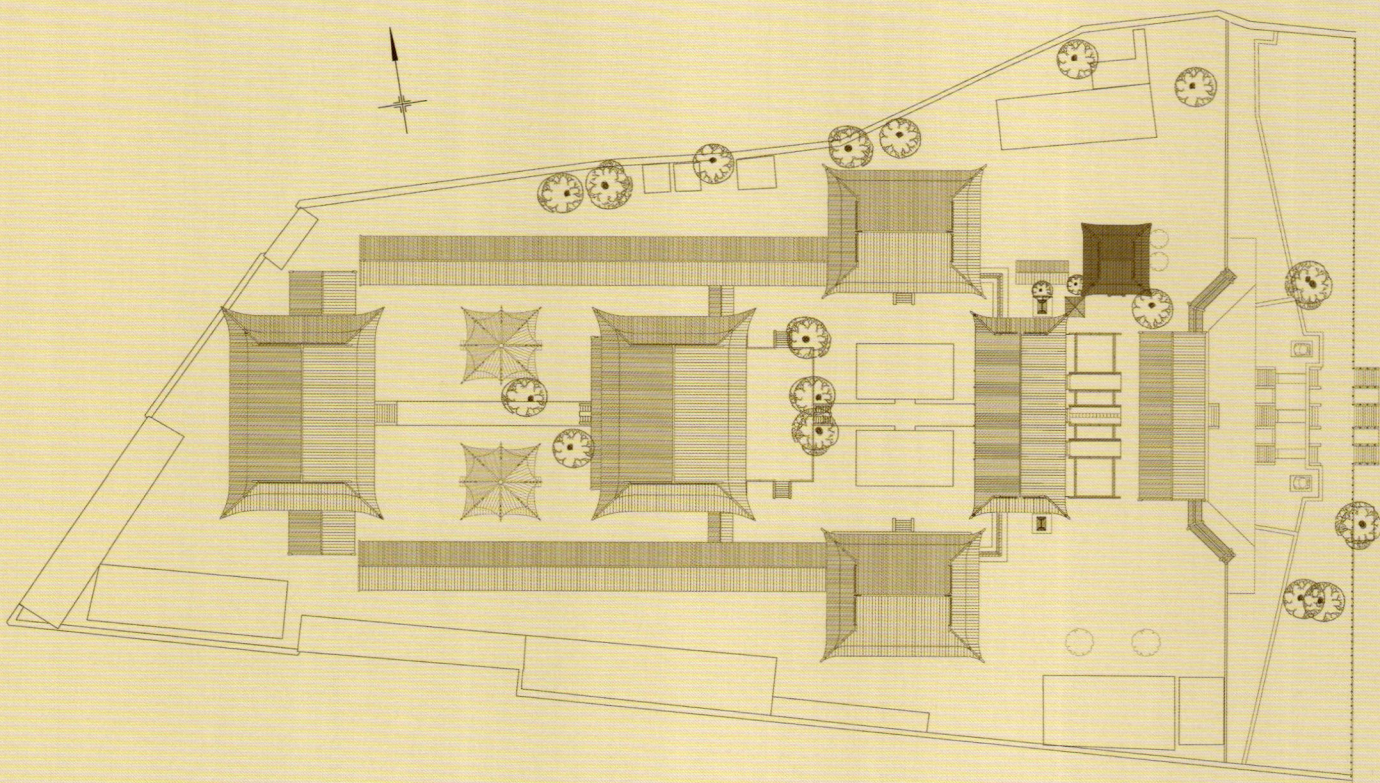

　　钟楼二层，底层通面阔三间计 8.45 米，通进深三间计 7.7 米。重檐歇山顶，屋面覆盖黑琉璃瓦，绿琉璃瓦剪边。厅堂式构架，五檩周围廊式，砌上露明造，用侧脚之制。台基方形，前置五级垂带踏跺一道。

　　斗栱：下檐前后檐明间置平身科四攒，山面明间置平身科三攒；上檐各面明间置平身科两攒，上下檐次间皆不用平身科。下檐施五踩重翘斗栱；上檐施三踩单翘斗栱，栱头上不施斗。

　　钟楼西南侧有明武宗时御史范辂谪贬于龙州任宣扶司时所凿古井"范公井"，其上有小方亭一座。

钟楼实景

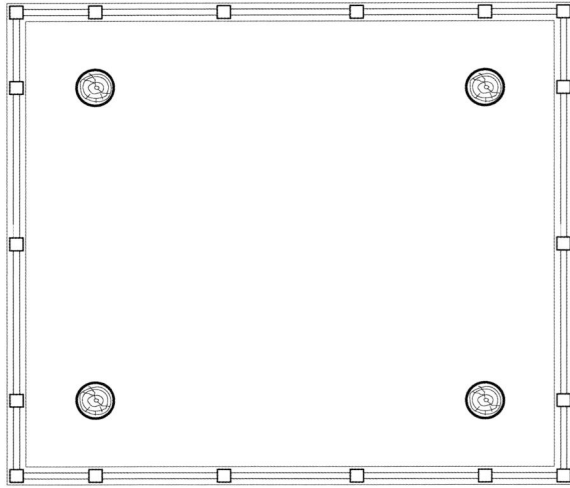

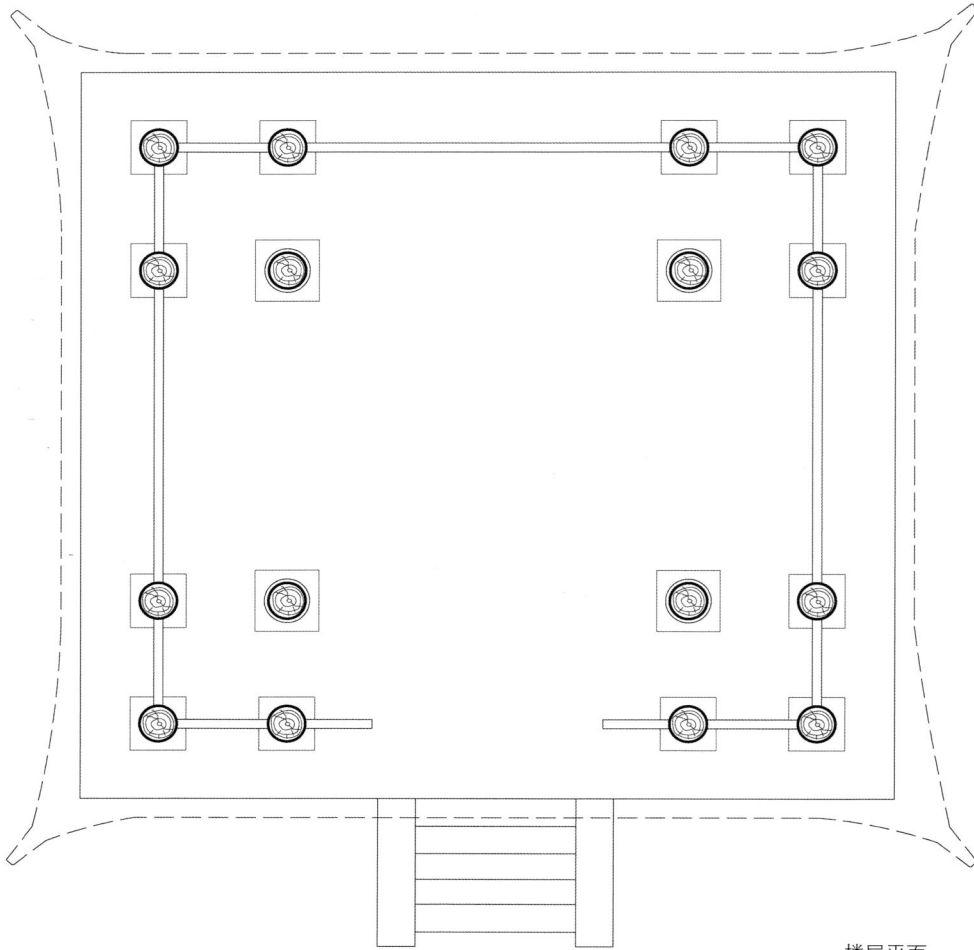

楼层平面

底层平面

钟楼底层平面图及楼层平面图

0　　1　　2　　3m

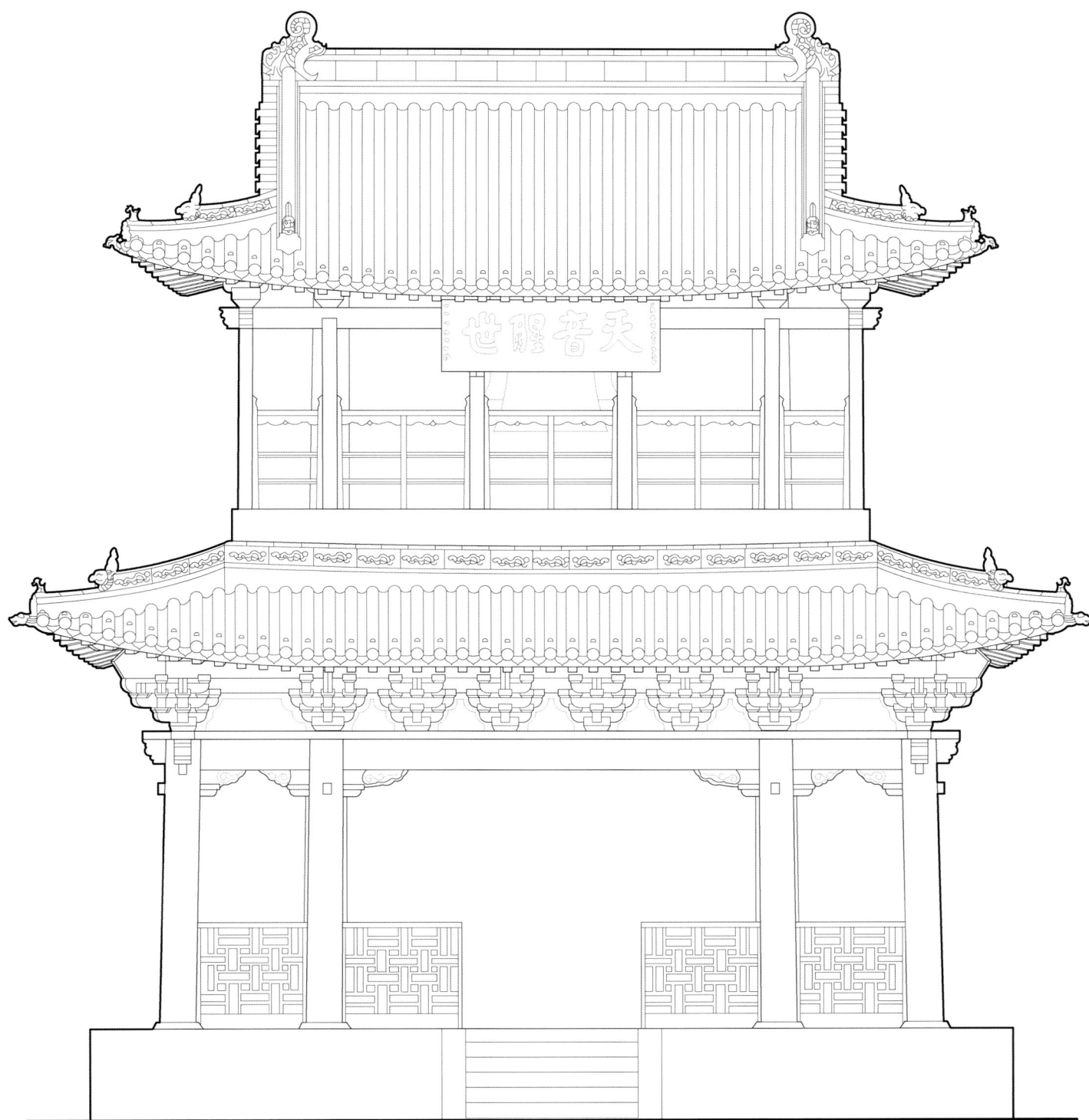

钟楼正立面图

0　　1　　2　　3m

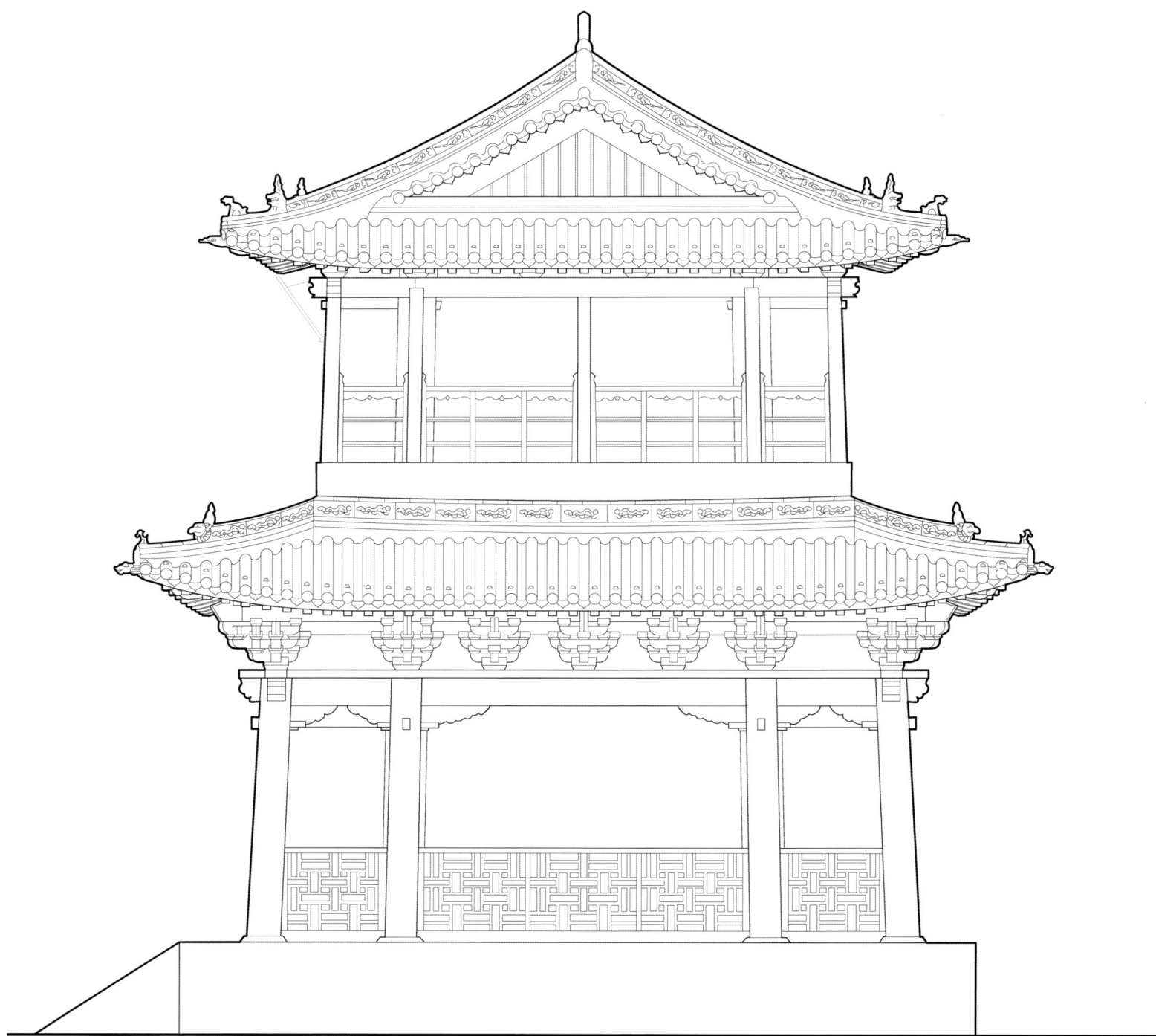

钟楼侧立面图

0　　1　　2　　3m

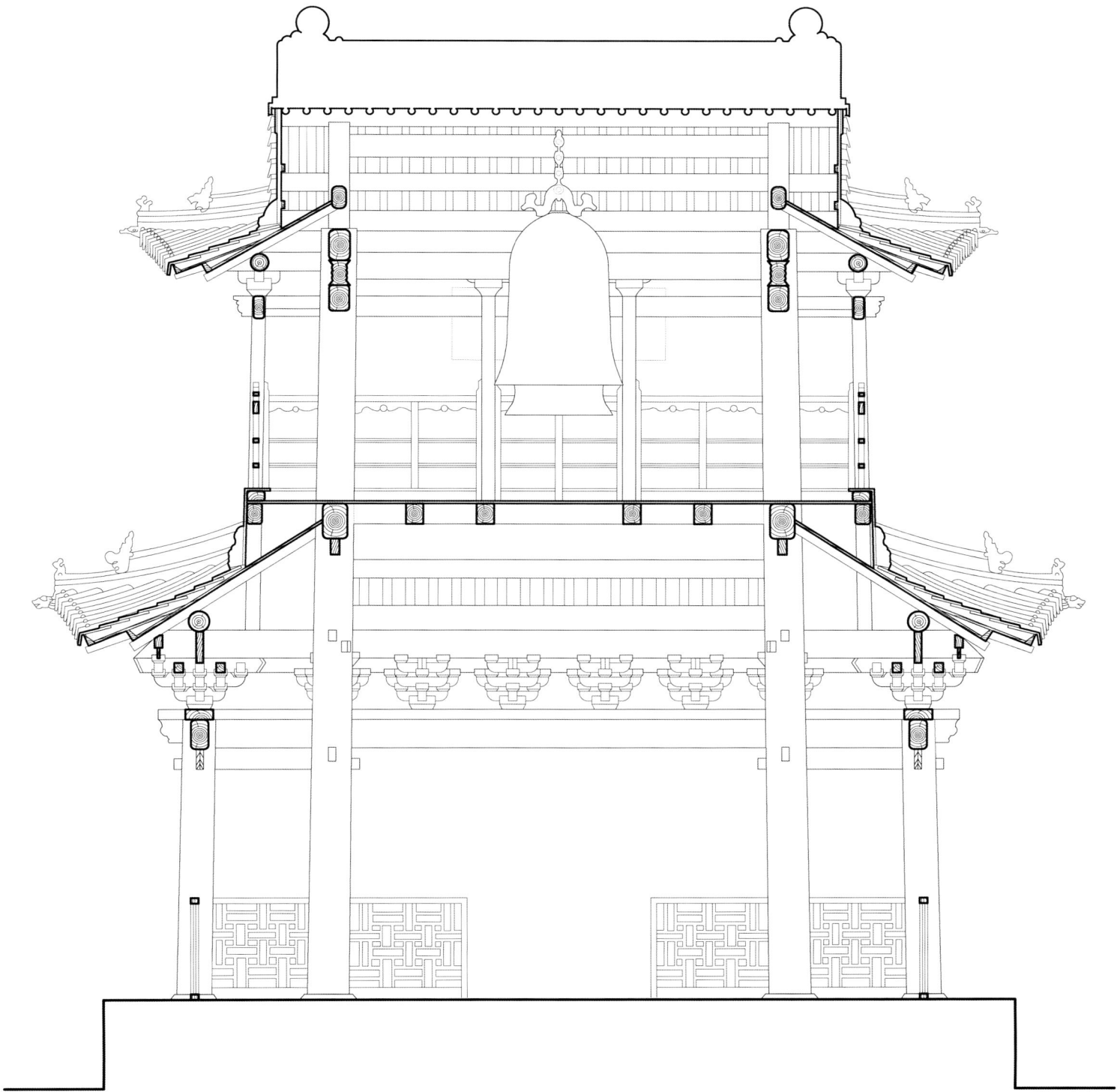

钟楼纵剖面图

0　　　1　　　2　　　3m

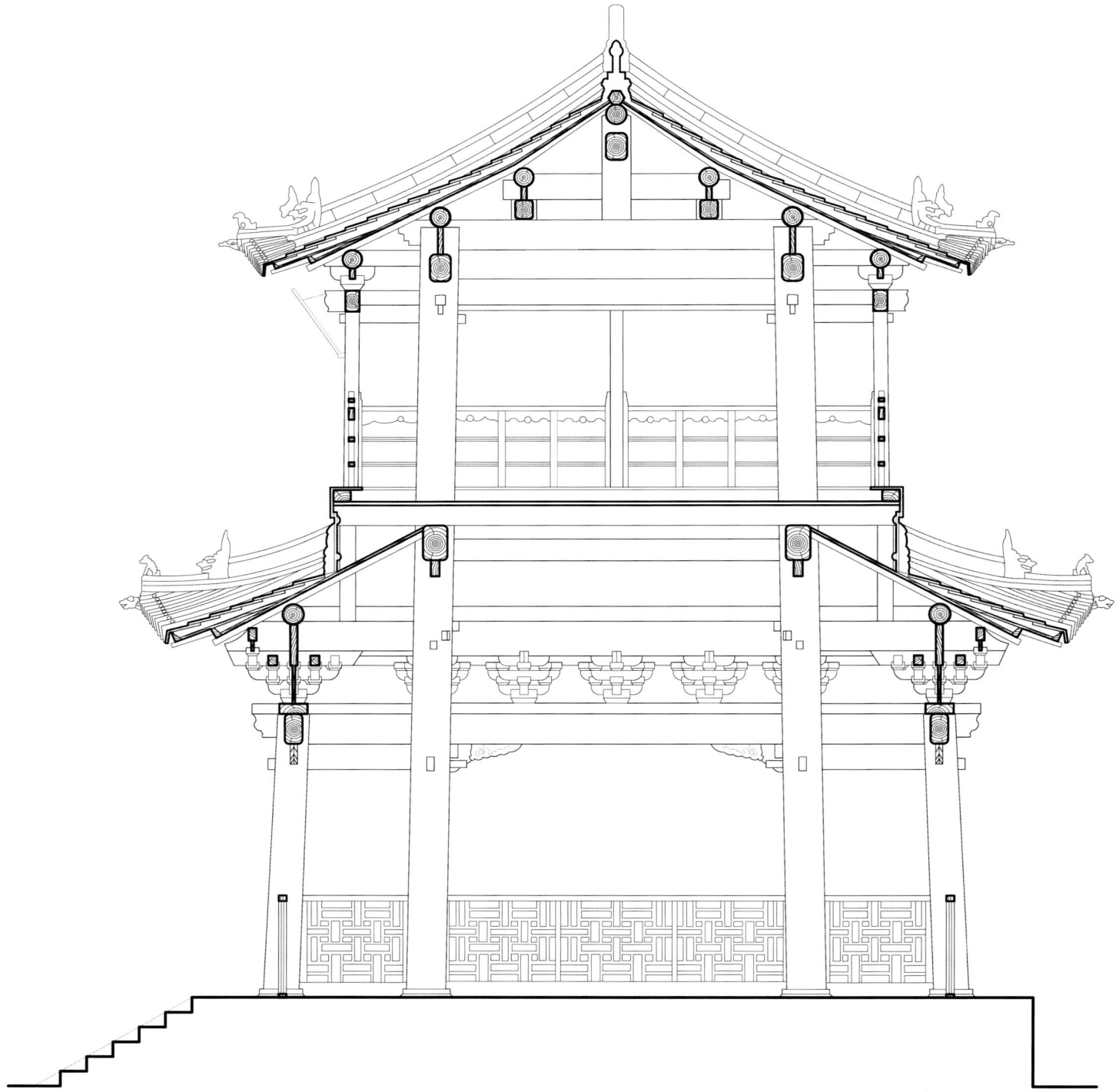

钟楼横剖面图

0　　1　　2　　3m

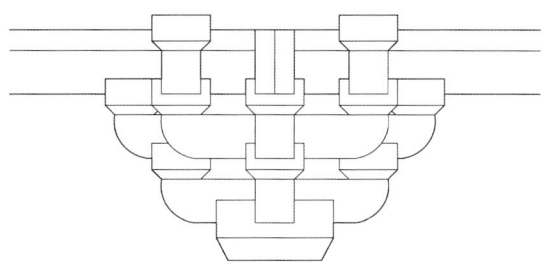

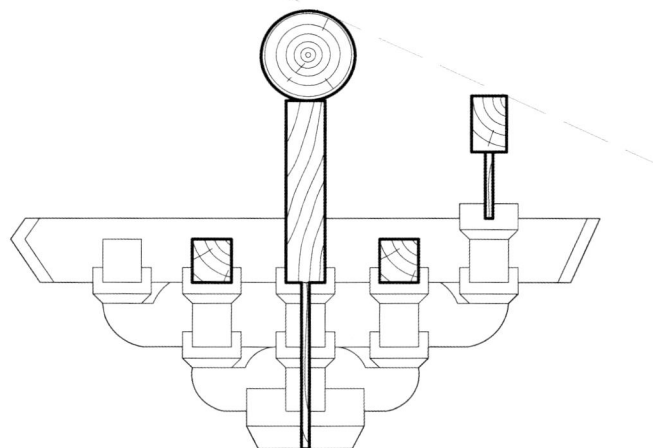

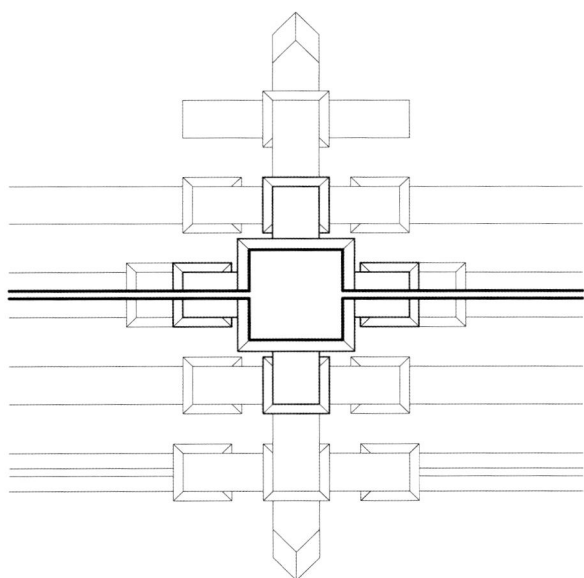

正立面图 | 侧立面图

仰视平面

钟楼下檐平身科斗栱详图

0   20   40   60cm

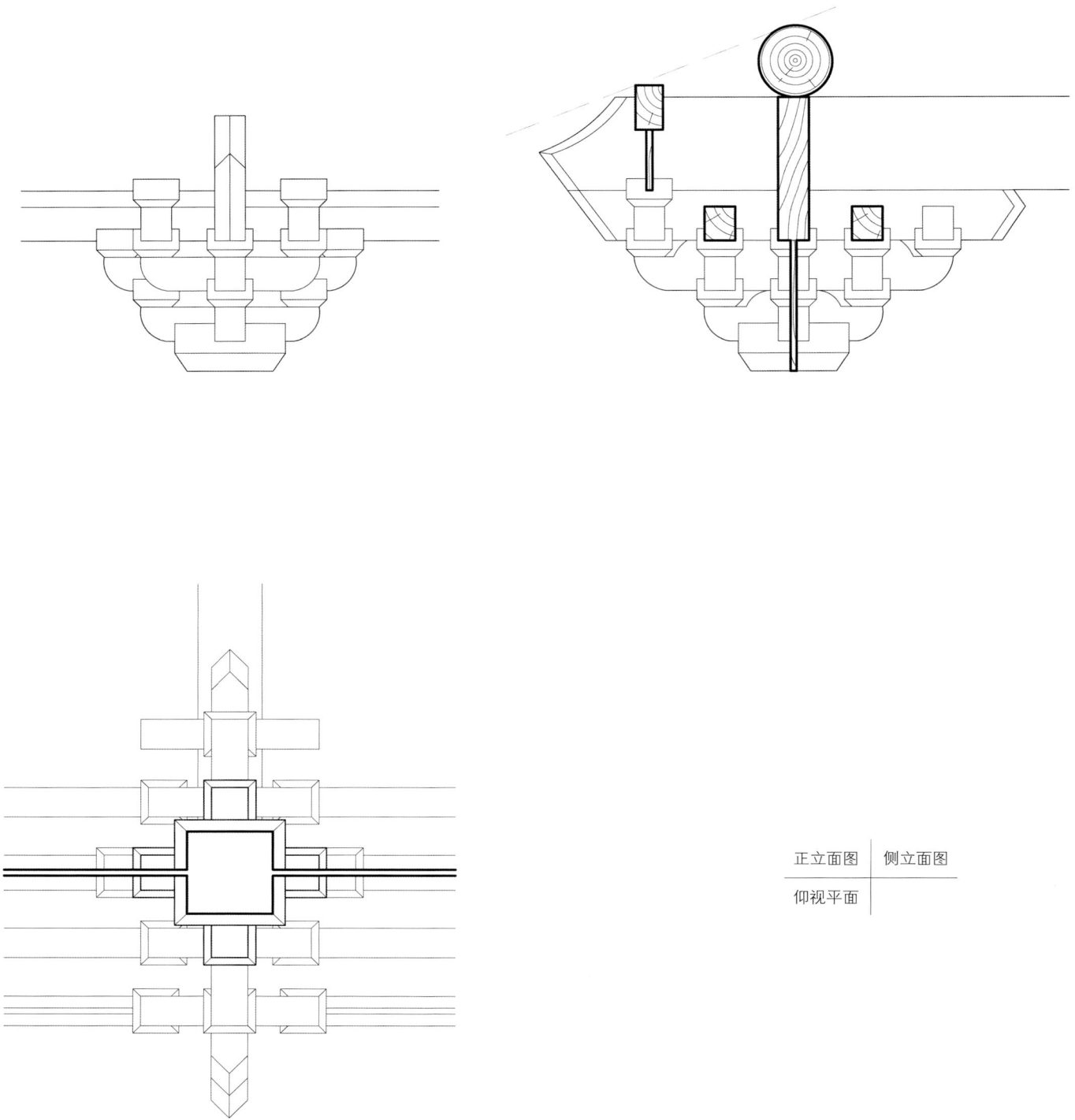

钟楼下檐柱头科斗栱详图

正立面图　　侧立面图

仰视平面

0　　20　　40　　60cm

钟楼下檐角科斗栱详图

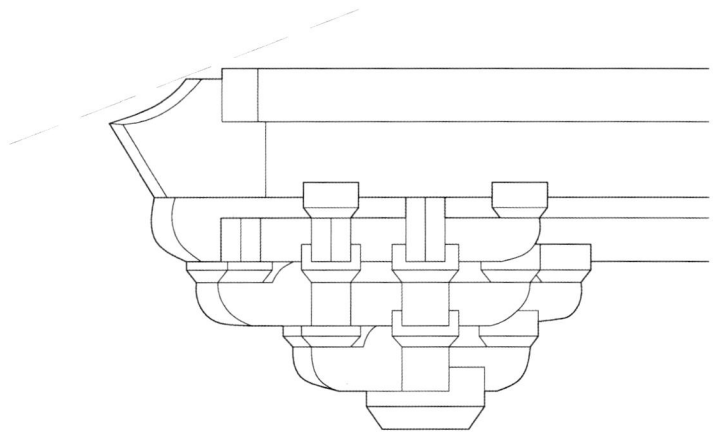

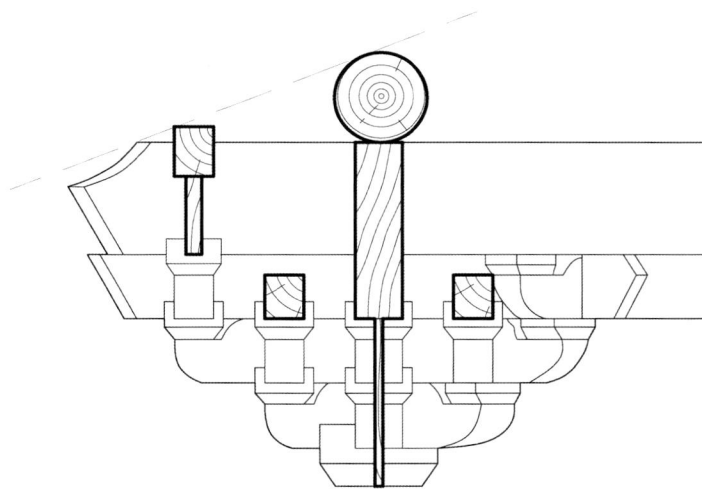

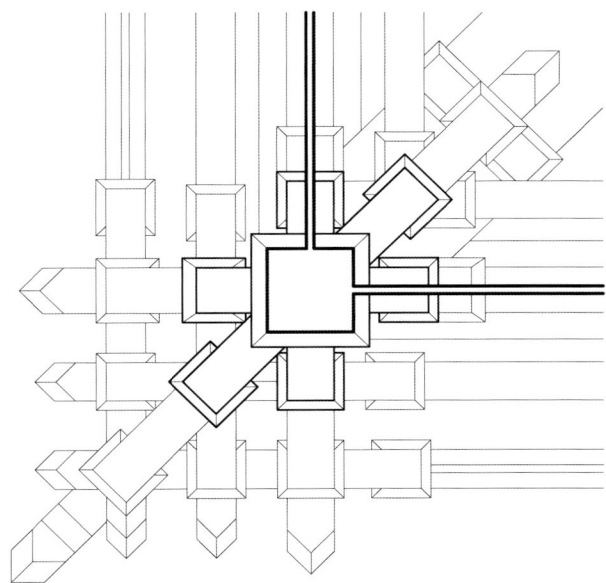

正立面图 | 侧立面图
仰视平面 |

0 20 40 60cm

天音醒世匾额

钟楼下檐雀替

钟楼下檐角科斗栱

钟楼下檐平身科、柱头科斗栱里拽

范公井井亭

范公井匾额

天王殿

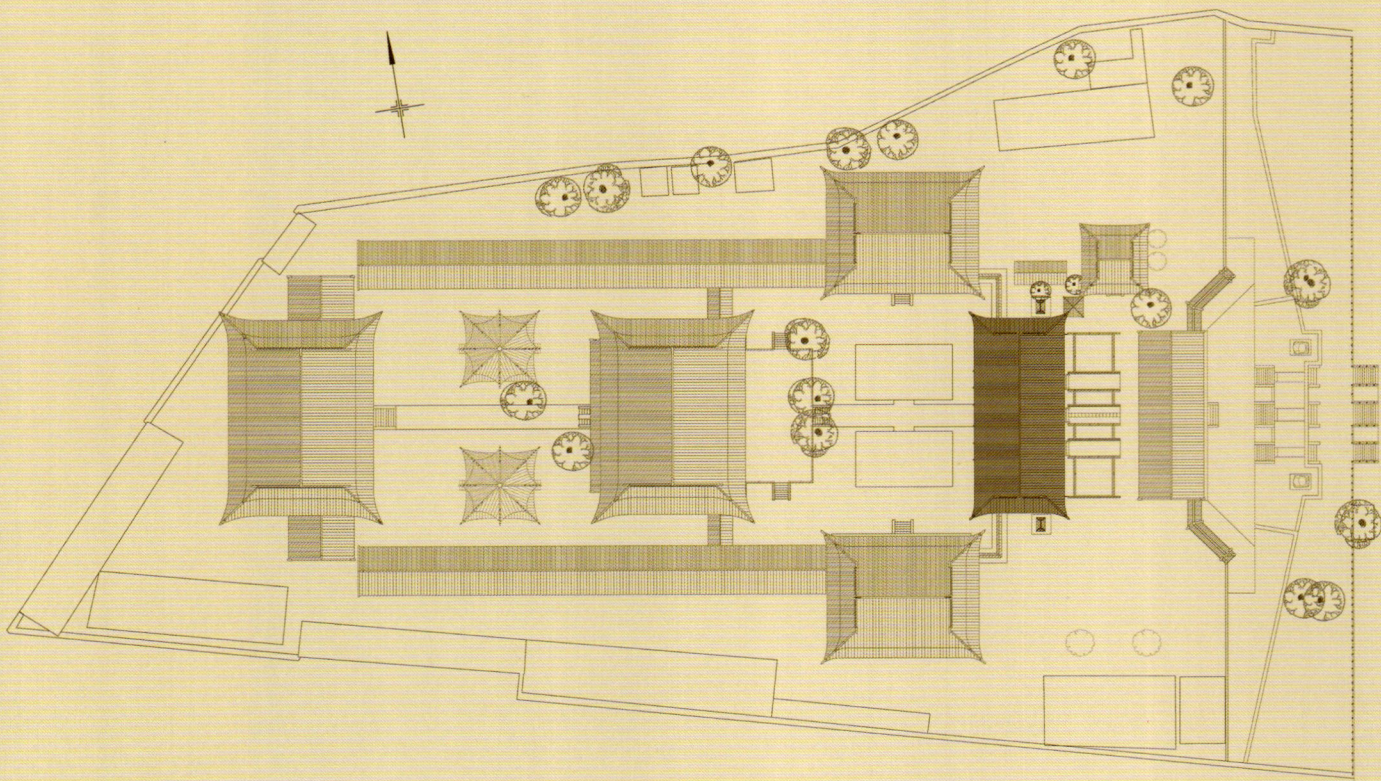

　　殿身分心槽，通面阔五间计 21.94 米，通进深两间计 7.8 米。单檐歇山顶，屋面覆盖黑琉璃瓦，绿琉璃瓦剪边，山花以绿琉璃砖拼装莲花图案。殿堂式构架，草架为穿斗式，用侧脚之制。台基为须弥座，前檐石砌五级垂带踏跺三道，后檐明间石砌墁道一道，次间各砌五级垂带踏跺一道。

　　斗栱：前后檐明间置平身科四攒，次间及稍间置平身科二攒；山面各间置平身科二攒。外檐施七踩三翘斗栱，前后檐柱头科与平身科左右出 45° 斜翘。内檐用七踩三翘品字科。

　　墙体及木装修：山墙为砖墙；前檐明次间置隔扇门，后檐明次间开敞，前后檐稍间为青砖槛墙上置直棂窗。殿内柱头、梁、枋及天花上遍施彩画。

天王殿实景（一）

天王殿实景（二）

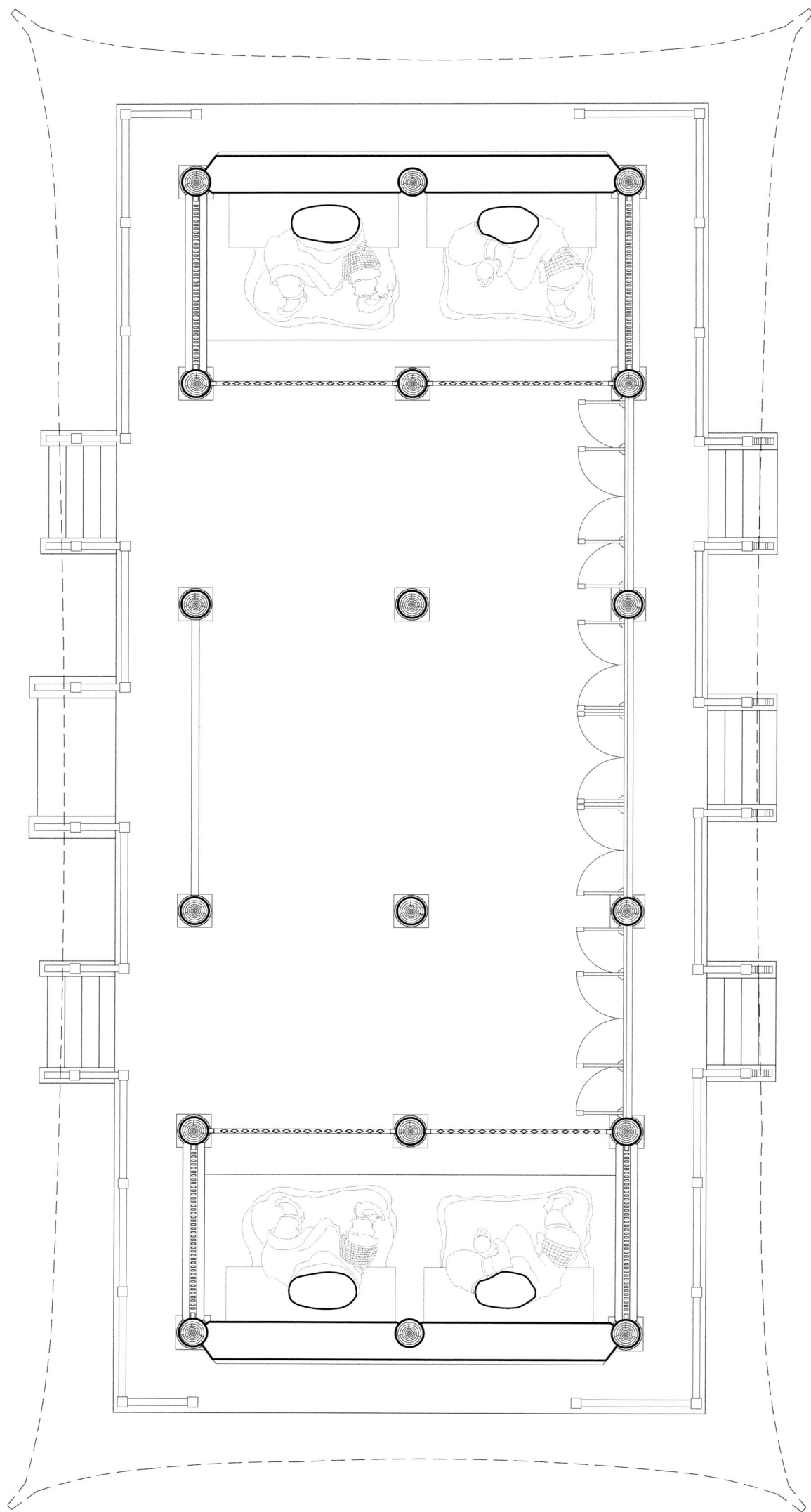

天王殿平面图

0　1　2　3m

天王殿仰视图

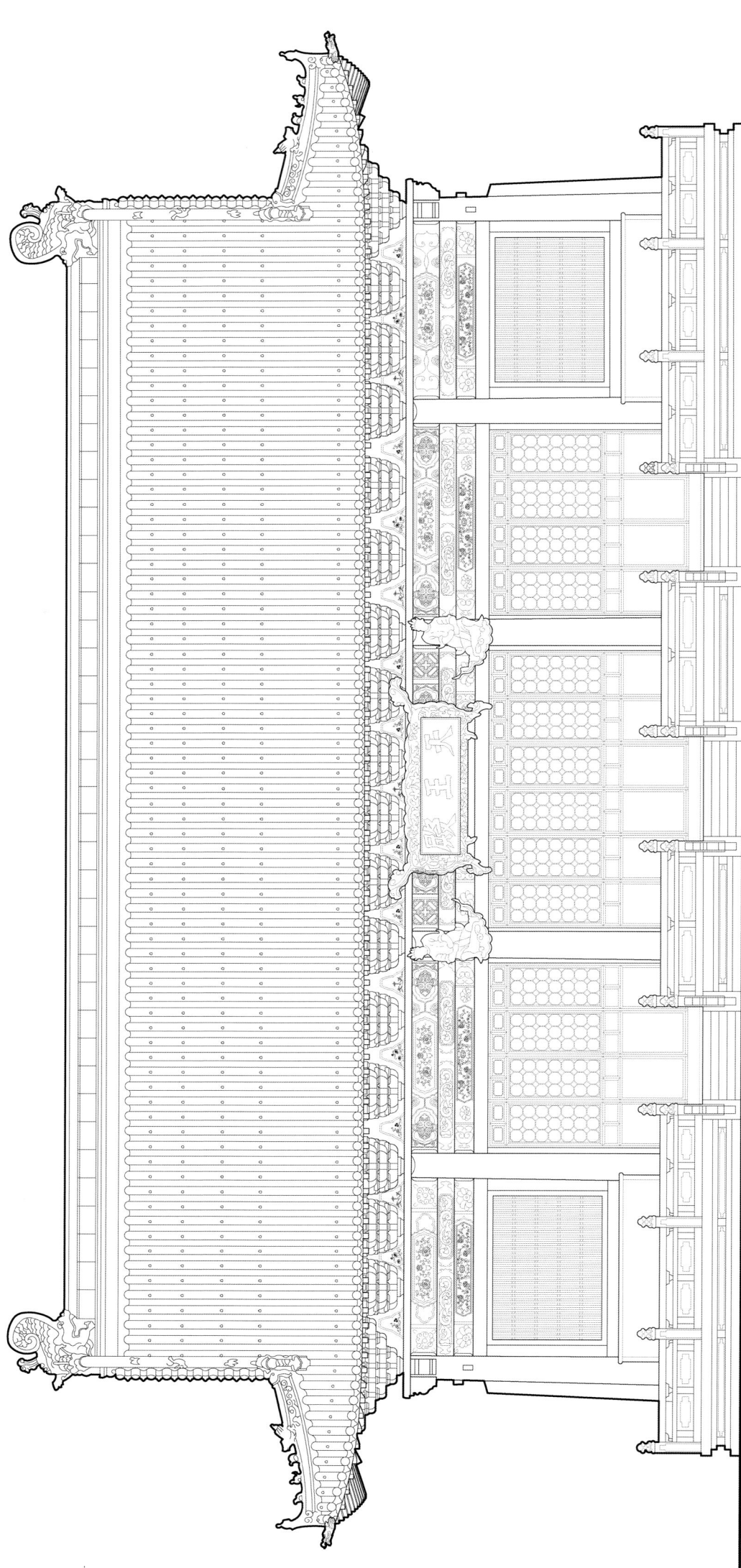

天王殿正立面图

0 1 2 3m

3m
2
1
0

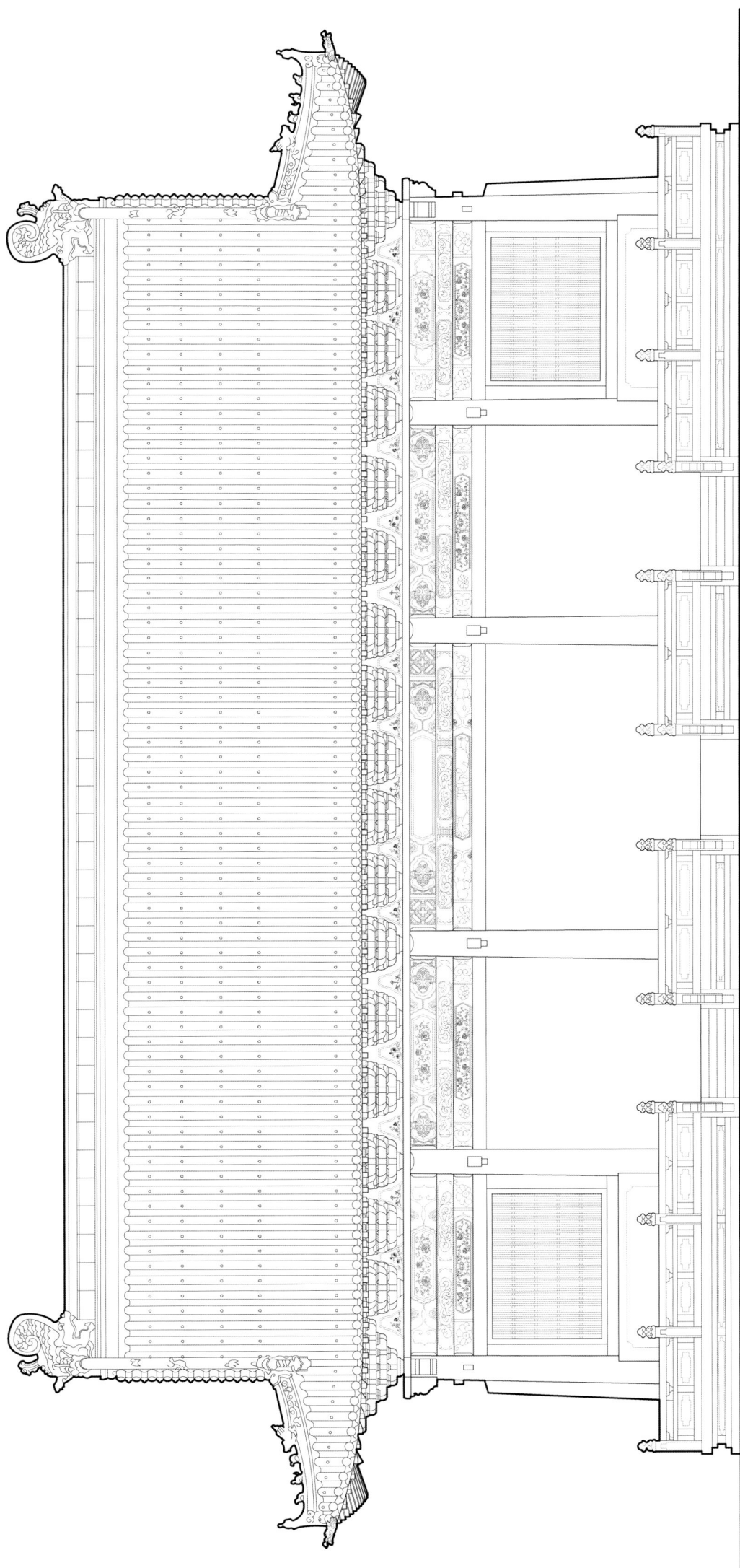

天王殿背立面图

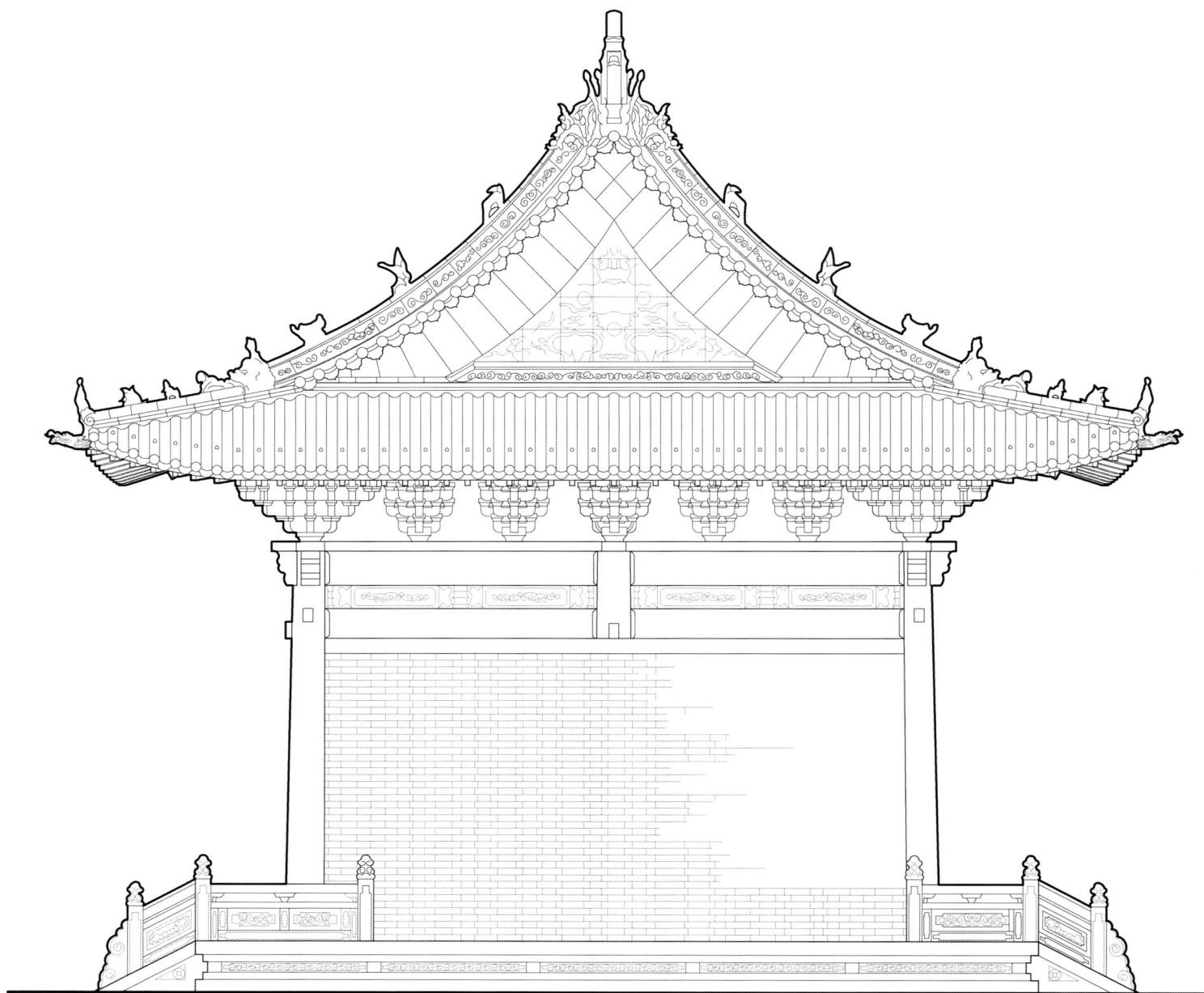

天王殿侧立面图

0　　1　　2　　3m

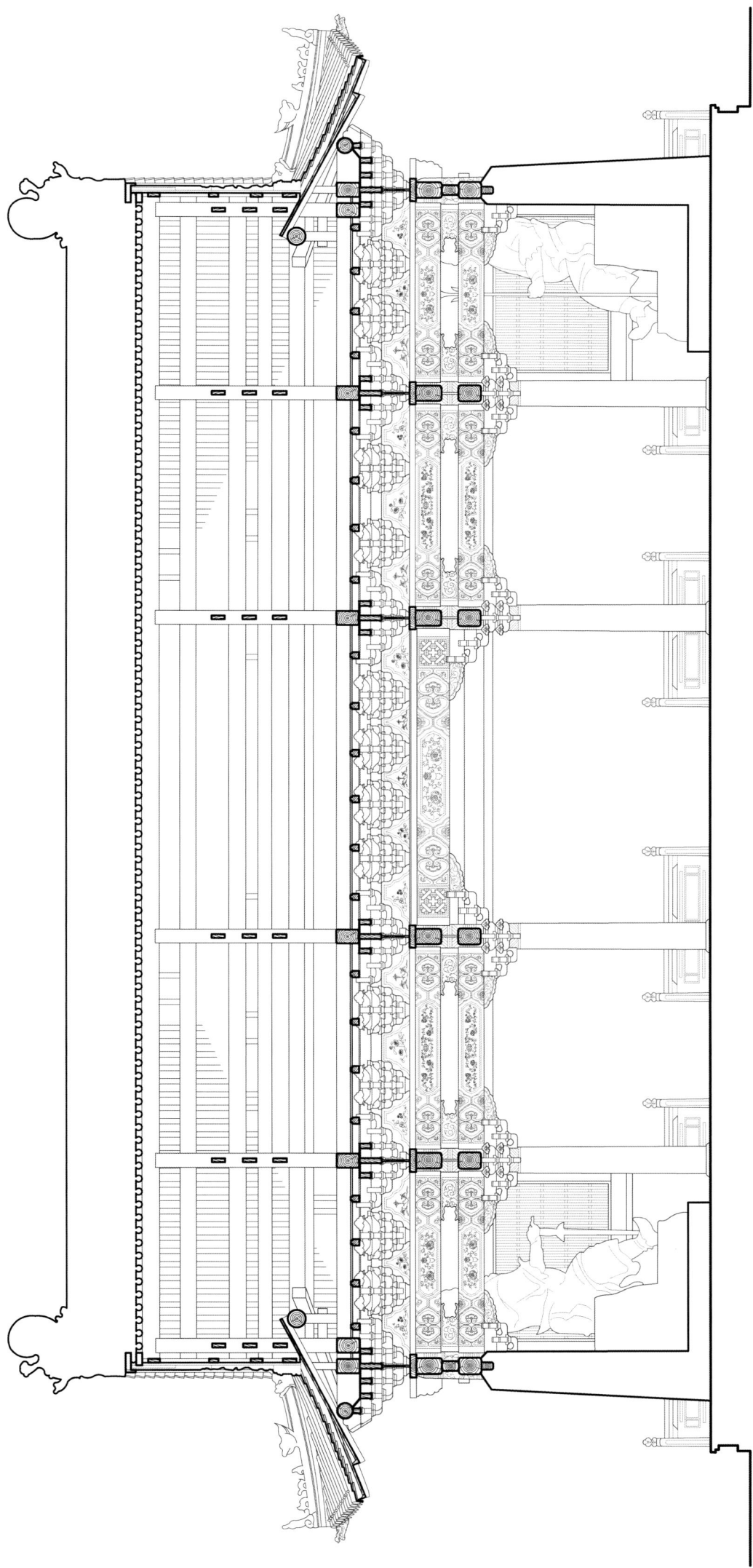

天王殿纵剖面图

0　1　2　3m

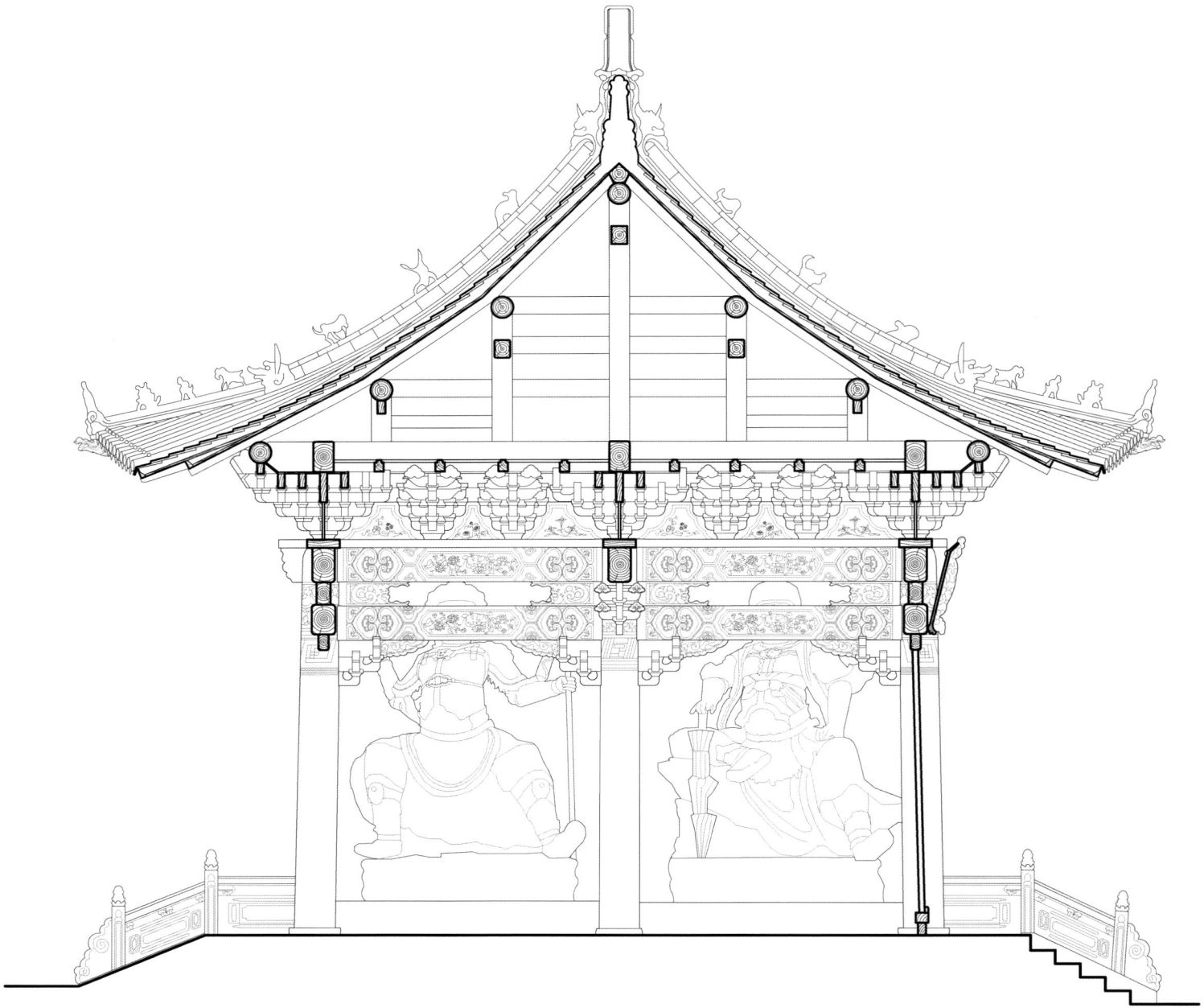

天王殿横剖面图

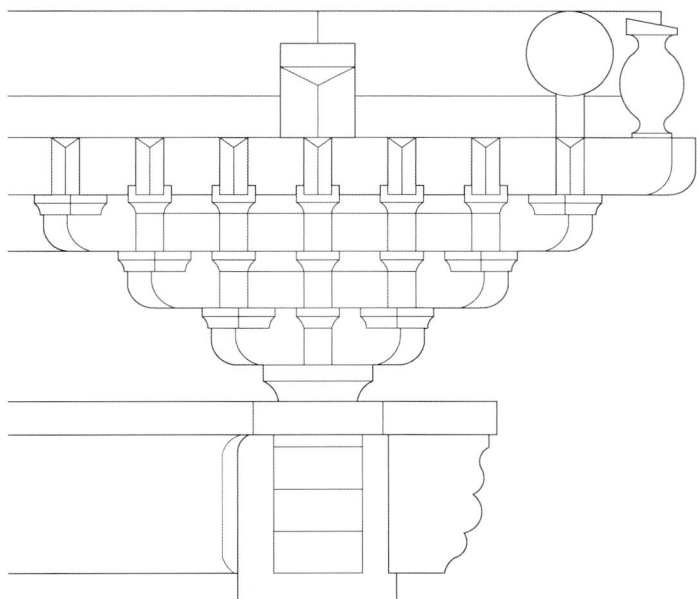

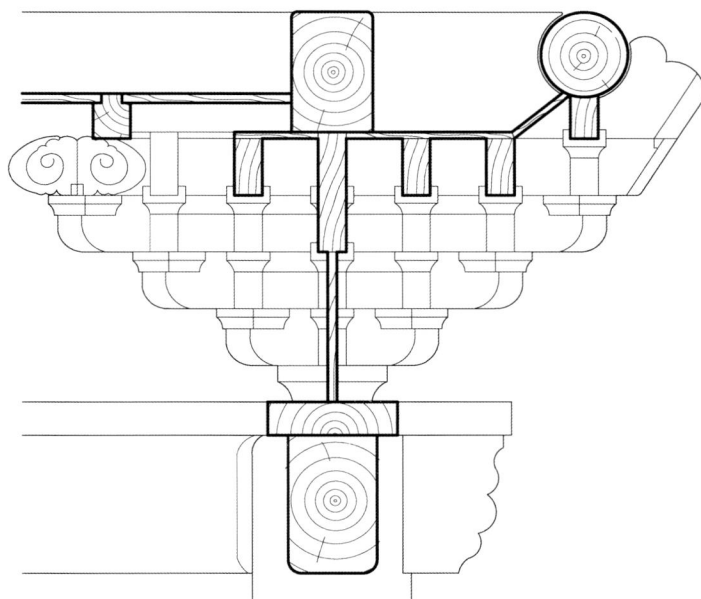

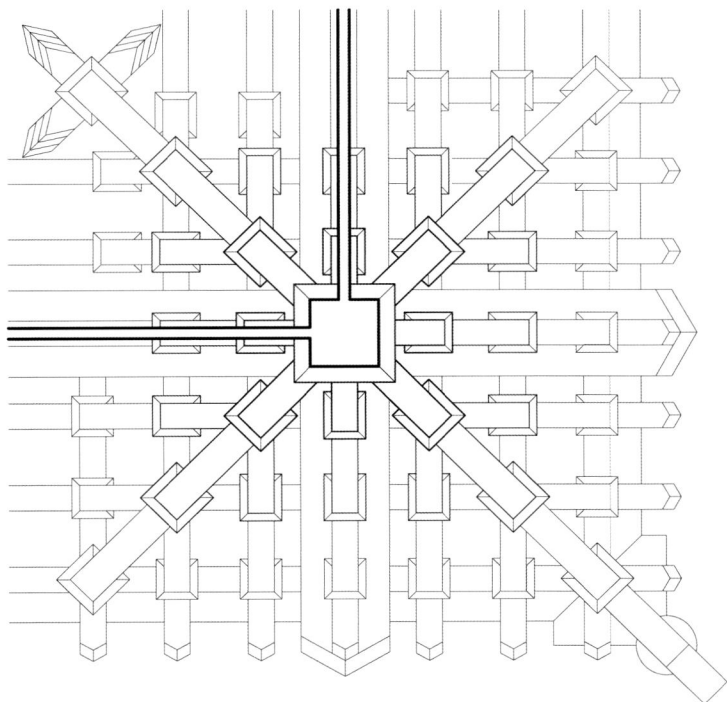

正立面图 ｜ 侧立面图

仰视平面

天王殿外檐角科斗栱详图

0　20　40　60cm

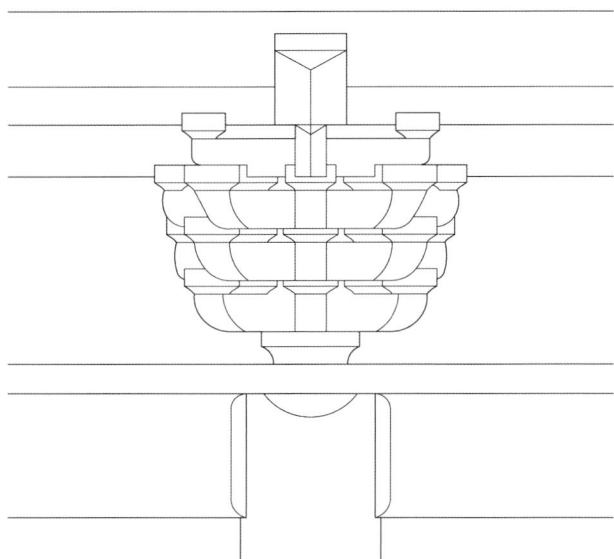

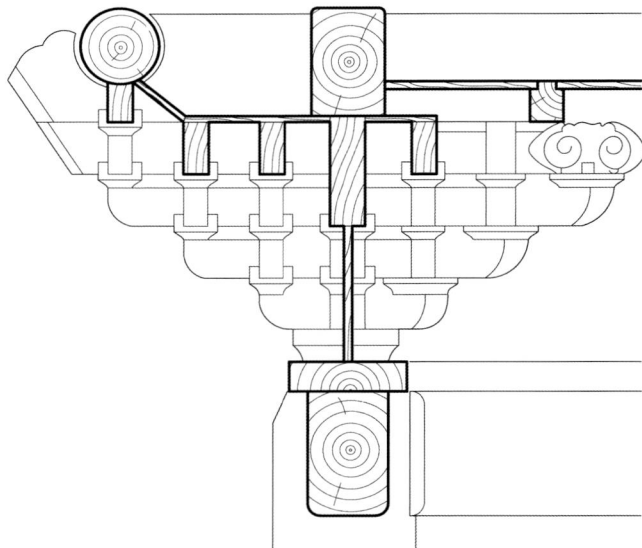

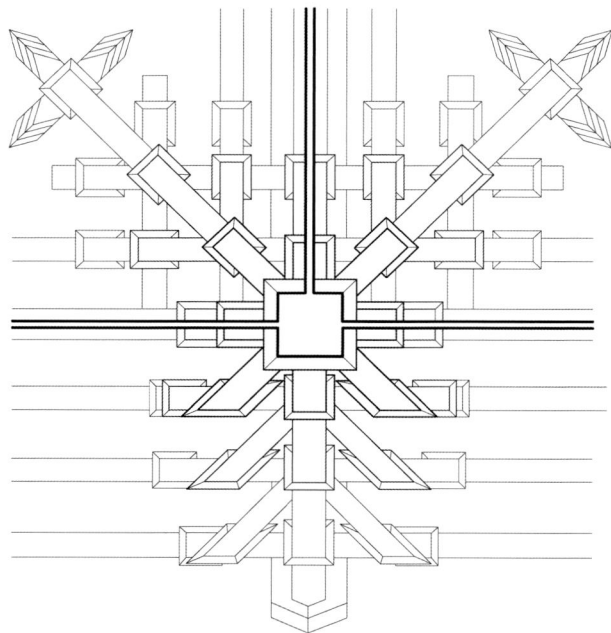

正立面图　侧立面图

仰视平面

天王殿前后檐柱头科斗栱详图

0　20　40　60cm

天王殿前后檐平身科斗栱详图

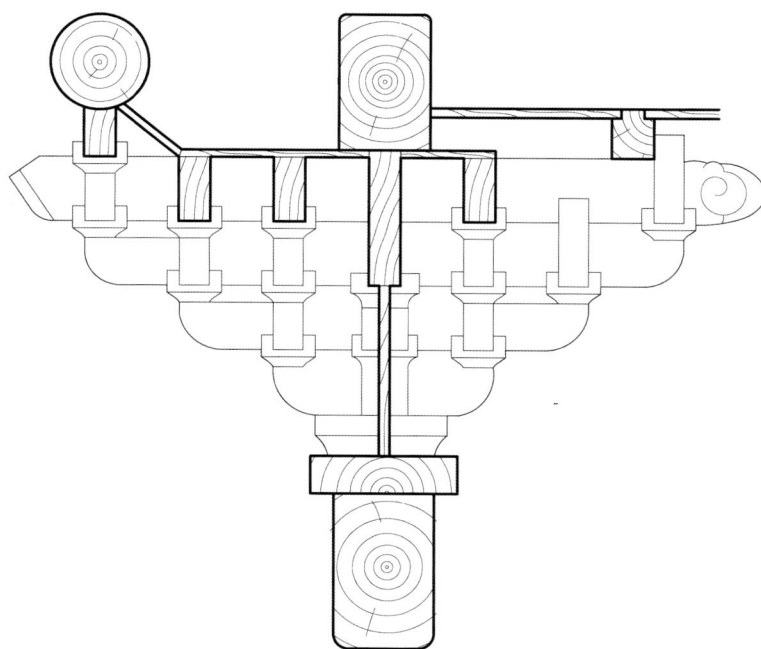

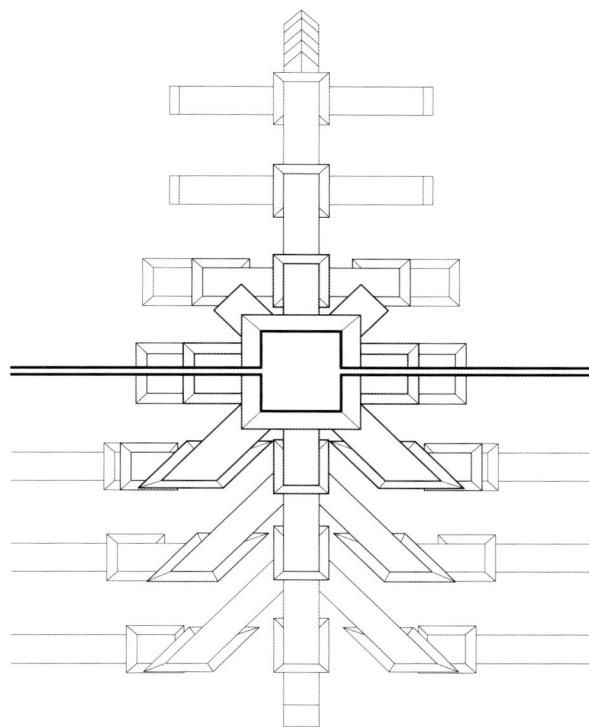

侧立面图
仰视平面

0　　20　　40　　60cm

天王殿内檐斗栱详图

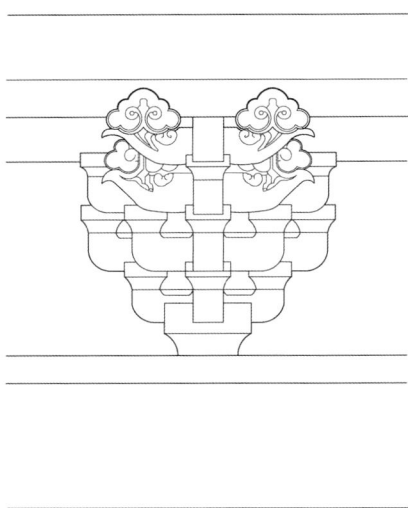

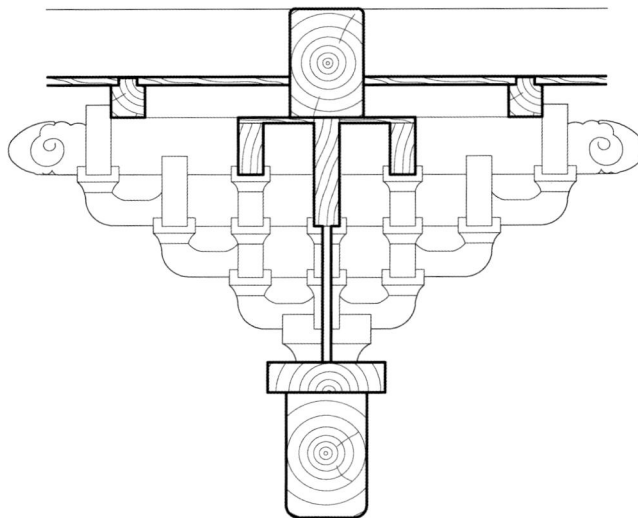

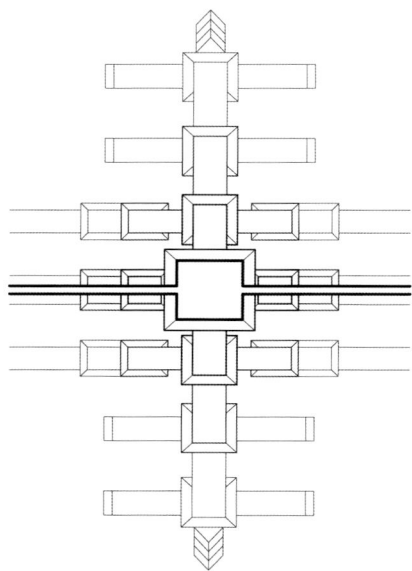

正立面图 ｜ 侧立面图
仰视平面

0　20　40　60cm

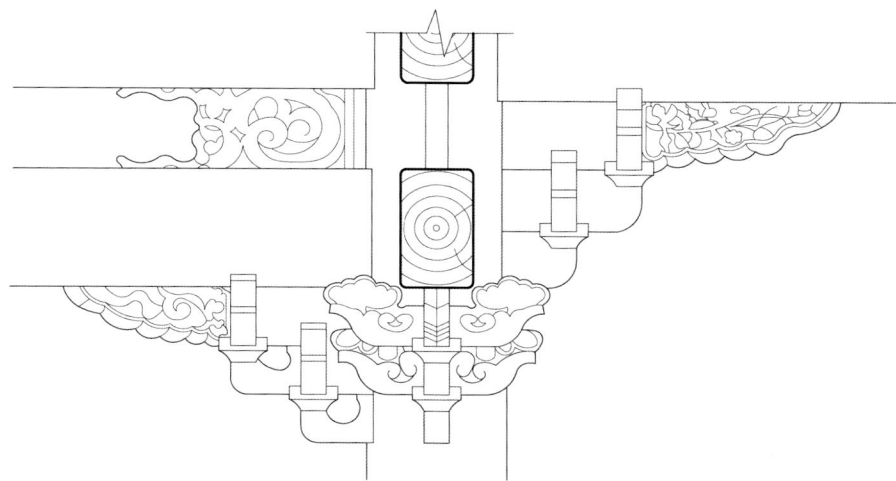

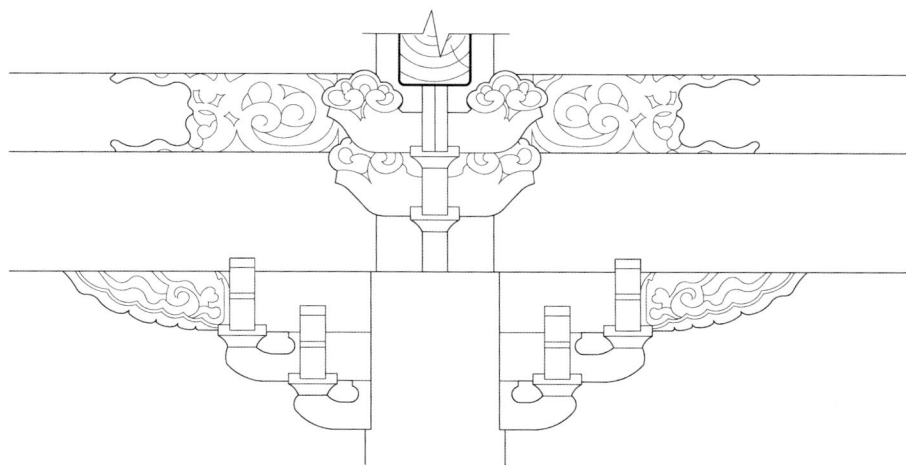

天王殿雀替详图

0　20　40　60cm

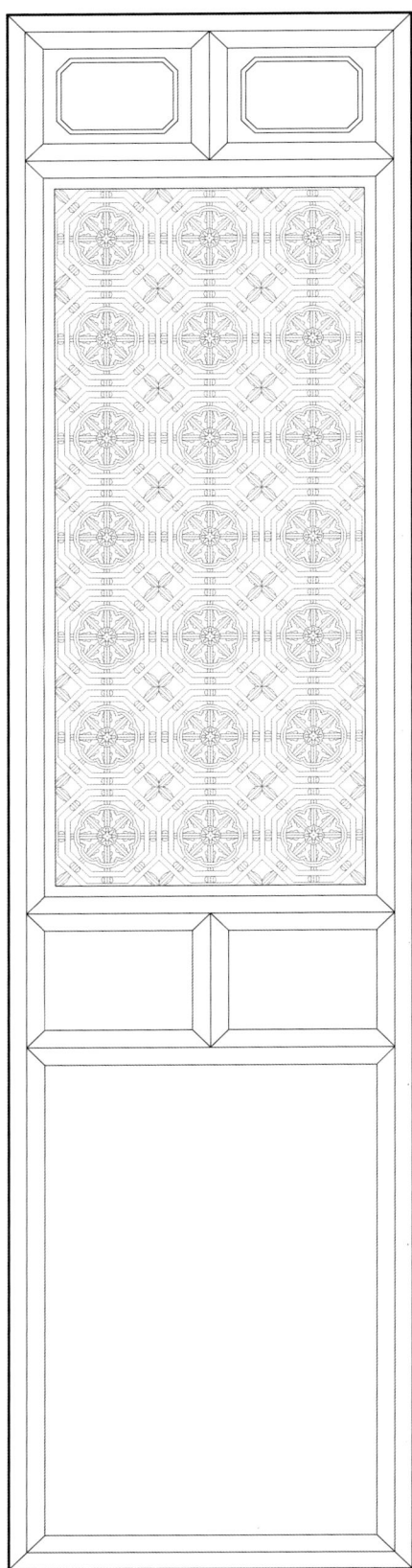

0　10　20 30cm

0　5　10　15cm

天王殿隔扇门立面

天王殿隔扇门详图

60cm

40

20

0

天王殿梁枋彩画

天王殿梁枋彩画详图　　　　　　　　　　0　20　40　60cm

天王殿柱头彩画详图　　　　　　　　　　0　20　40　60cm

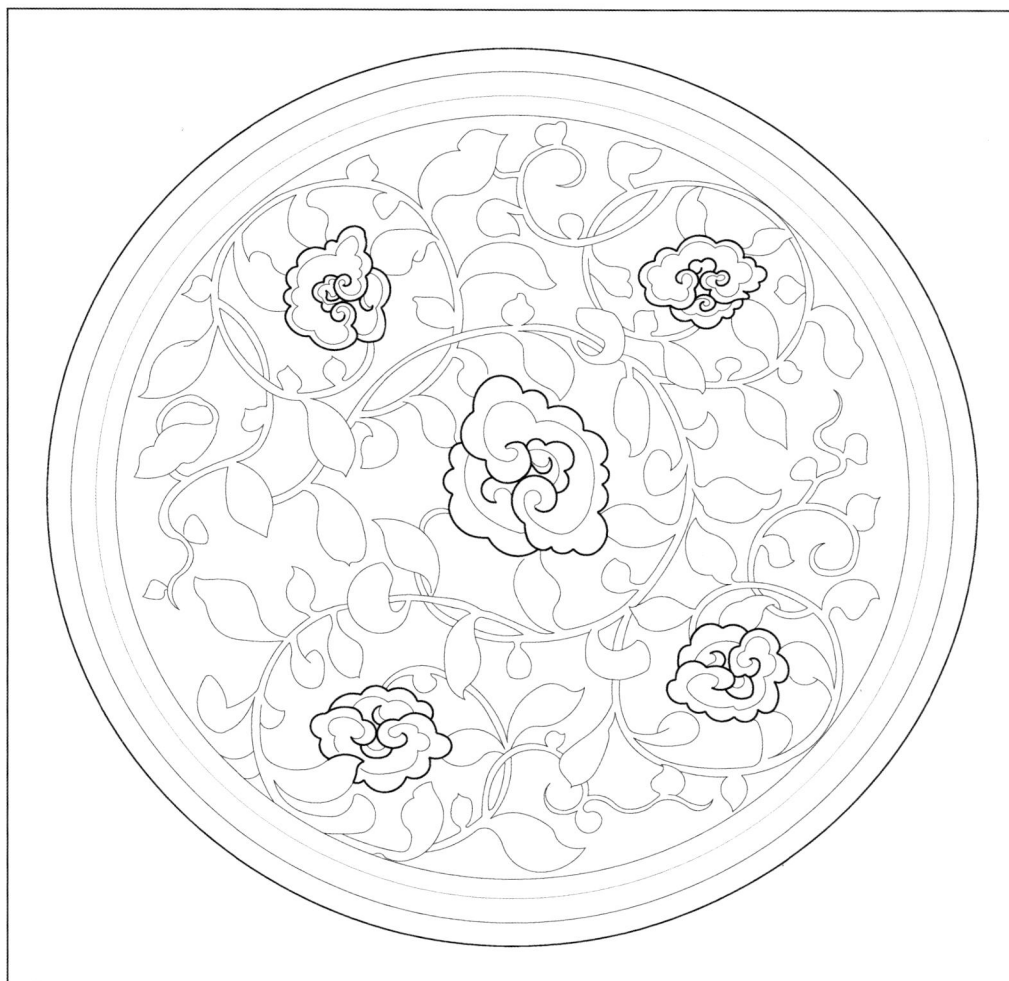

天王殿天花彩画详图

0 5 10 15cm

天王殿翼形拱详图

0 5 10 15cm

天王殿前檐柱头科、平身科斗栱

天王殿角科斗栱

天王殿外檐斗栱

天王殿额枋彩画及木雕

天王殿内檐斗栱（一）

天王殿内檐斗栱（二）

天王殿内部空间

天王殿匾额

天王殿山花

天王殿正吻

震前天王殿戗脊走兽（平武县文管所提供）

天王殿明间天花彩画（平武县文管所提供）

天王殿雀替

天王殿内檐梁枋、斗栱彩画

天王殿石勾栏、望柱

天王殿力士

天王殿明间隔扇

大雄宝殿

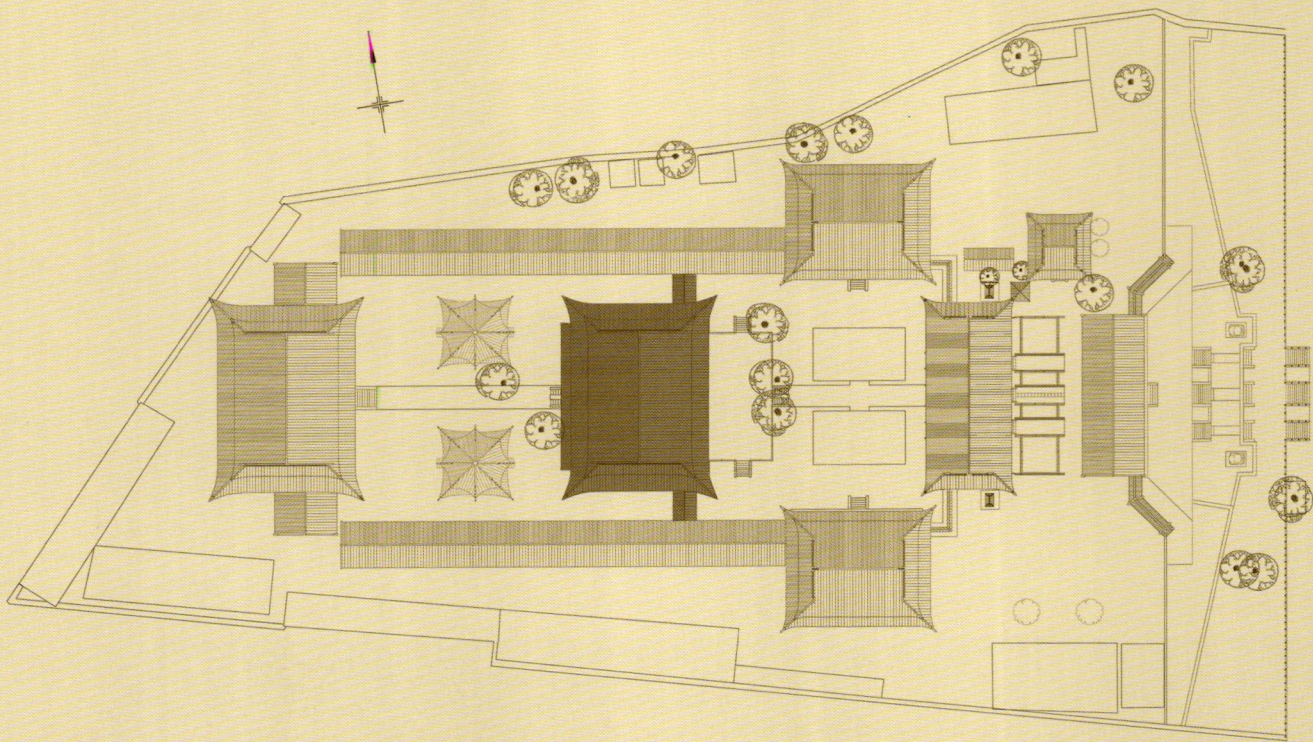

殿身分心槽加副阶周匝，通面阔五间计 24.06 米，进深四间计 16 米，后檐明次间再出副阶，使殿身平面呈"凸"字形；殿身前置月台。建筑南北置斜廊与南北廊庑连接，斜廊独立设置，卷棚顶。斜廊及月台为宋代建筑遗风。殿身重檐歇山顶，后檐副阶为单坡卷棚顶；屋面覆盖绿琉璃瓦。山花以绿琉璃砖拼装成云水莲花图样。殿堂式构架，草架为穿斗式，用生起、侧脚之制。

斗栱：下檐明次间置平身科四攒，上檐明间置平身科三攒，下檐稍间不置平身科。两山仅二、三间下檐施平身科三攒，上檐施平身科二攒。下檐施七踩三昂斗栱，昂为琴面昂。上檐施九踩四昂斗栱，左右出 45° 斜昂，昂为象鼻昂。柱头科及角科翘、昂用材大于平身科。内檐斗栱用九踩四翘品字科，隔架科用三踩单翘品字科，上承雀替。

墙体及木装修：山墙为砖墙；前檐明次间置隔扇门，稍间为砖墙上置槛窗；后檐明间置壶门，稍间置壶窗。殿内柱头、梁、枋、斗栱、天花遍施彩画。

台基及地面：台基为须弥座，前出月台，正面石砌双阶七级垂带踏跺一道。台面墁铺方形石板，四周及台基前檐勾栏现大部不存。殿内墁以金砖，明间前槽地面，镶嵌琉璃花砖。

大雄宝殿实景（一）

大雄宝殿实景（二）

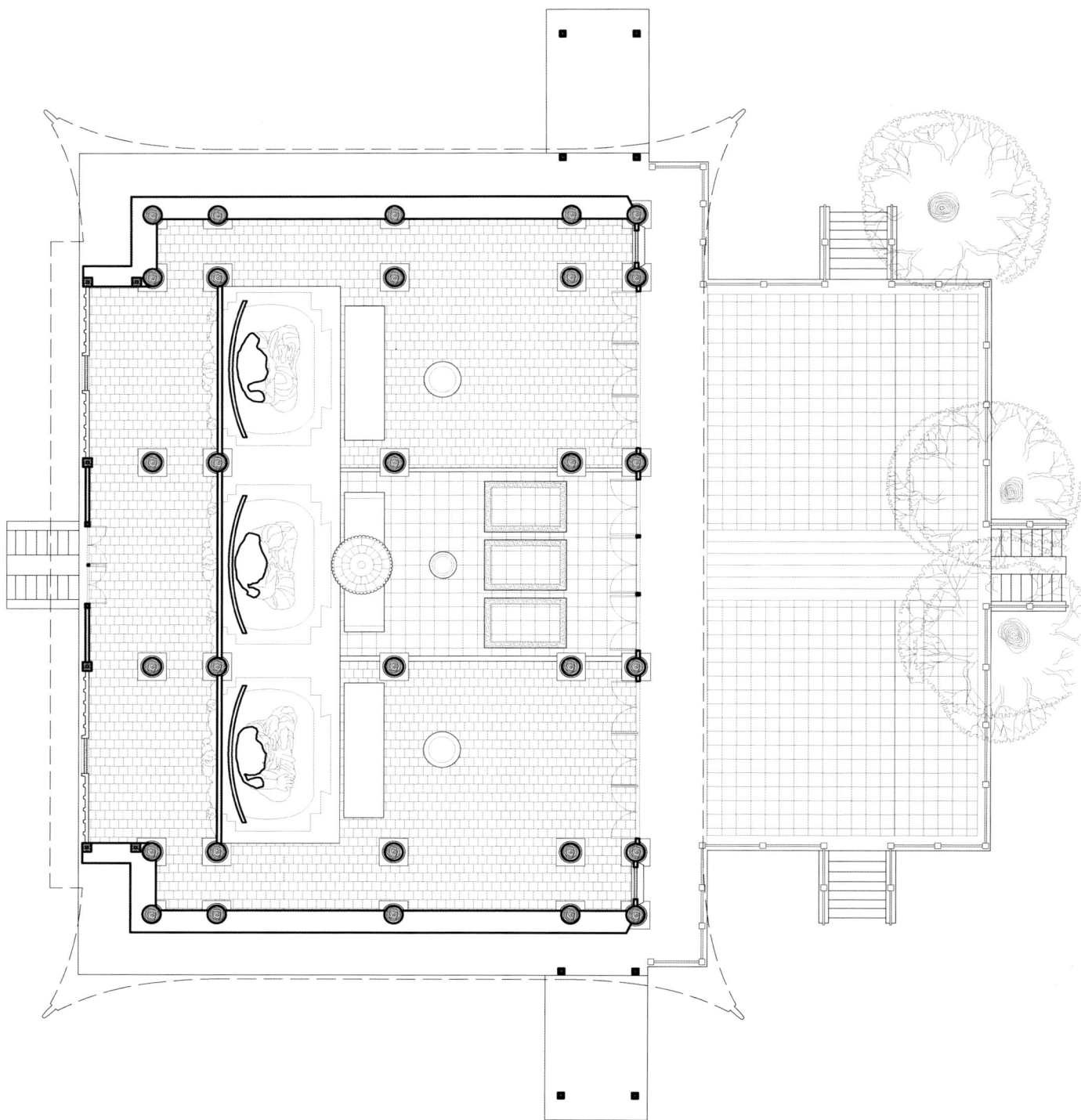

大雄宝殿平面图

0　2　4　6m

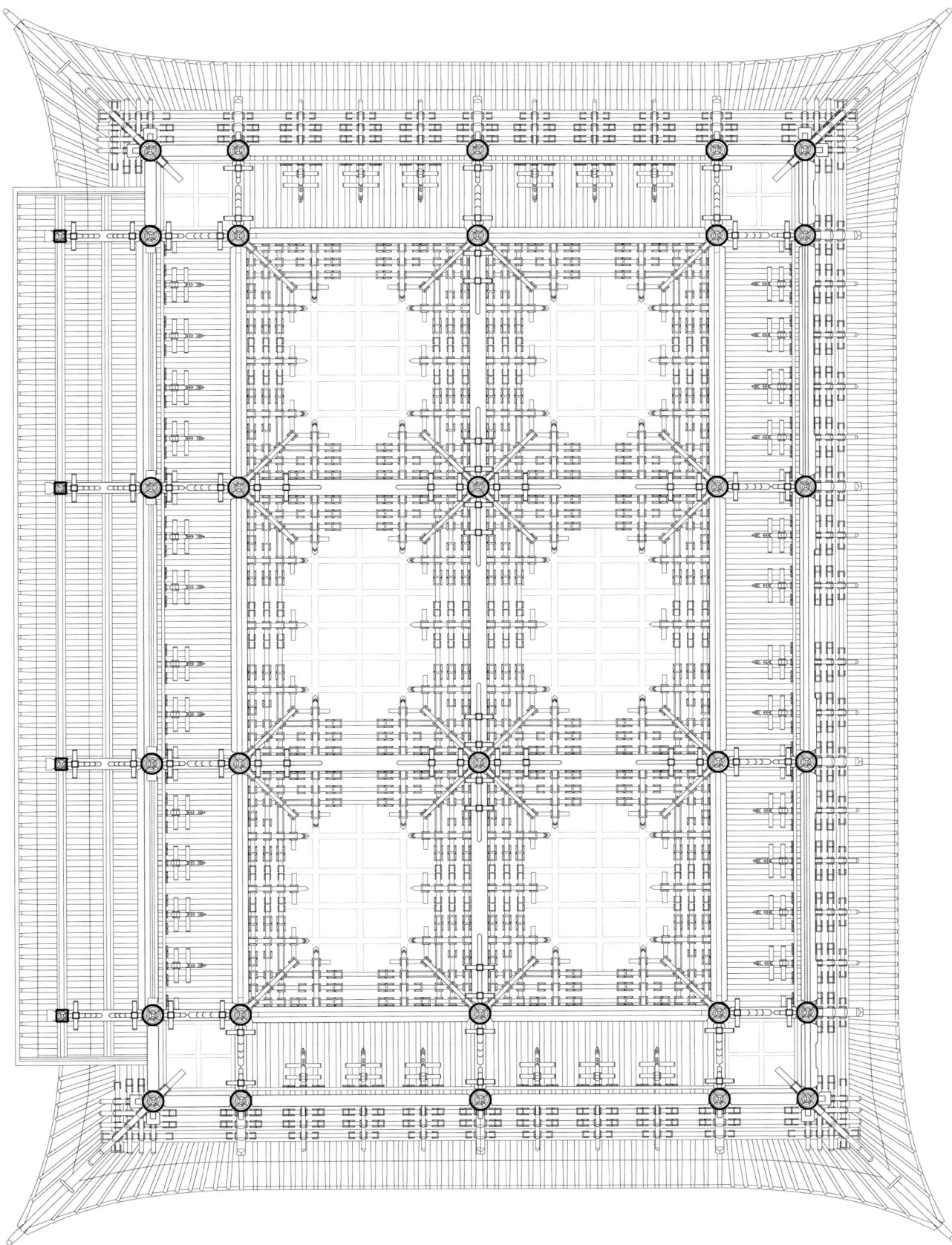

大雄宝殿仰视图

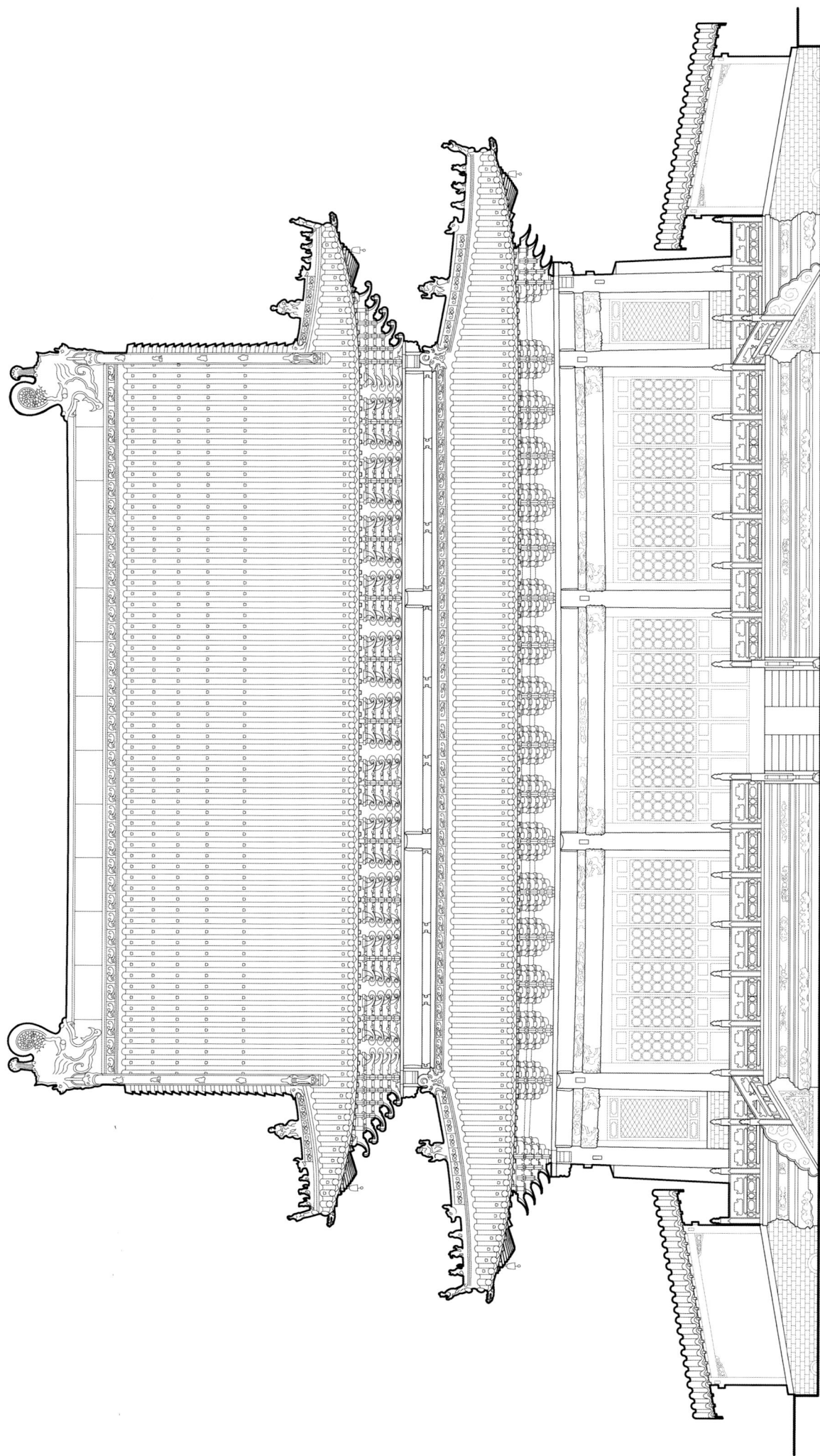

大雄宝殿正立面图

0　1　2　3m

0 1 2 3m

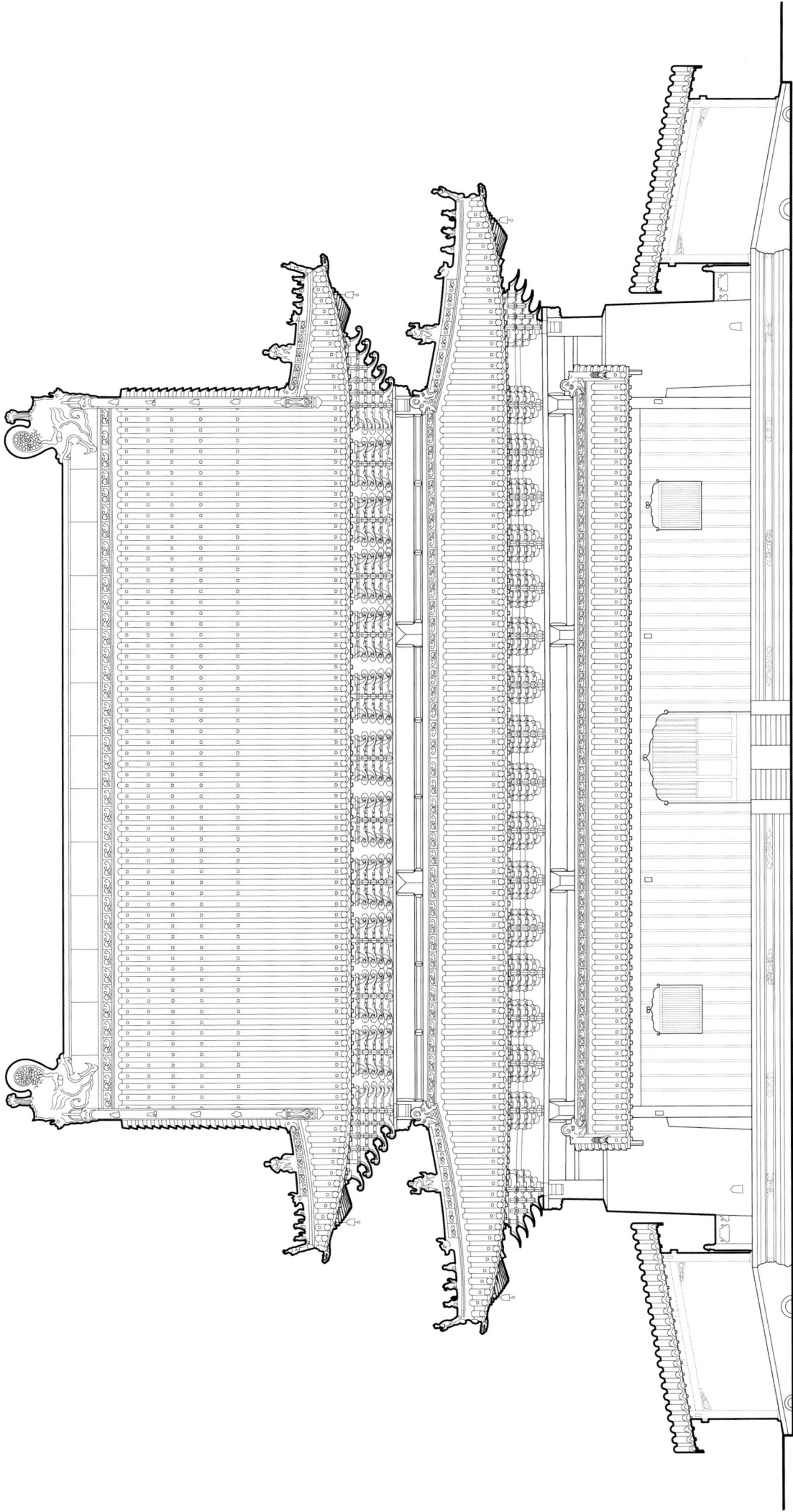

大雄宝殿背立面图

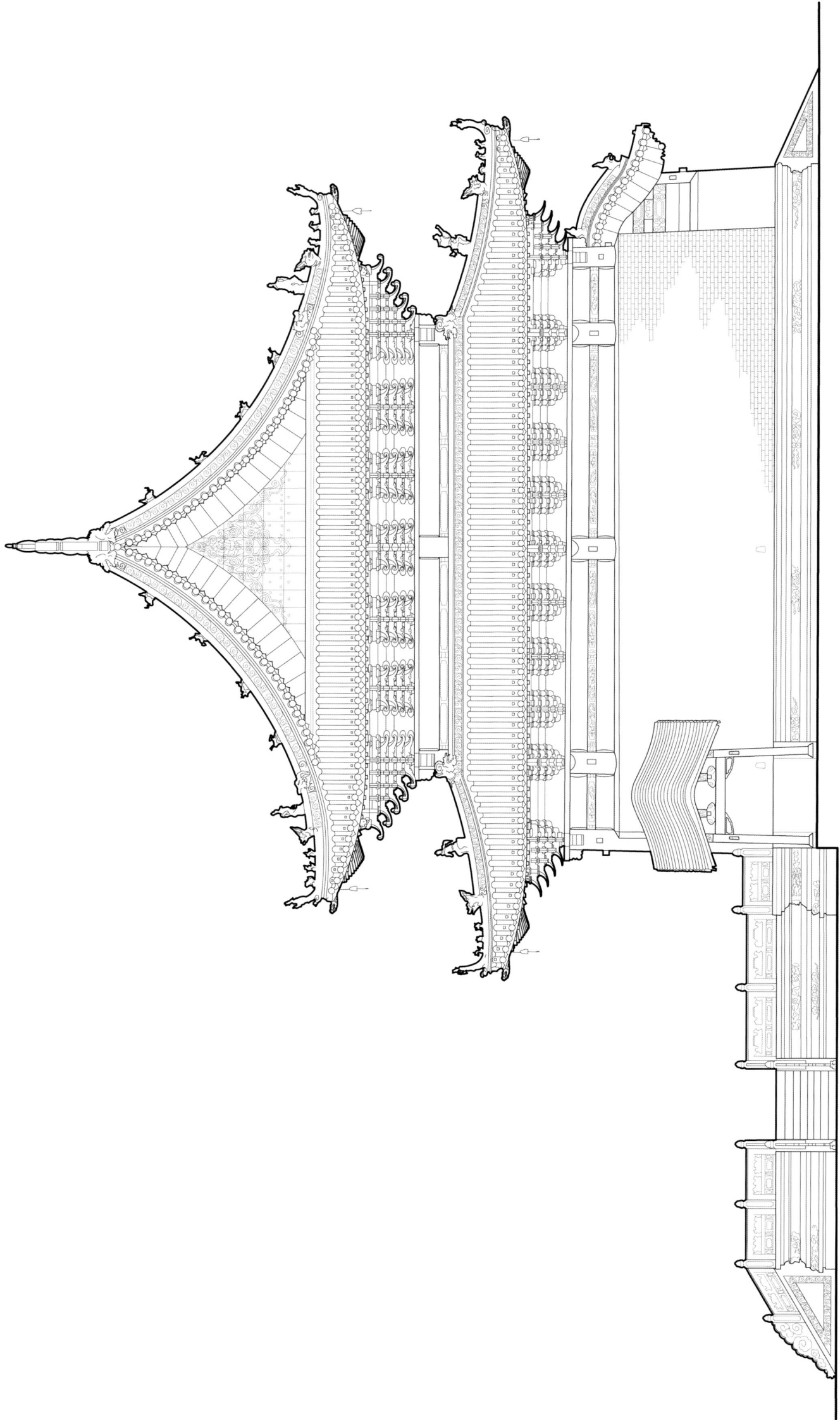

大雄宝殿侧立面图

0　1　2　3m

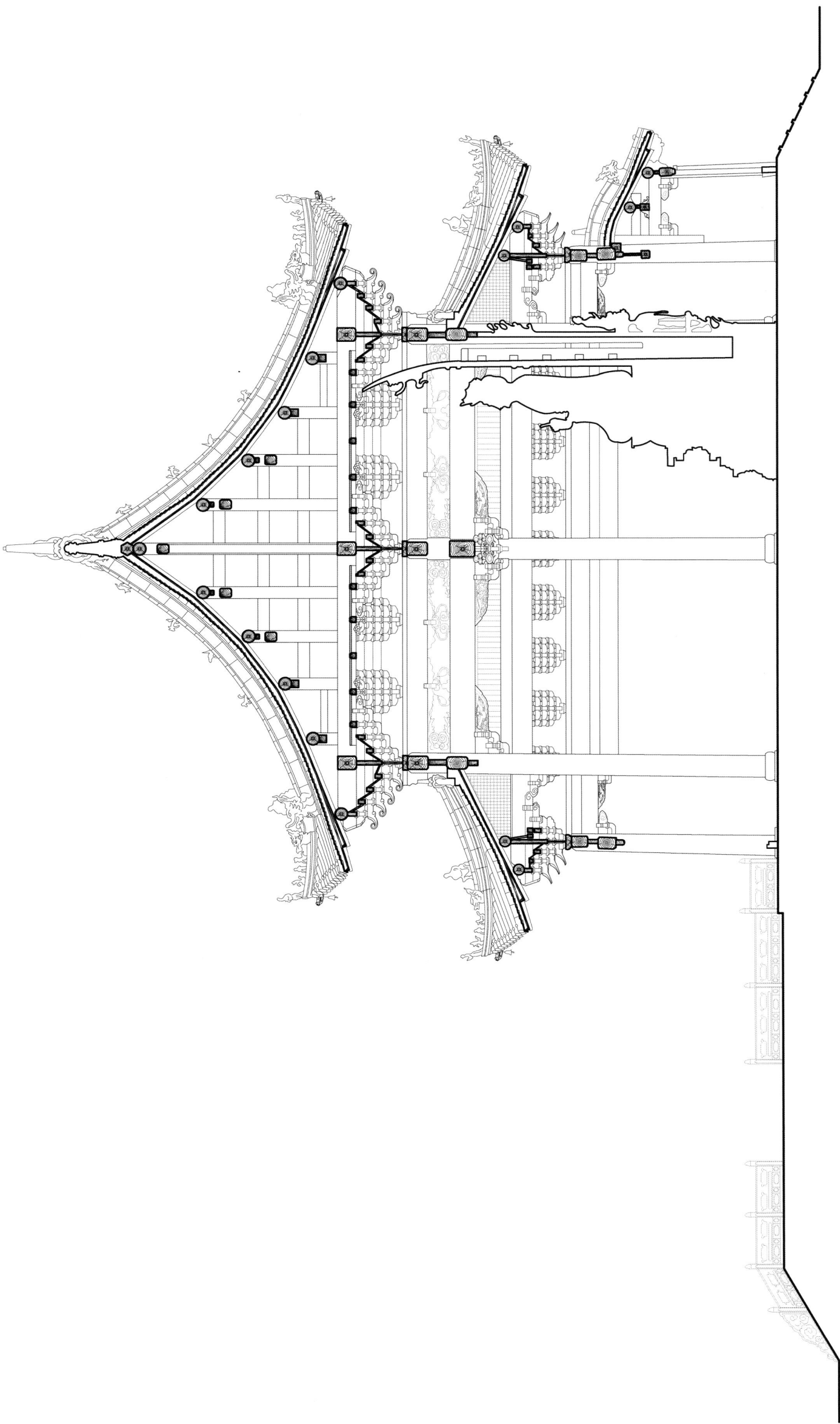

0　1　2　3m

大雄宝殿横剖面图

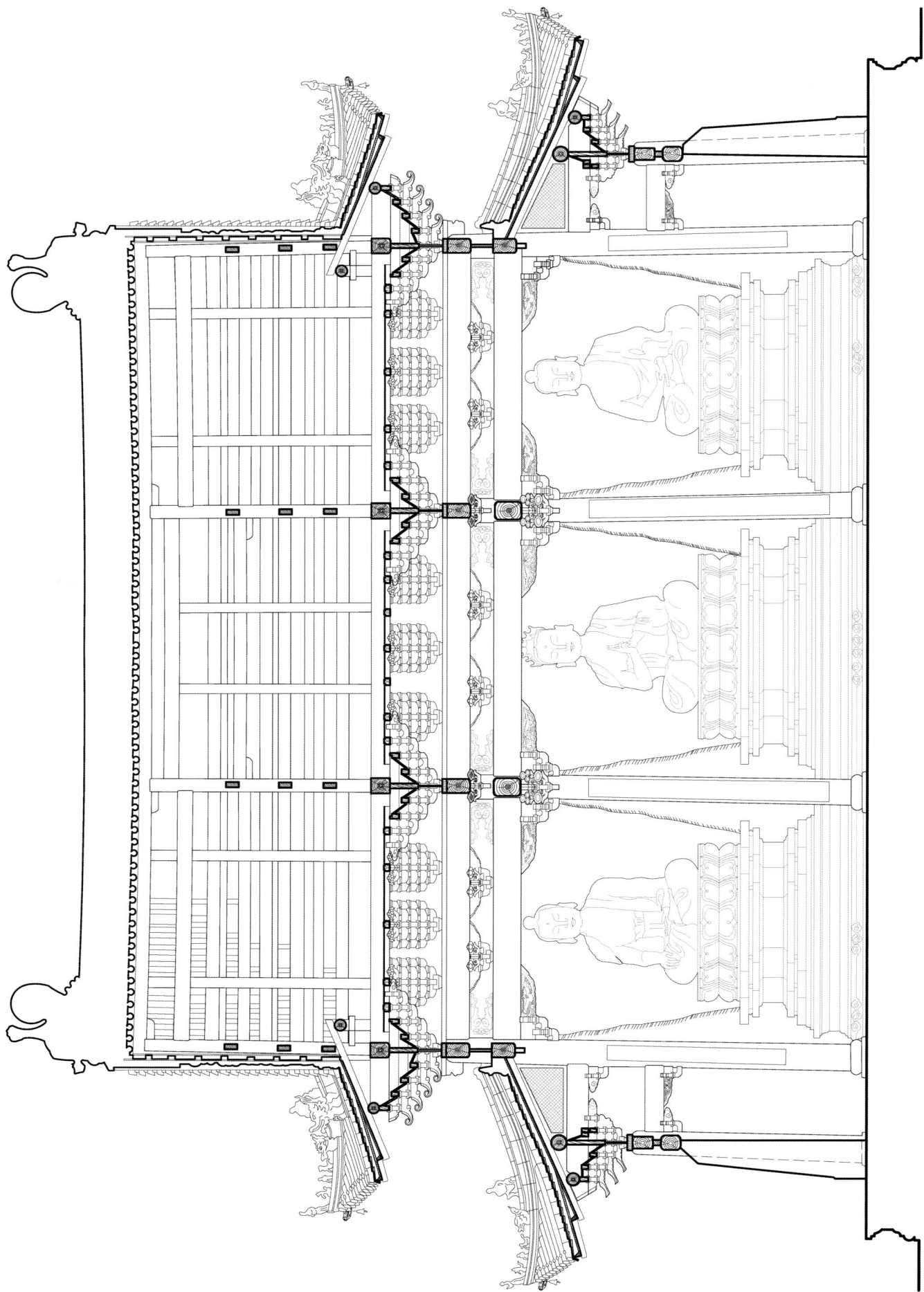

大雄宝殿纵剖面图

0 1 2 3m

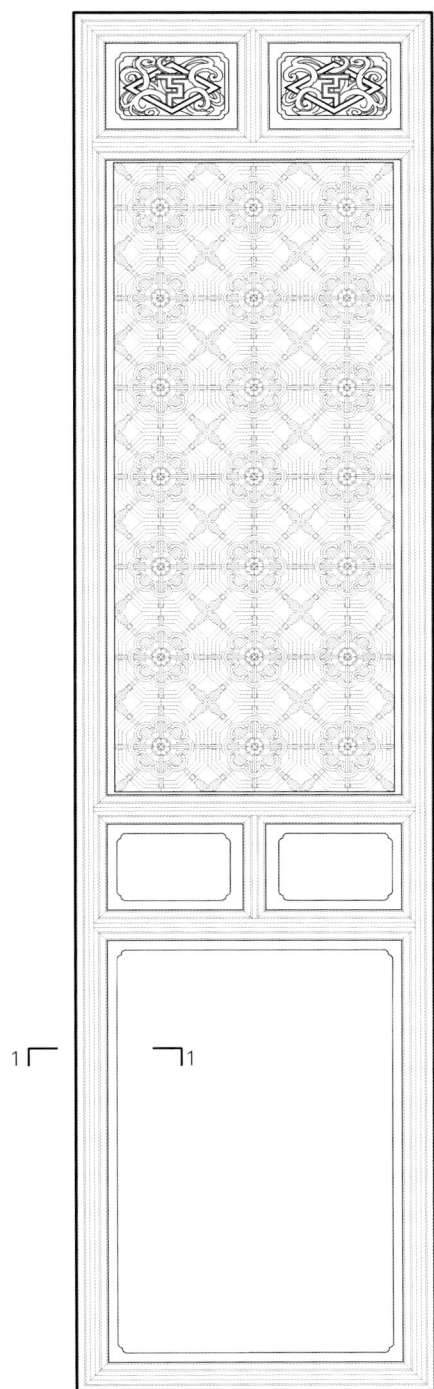

大雄宝殿隔扇门立面

大雄宝殿隔扇门详图

大雄宝殿槛窗详图

0　5　10　15cm

大雄宝殿槛窗立面

0　10　20　30cm

大雄宝殿槛窗花饰大样及断面详图

0　　50　　100　150cm

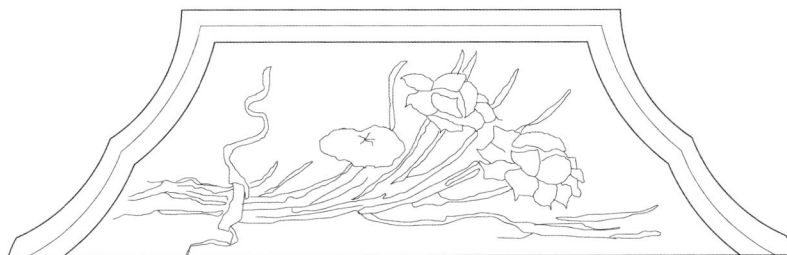

大雄宝殿栱垫板彩画详图

0　10　20 30cm

大雄宝殿天花彩画详图（一）

0　　10　　20　　30cm

大雄宝殿天花彩画详图（二）

0　50　100　150cm

大雄宝殿梁枋彩画详图

0　20　40　60cm

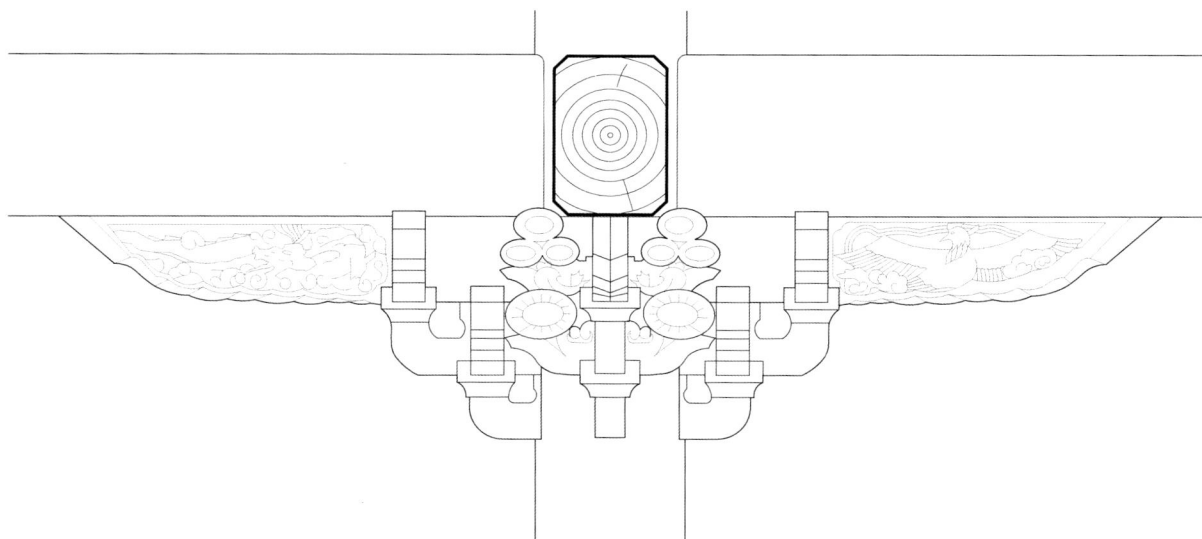

大雄宝殿金柱雀替详图

0　20　40　60cm

大雄宝殿隔架科斗拱详图

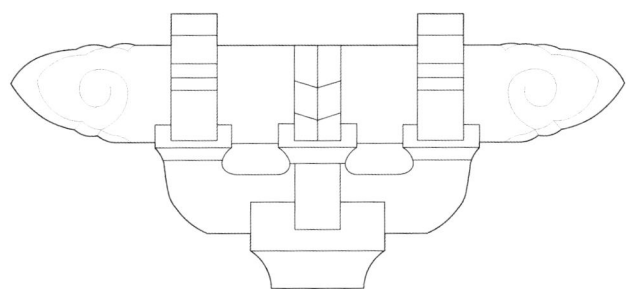

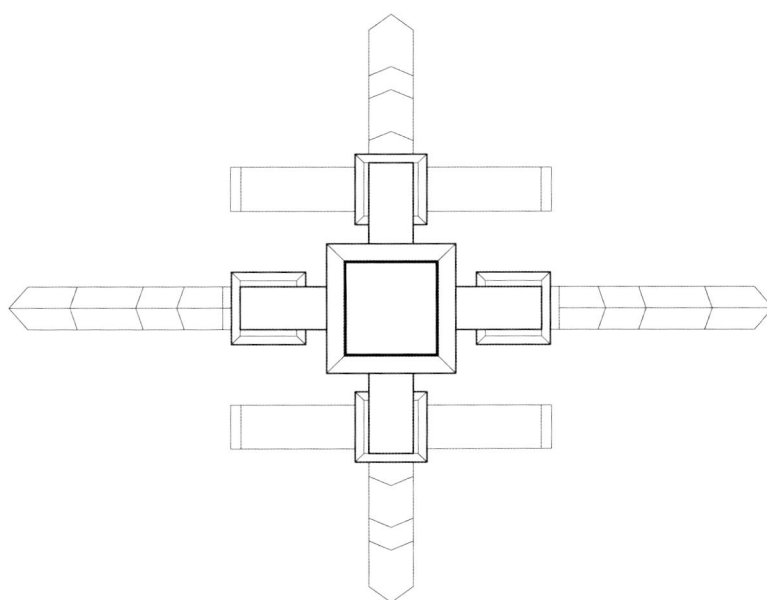

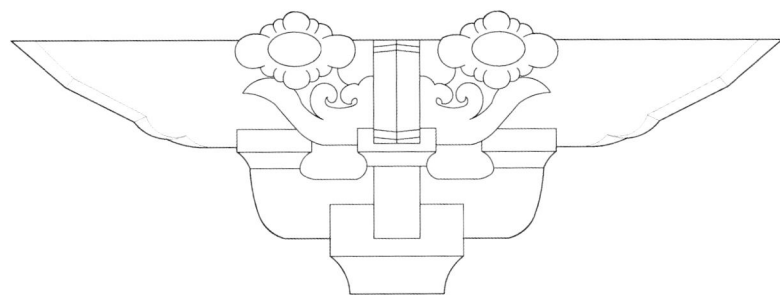

侧立面图	仰视平面
正立面图	

0　15　30　45cm

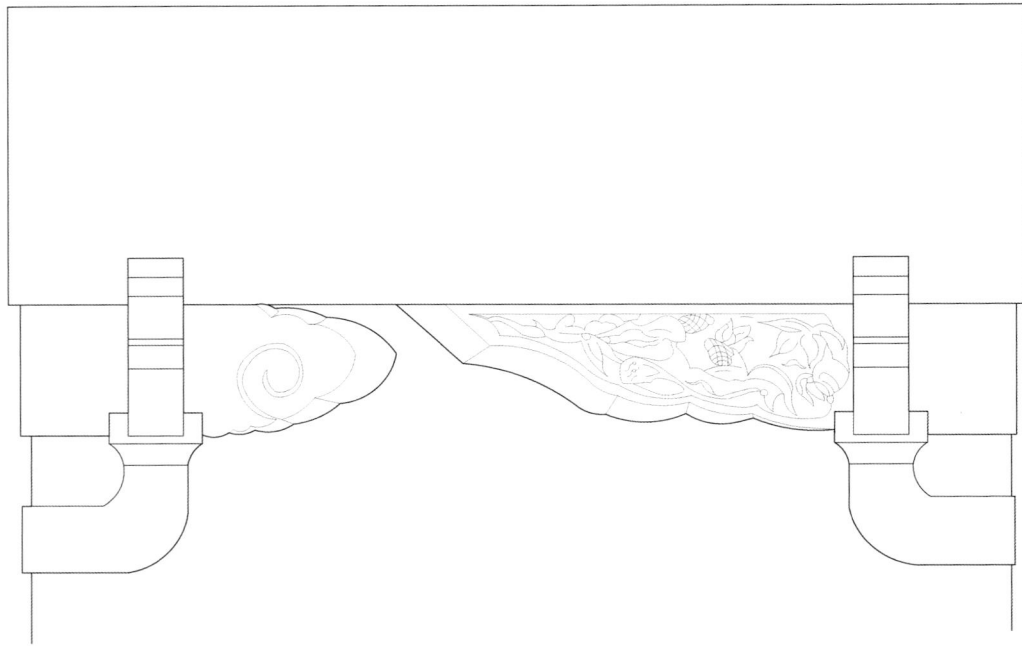

大雄宝殿檐廊雀替详图

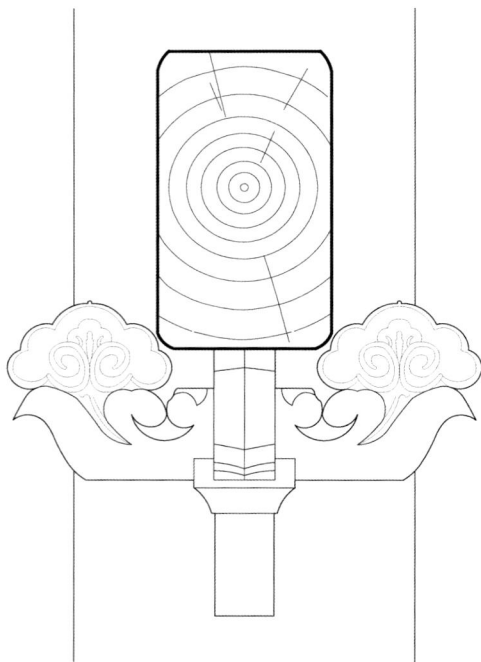

大雄宝殿翼形栱详图（一）

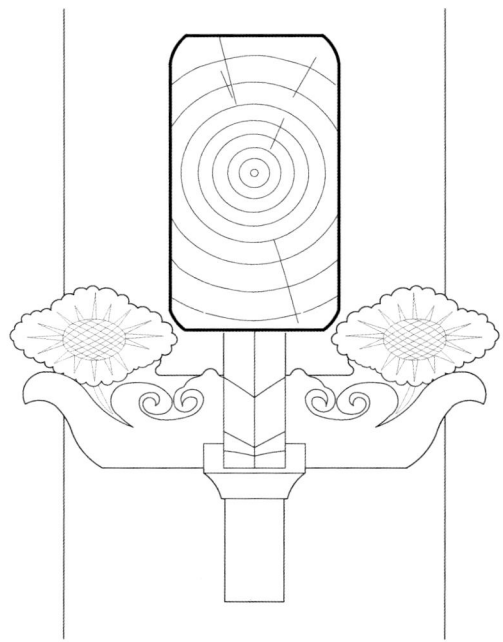

大雄宝殿翼形栱详图（二）

0　10　20　30cm

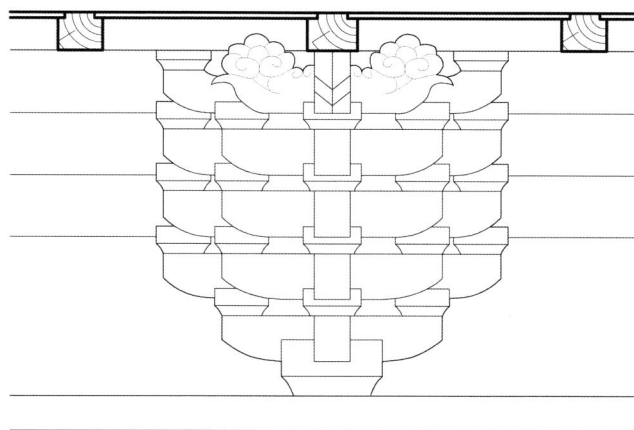

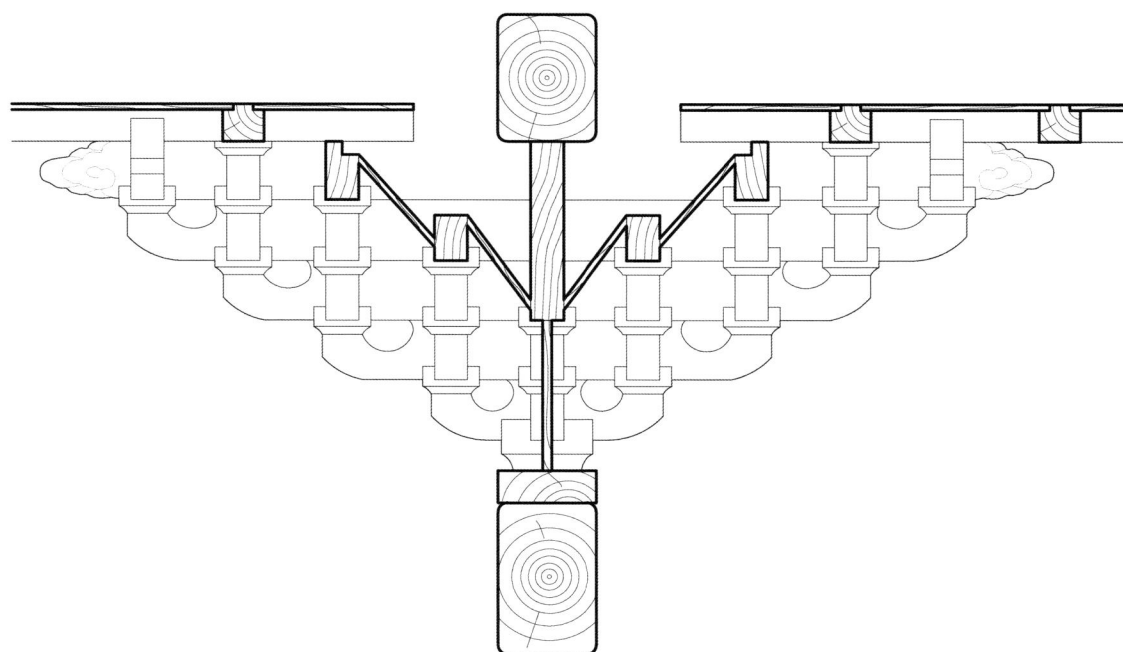

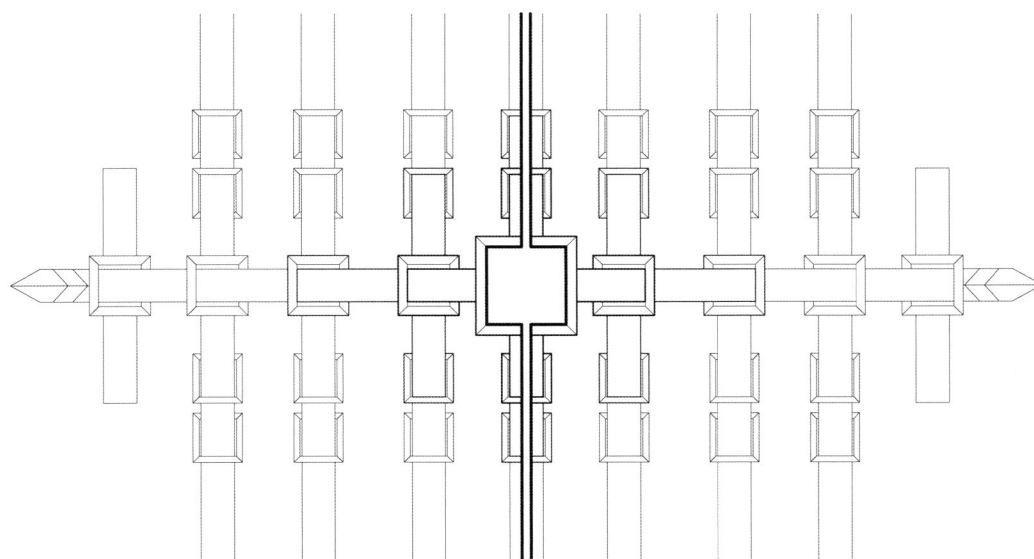

正立面图

侧立面图

仰视平面

大雄宝殿内檐斗栱详图

0　20　40　60cm

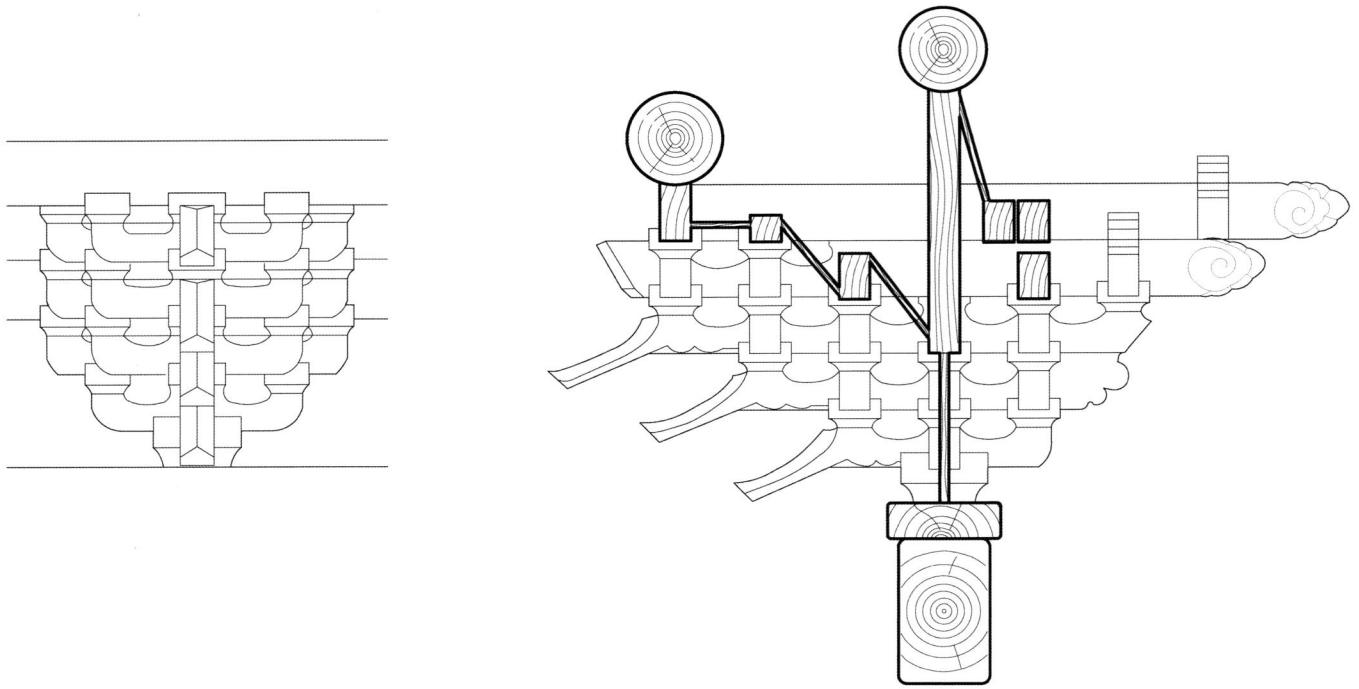

正立面图	侧立面图
背立面图	仰视平面

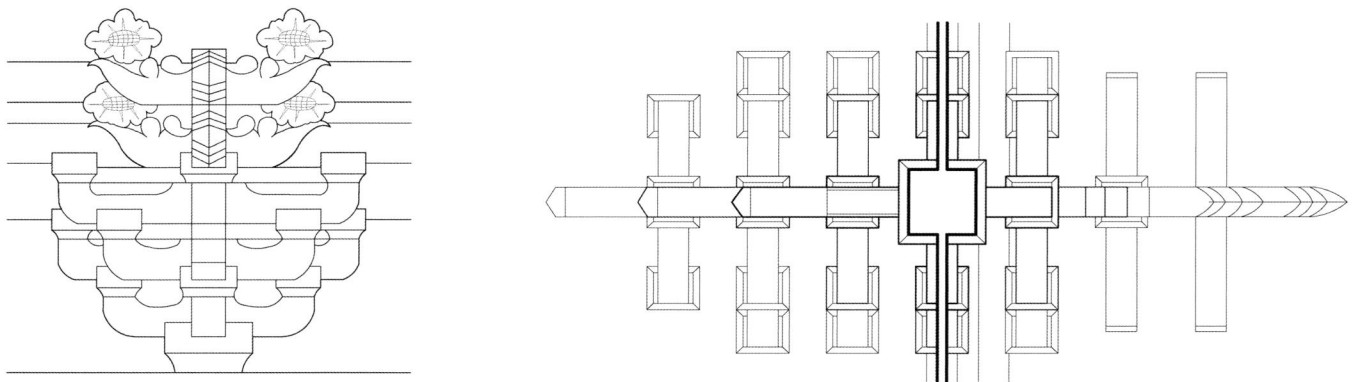

大雄宝殿下檐平身科斗栱详图

0　20　40　60cm

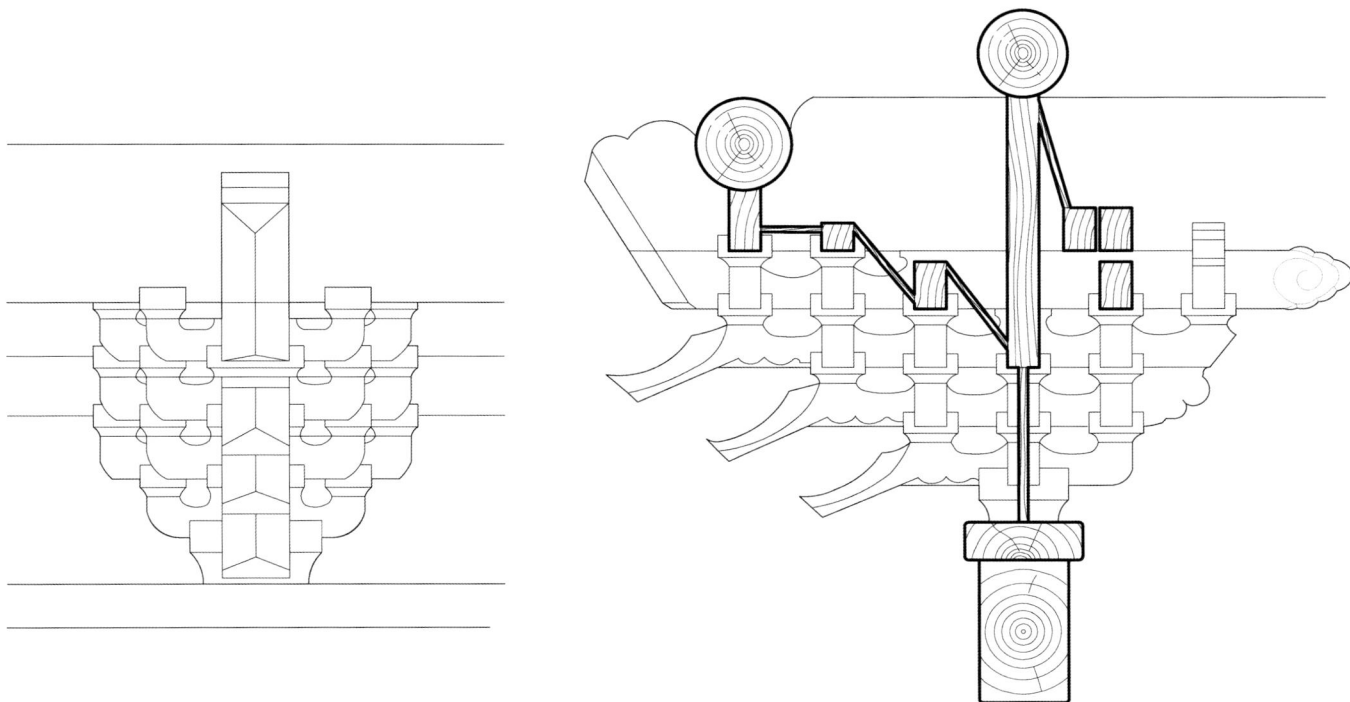

正立面图	侧立面图
背立面图	仰视平面

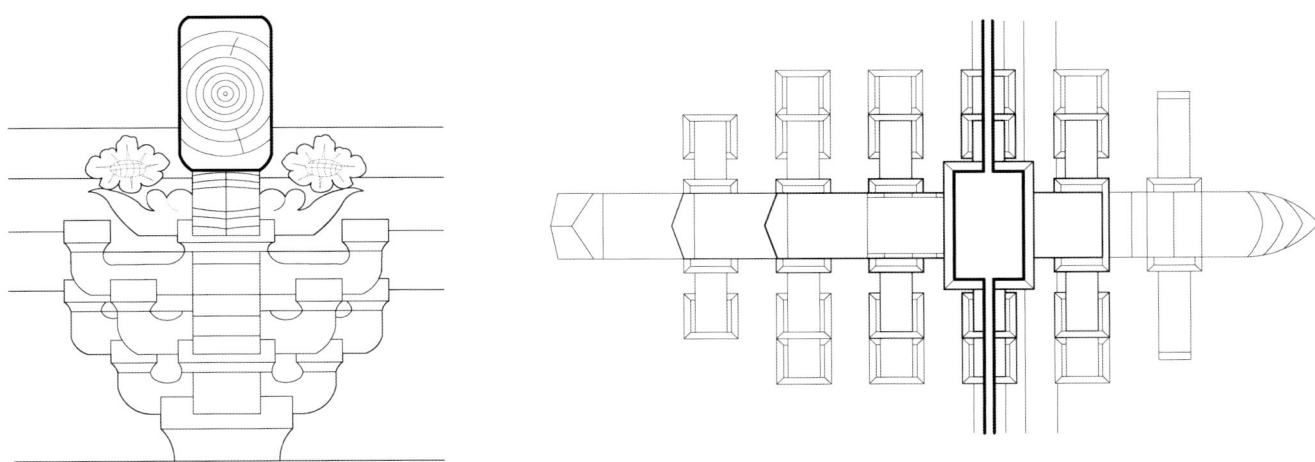

大雄宝殿下檐柱头科斗栱详图

0　20　40　60cm

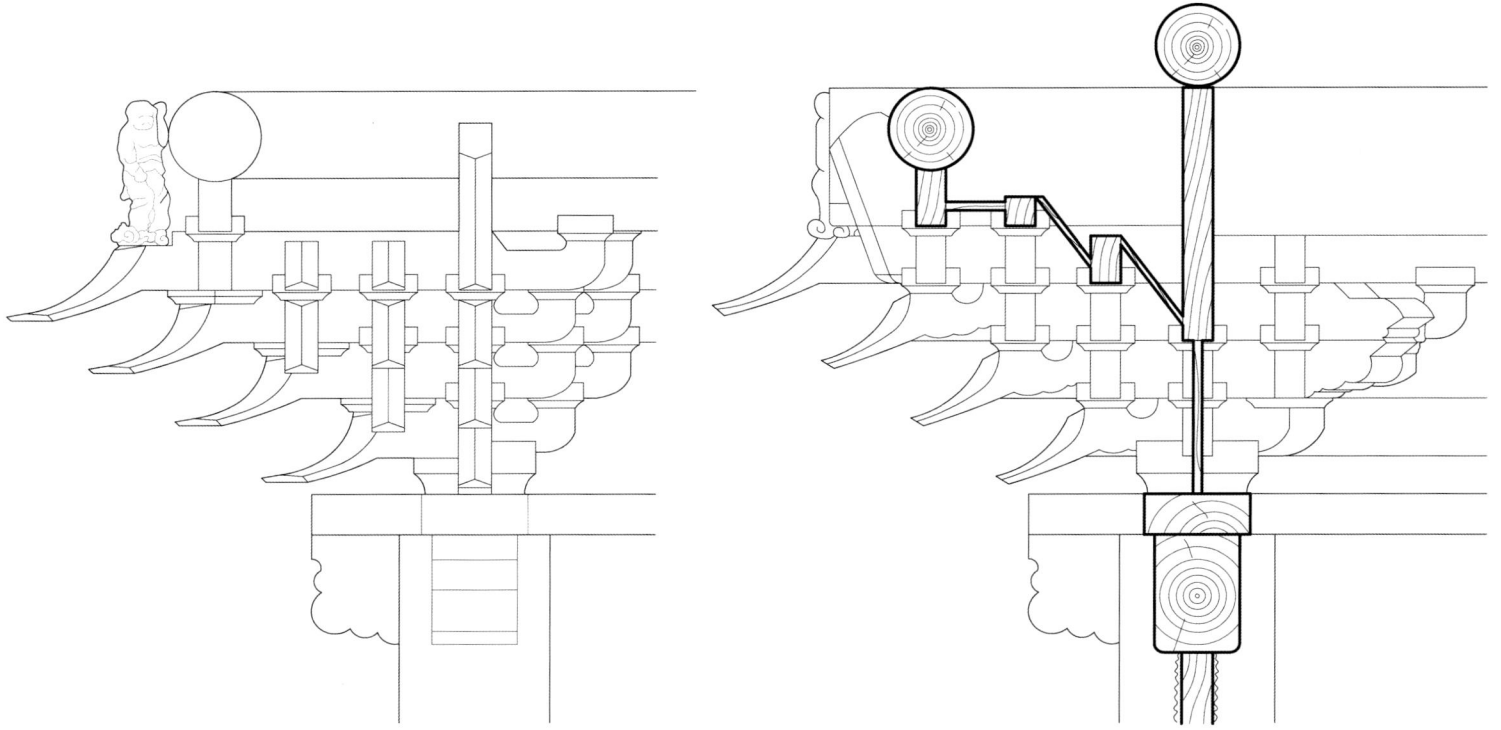

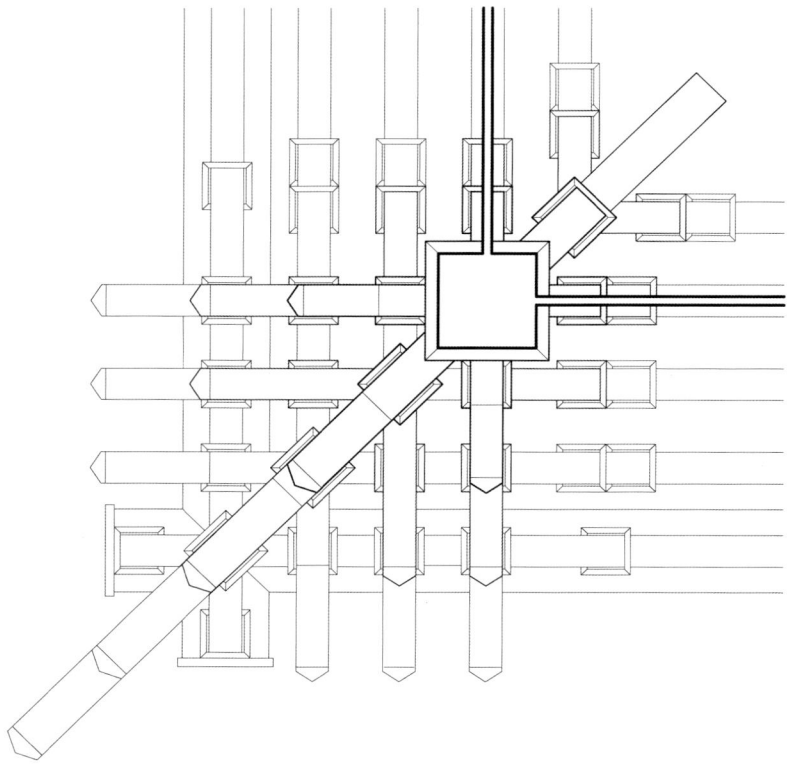

大雄宝殿下檐角科斗栱详图

正立面图 | 侧立面图

仰视平面

0 20 40 60cm

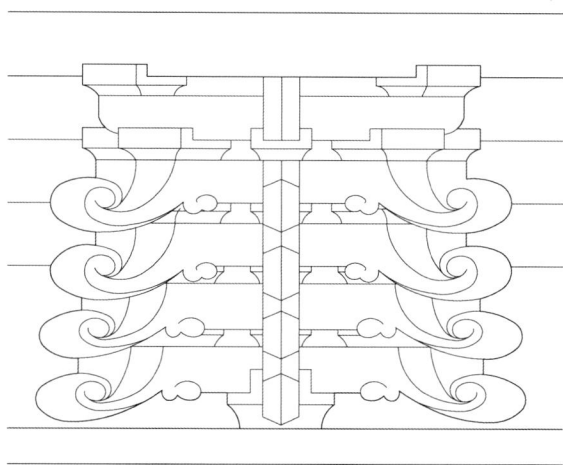

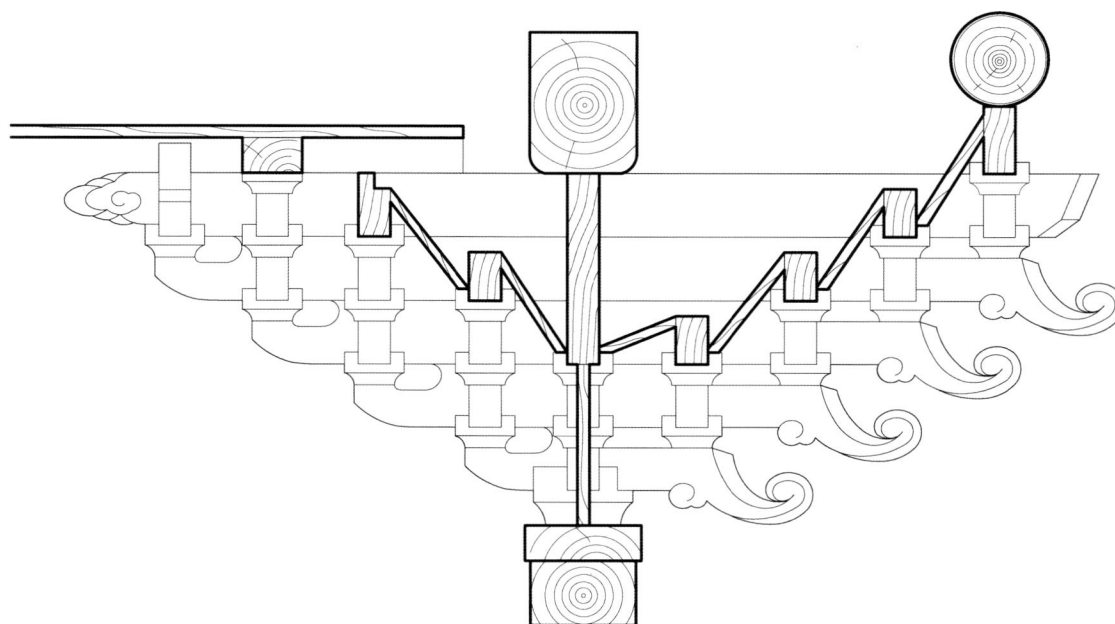

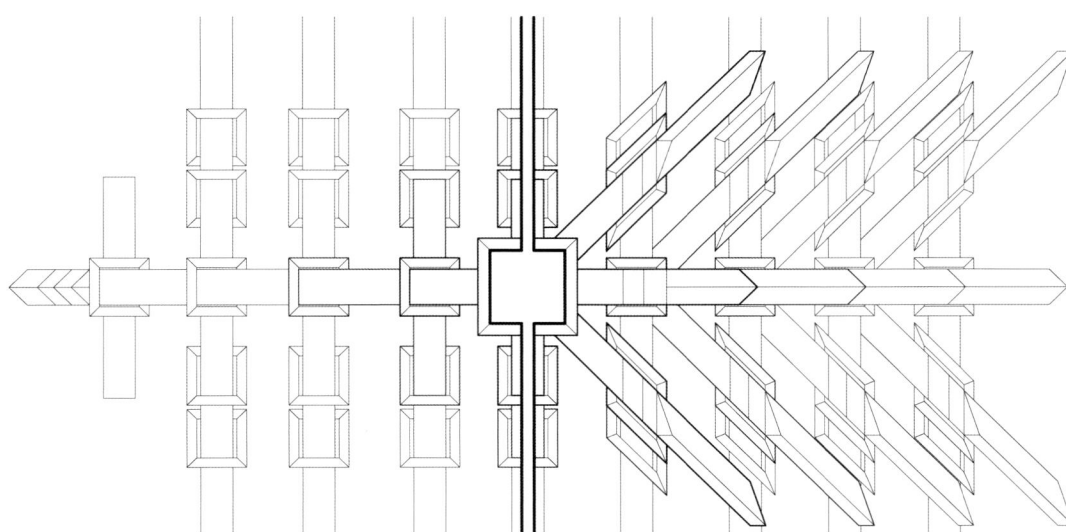

大雄宝殿上檐平身科斗栱详图

正立面图

侧立面图

仰视平面

0   20   40   60cm

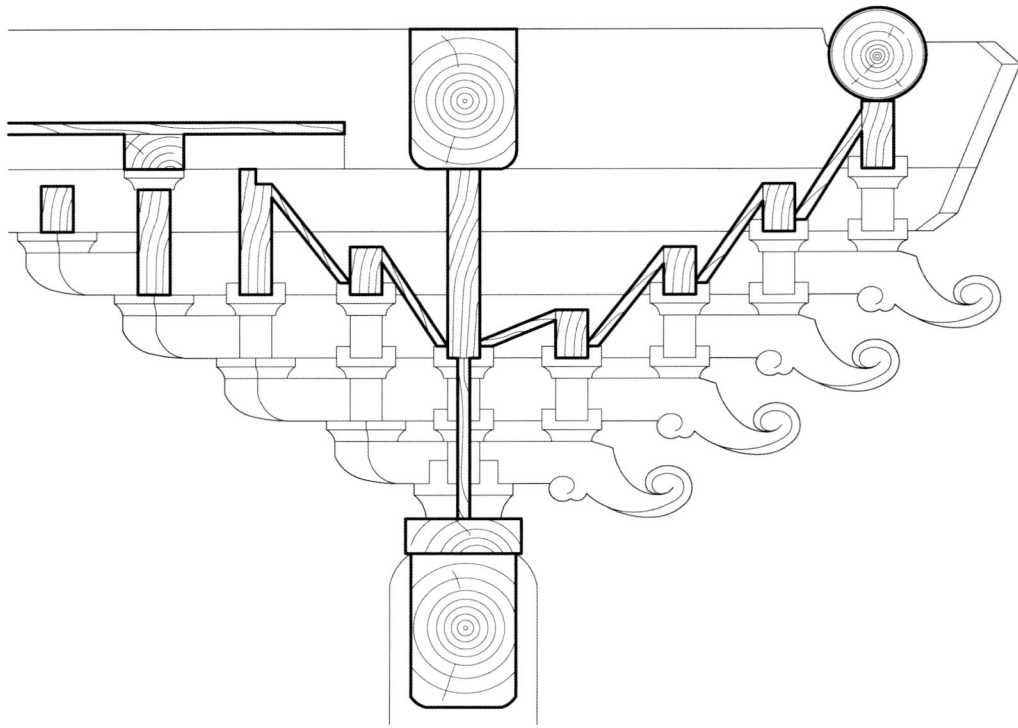

大雄宝殿上檐柱头科斗栱详图

正立面图

侧立面图

0 20 40 60cm

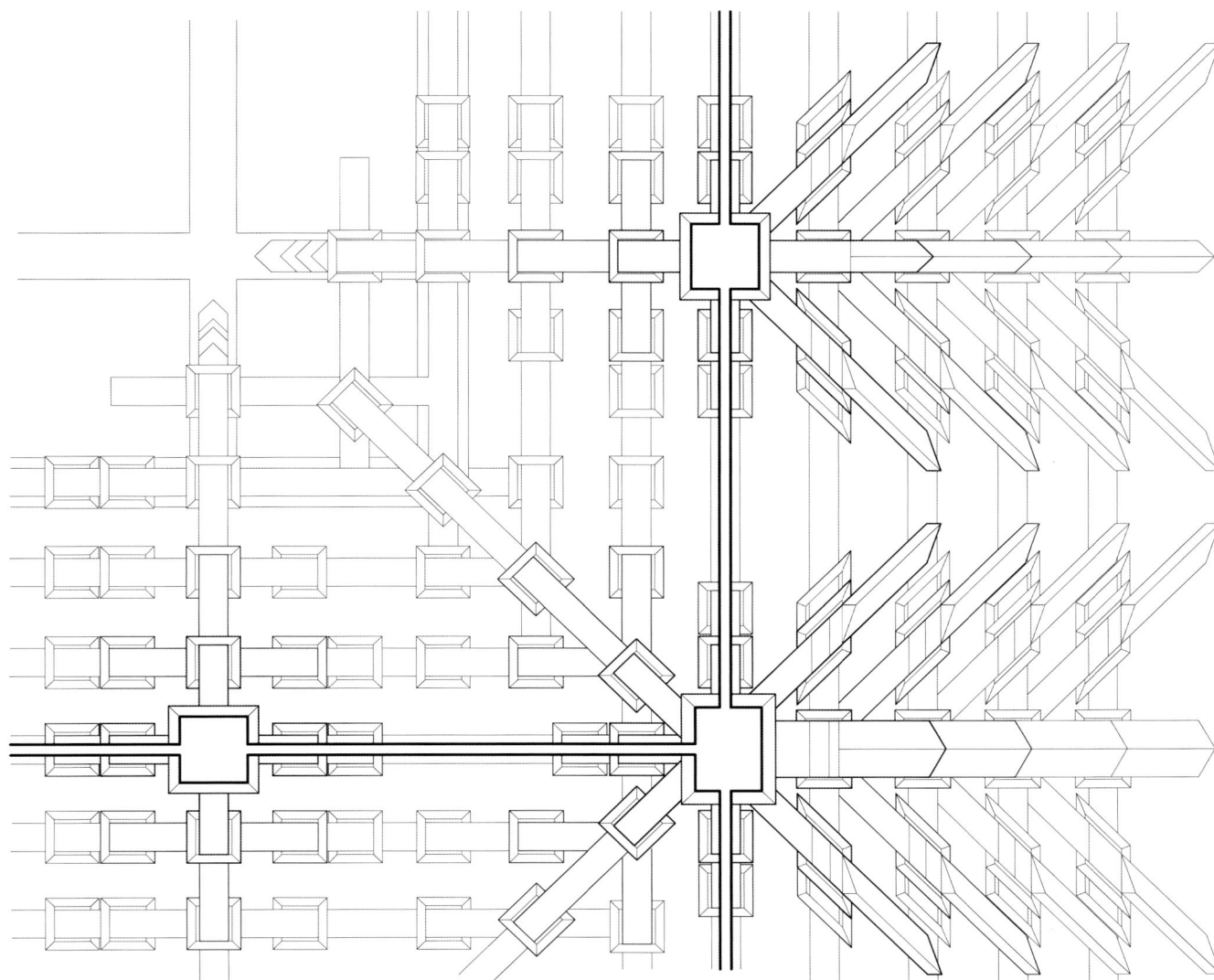

0 20   40   60cm

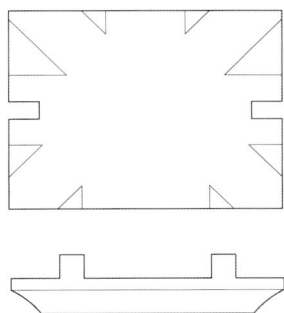

0 10 20 30cm

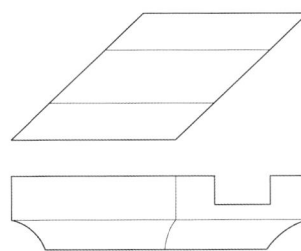

0 10 20 30cm

上檐柱头科、平身科及
内檐斗栱仰视平面

柱头科坐斗 ｜ 柱头科三才升

大雄宝殿上檐柱头科、平身科及内檐斗栱详图

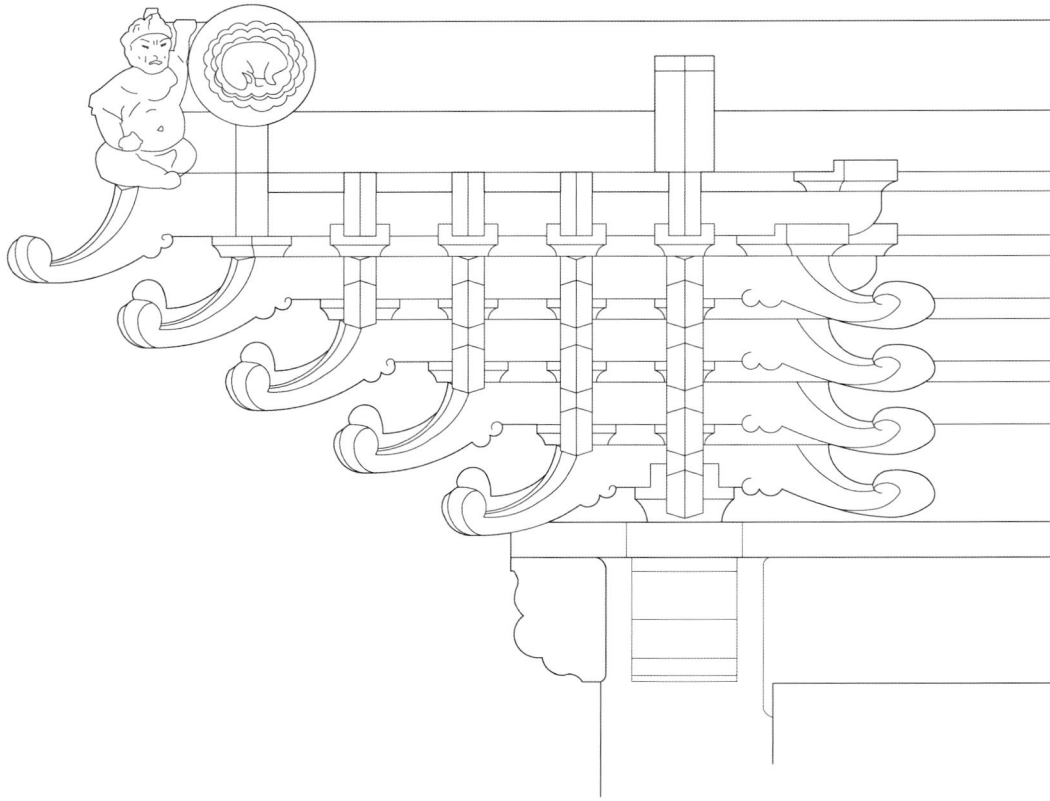

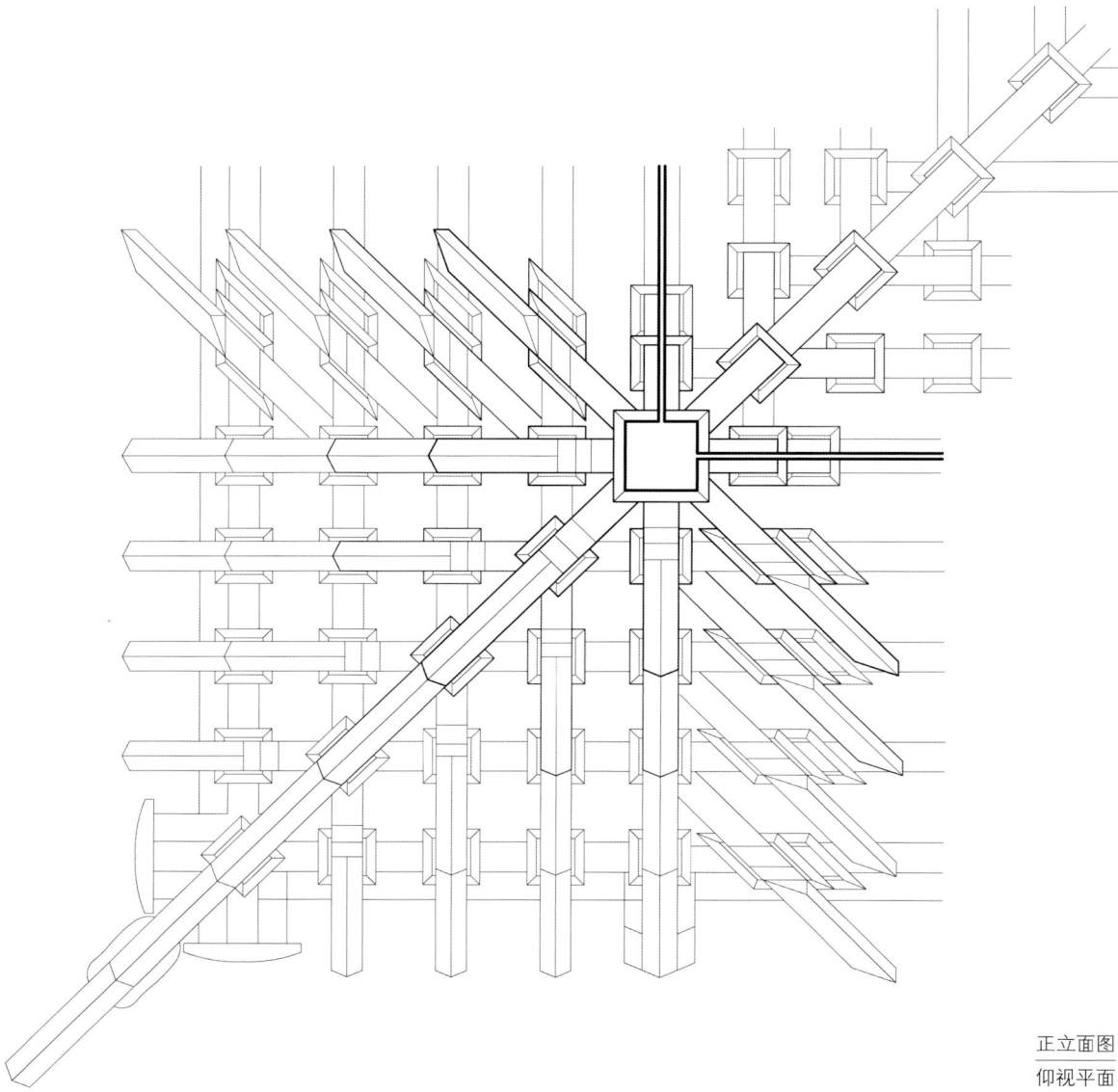

大雄宝殿上檐角科斗栱详图

正立面图

仰视平面

0　20　40　60cm

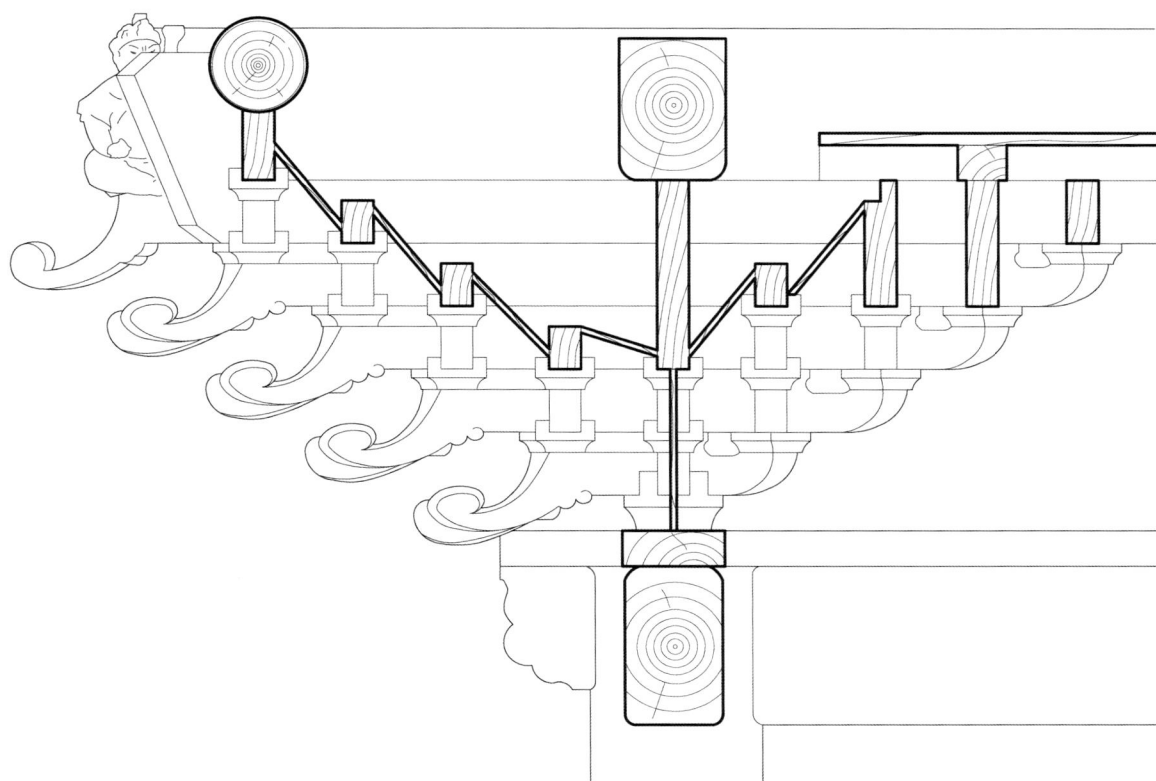

0 20 40 60cm

0 10 20 30cm

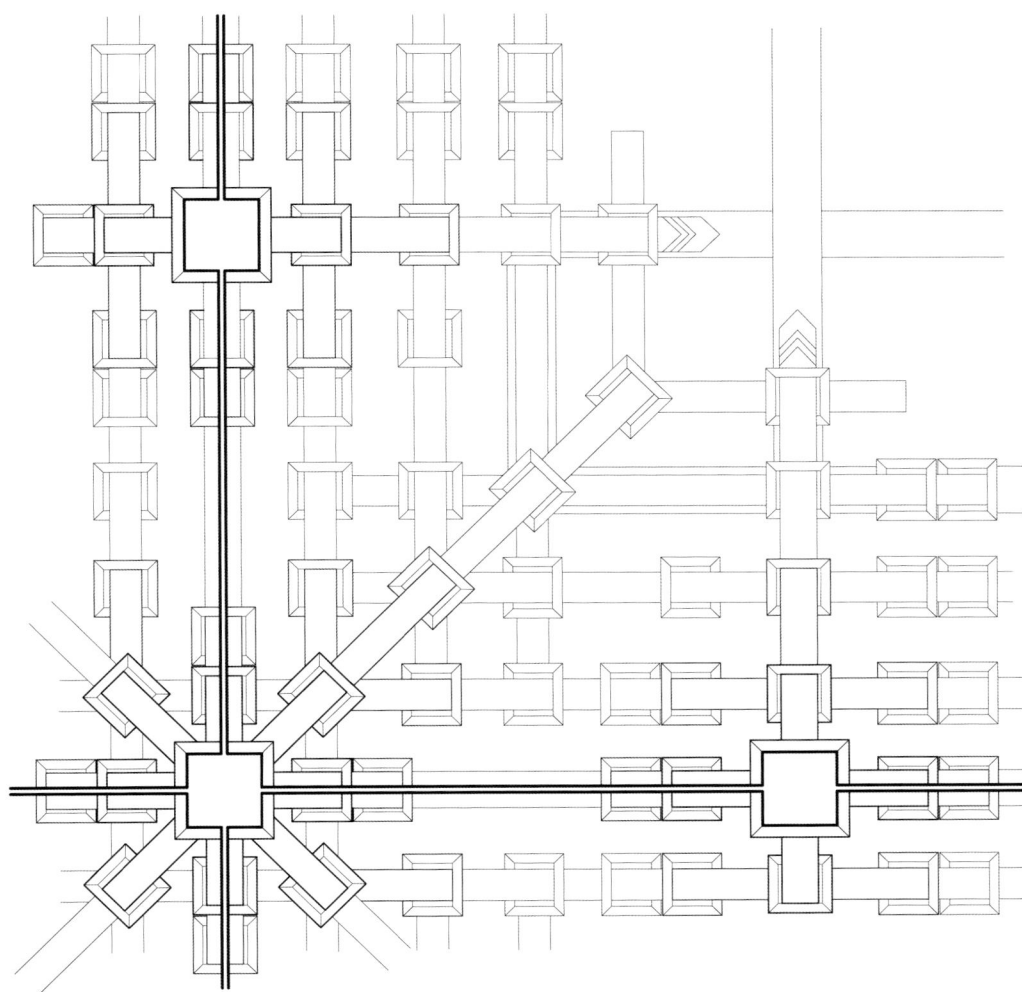

贴耳升（一）

上檐角科斗   贴耳升（二）
栱侧立面图

内檐转角斗
栱仰视平面

0 20 40 60cm

大雄宝殿上檐角科及内檐转角斗栱详图

大雄宝殿下檐前檐斗栱侧视

大雄宝殿上檐前檐斗栱

大雄宝殿后檐斗栱

大雄宝殿后檐角科斗栱

大雄宝殿下檐前檐斗栱正视

大雄宝殿梁枋、木雕、彩画

大雄宝殿天花

大雄宝殿内檐局部

大雄宝殿内檐斗栱及装饰

大雄宝殿山花

大雄宝殿下檐戗脊天王

大雄宝殿下檐戗脊仙人及走兽

大雄宝殿戗脊天王

大雄宝殿上檐翼角套兽

大雄宝殿次间隔扇

大雄宝殿稍间槛窗

大雄宝殿壶窗

大雄宝殿壶门

大雄宝殿内檐斗栱及天花

大悲殿

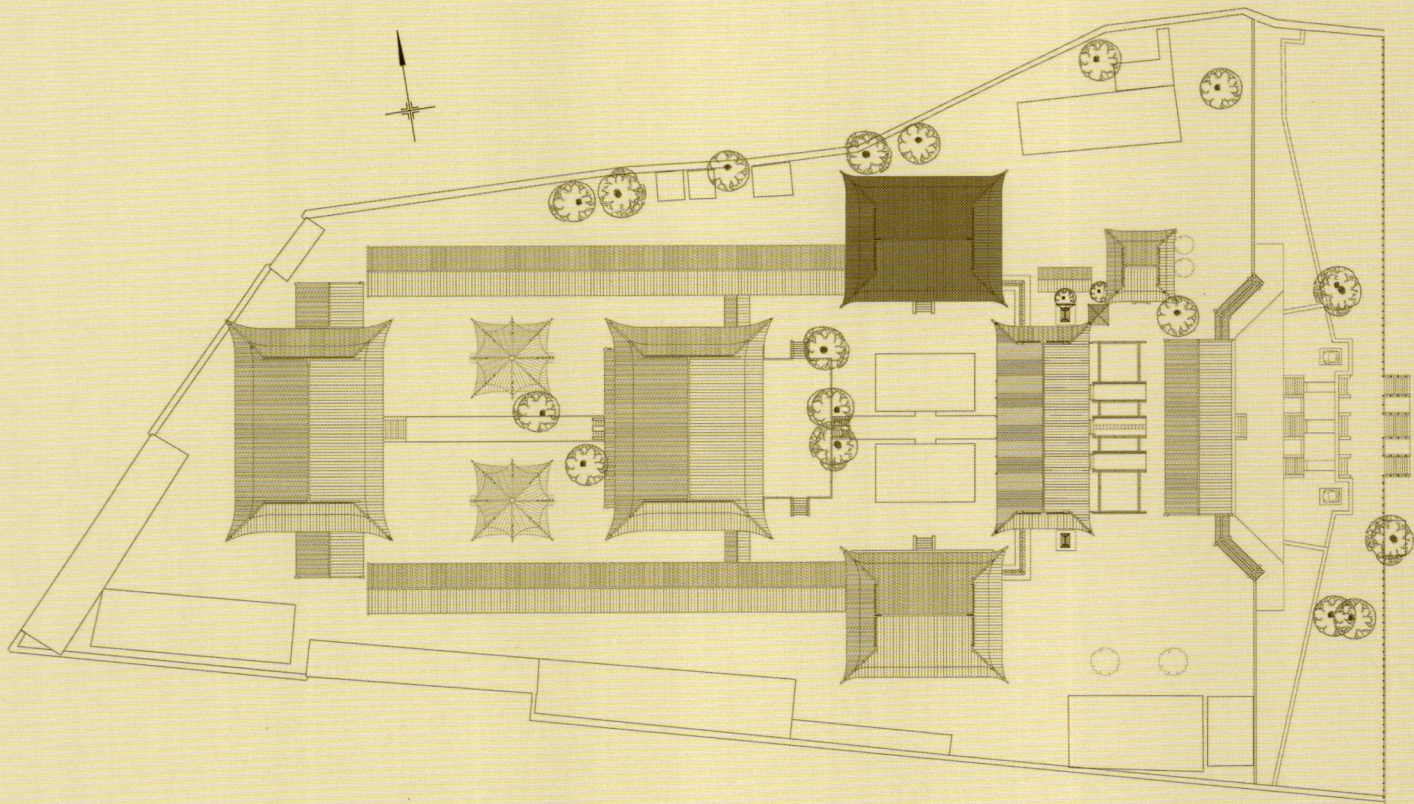

　　殿身单槽前檐及山柱不落地加副阶周匝，通面阔三间计 17.05 米，通进深三间计 14.29 米。重檐歇山顶，屋面覆盖黑、绿琉璃瓦，绿琉璃瓦剪边。山花以绿琉璃砖拼装成群狮戏绣球图案。殿堂式构架，草架为穿斗式，用侧脚之制。台基用须弥座，前置三阶五级垂带踏跺一道。殿前设拜台。

　　斗栱：前后檐明间置平身科四攒，下檐次间三攒，上檐次间一攒；山面下檐第一间置平身科三攒，上檐一攒，第二间皆置平身科四攒。下檐施七踩三翘斗栱，前檐平身科及柱头科出 45° 斜翘。上檐前檐施七踩三昂斗栱，出 45° 斜昂，昂为琴面昂；后檐及两山施七踩三翘斗栱。殿身内檐用七踩品字科。

　　墙体及木装修：前檐明间置隔扇门，次间为砖墙上置槛窗，后檐明间砖墙上置槛窗，其余外墙为砖墙。殿身上檐明间 "大悲殿" 匾额系明天顺元年赐进士户部主事苏致忠所书。殿内柱头、梁、枋斗栱遍施彩画，天花绘龙凤花草图案，明间正中八边形天花绘二龙戏珠。

大悲殿实景（一）

大悲殿实景（二）

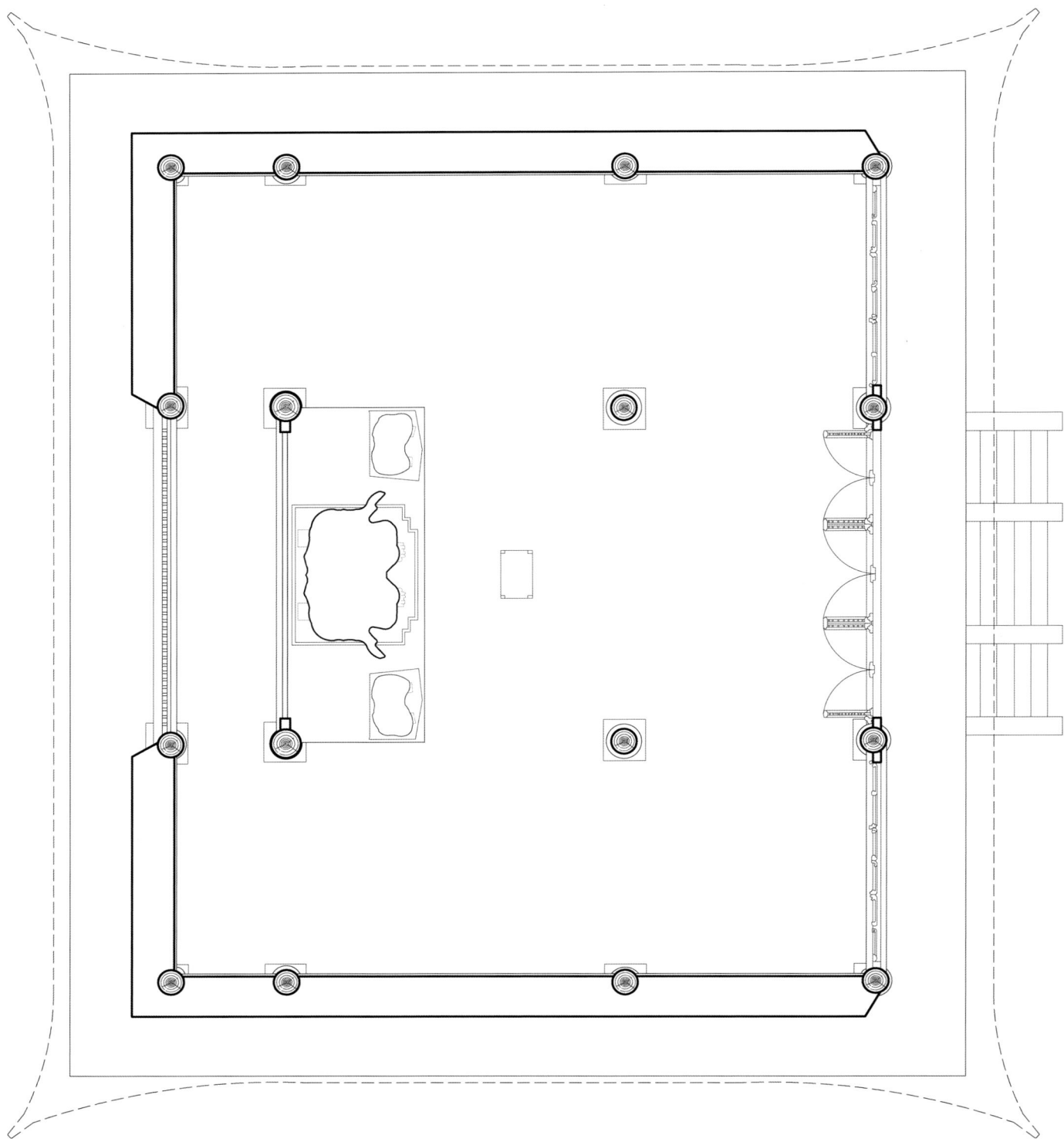

大悲殿平面图

0　1　2　3m

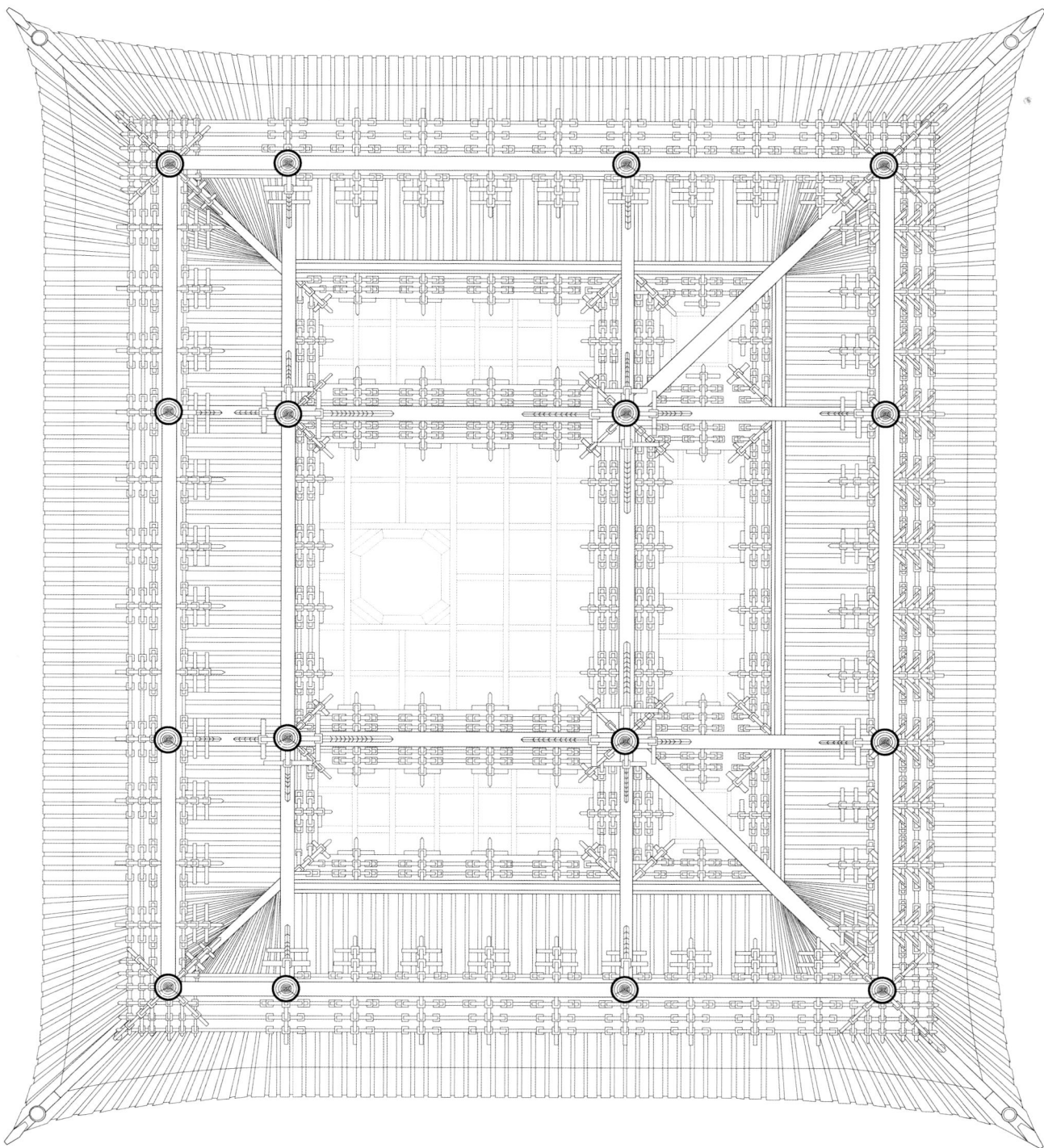

0 1 2 3m

大悲殿仰视图

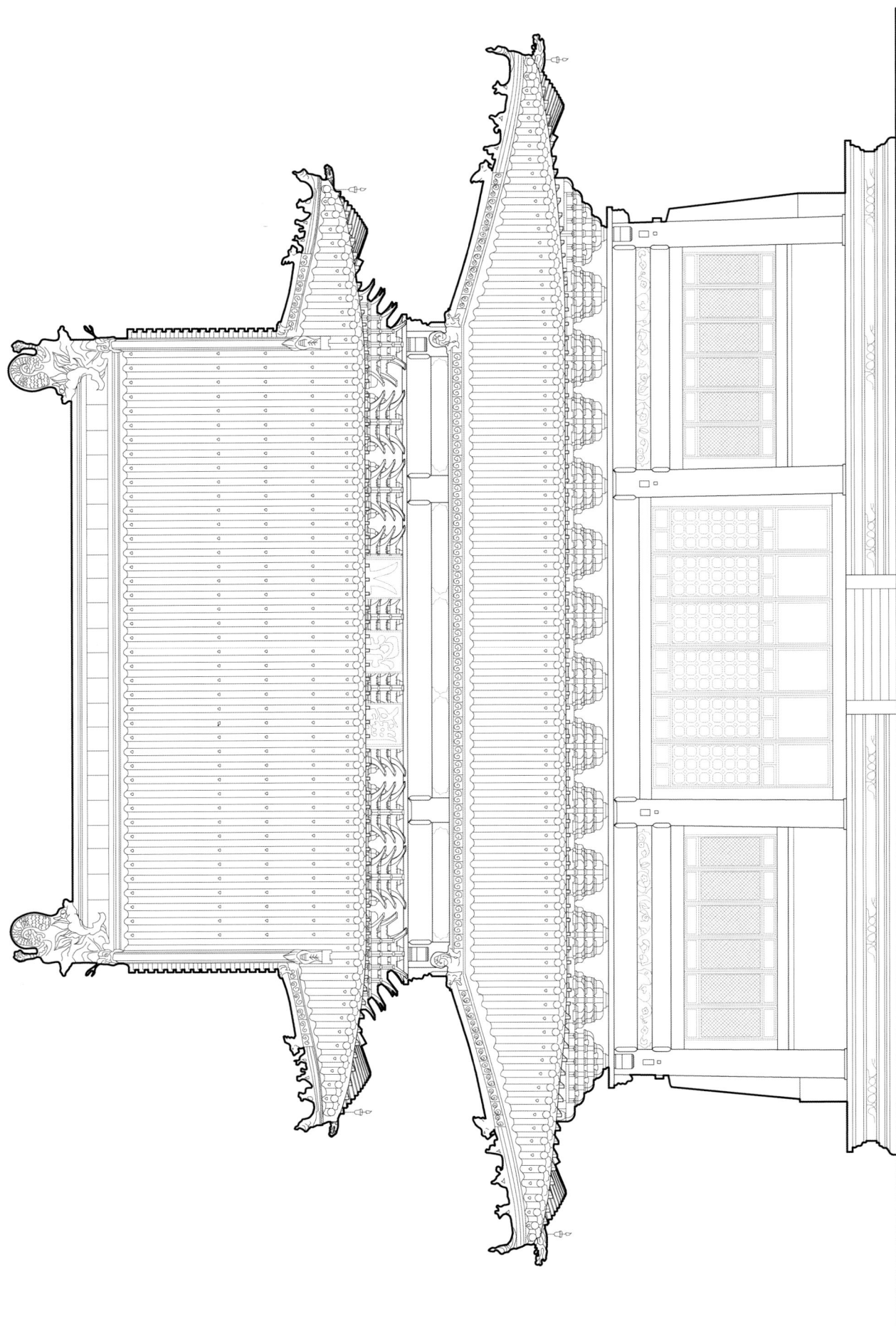

大悲殿正立面图

0　1　2　3m

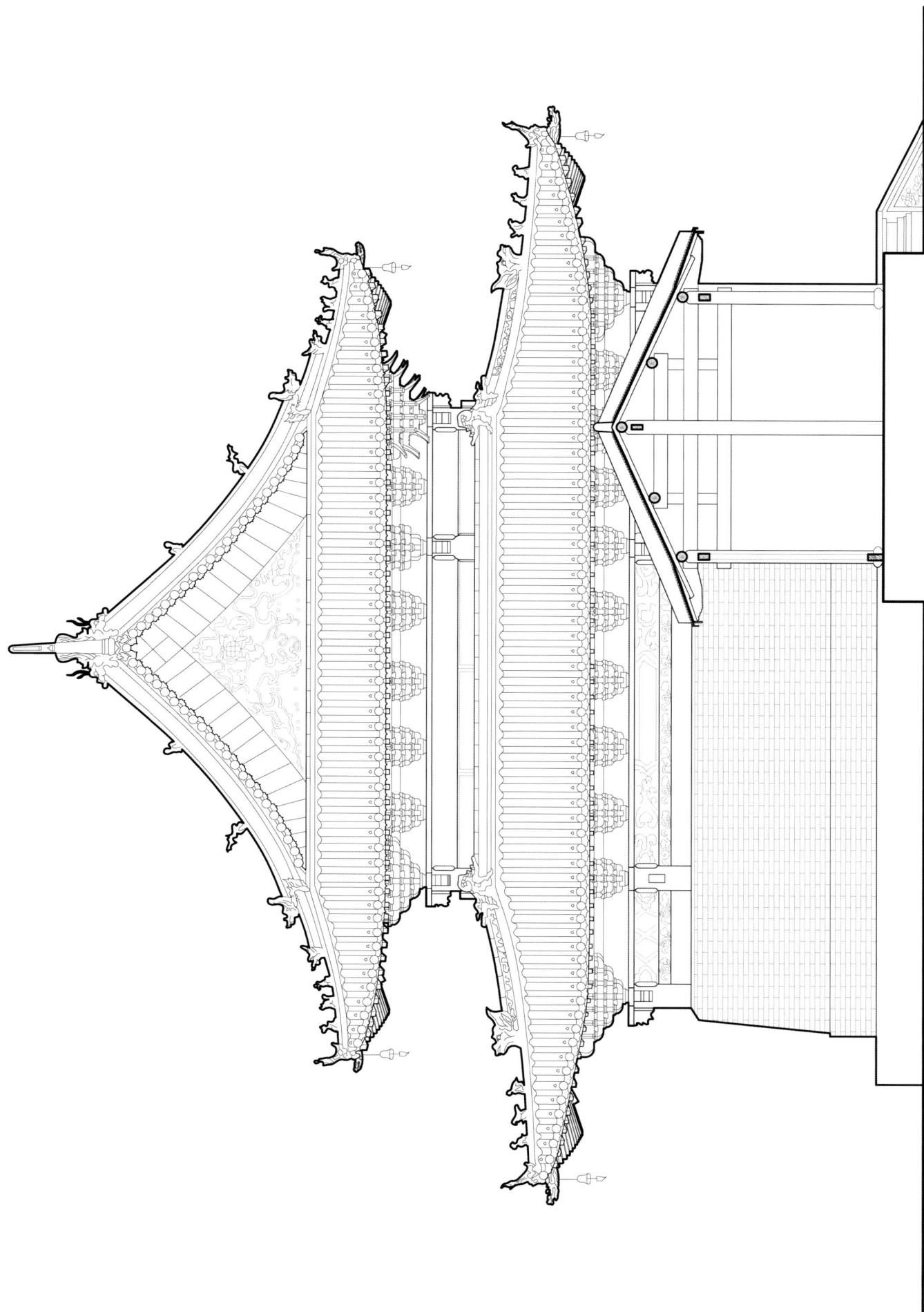

3m

2

1

0

大悲殿侧立面图

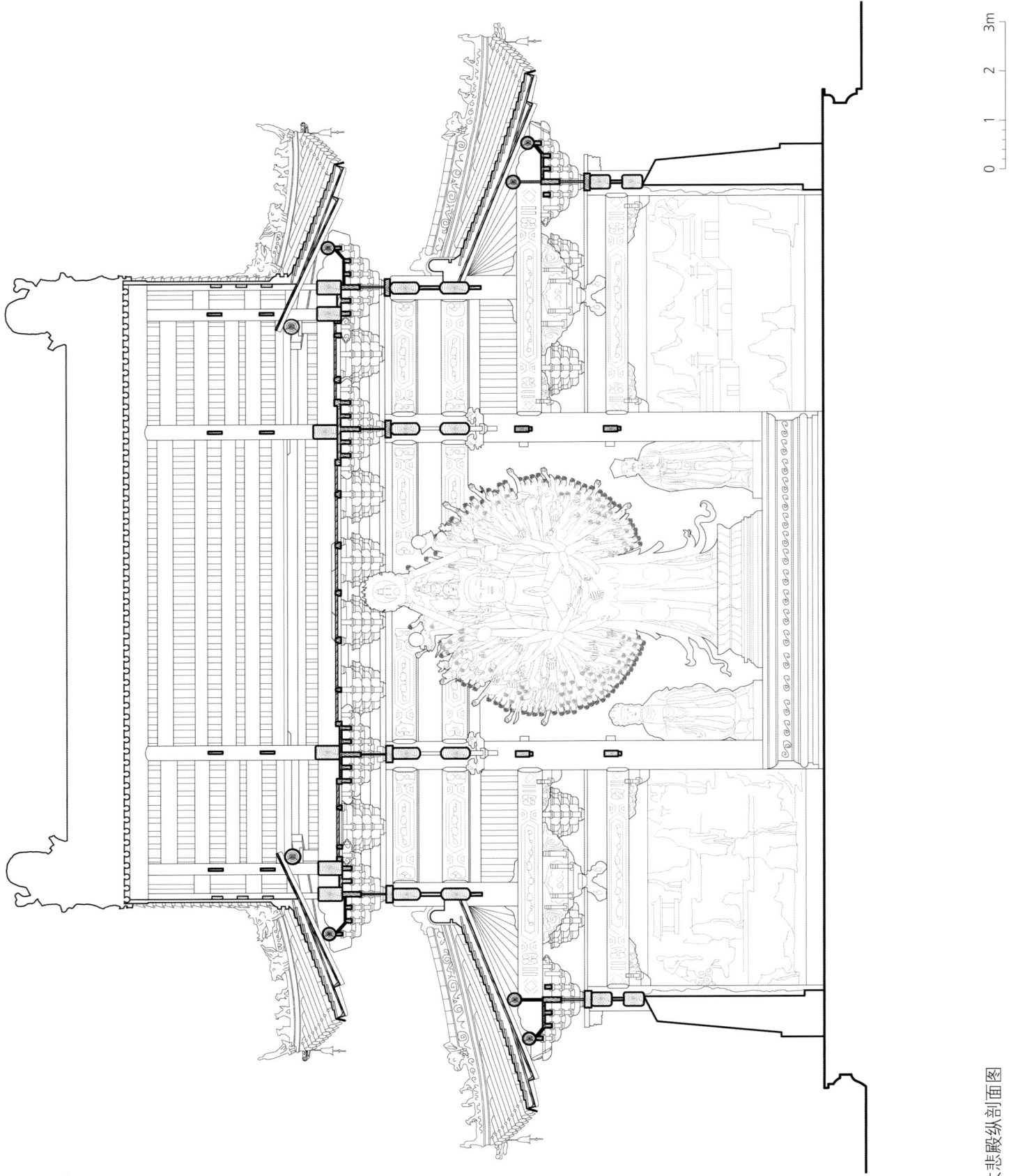

大悲殿纵剖面图

0　1　2　3m

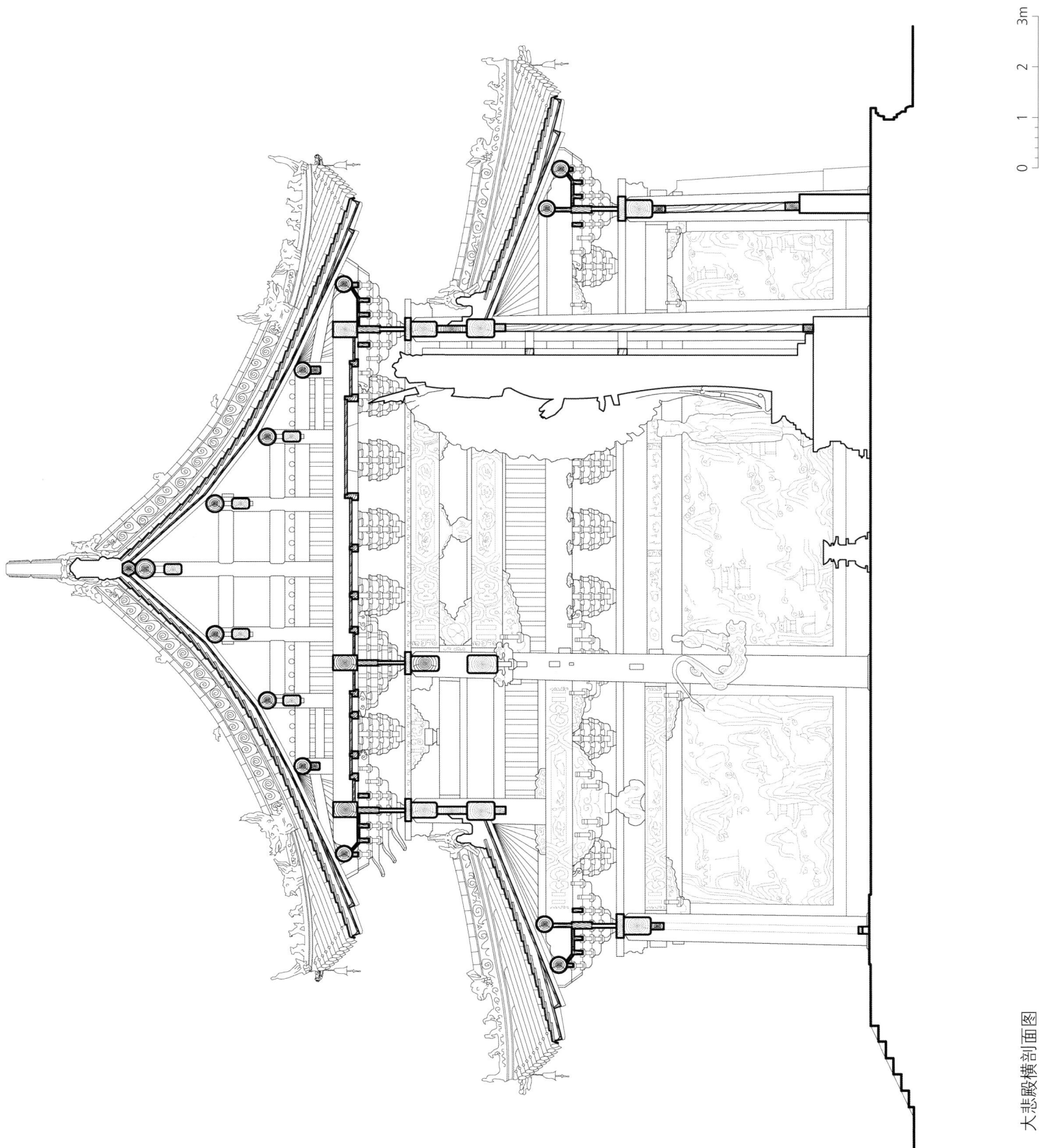

大悲殿横剖面图

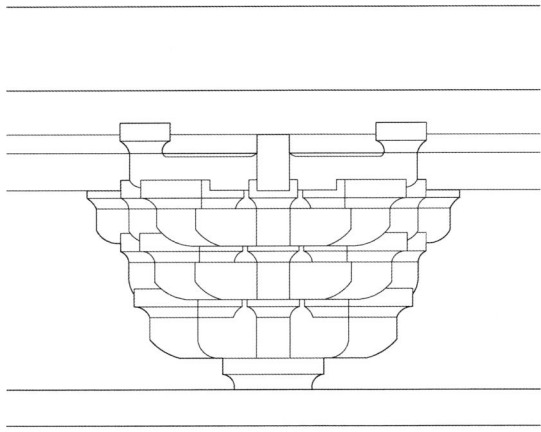

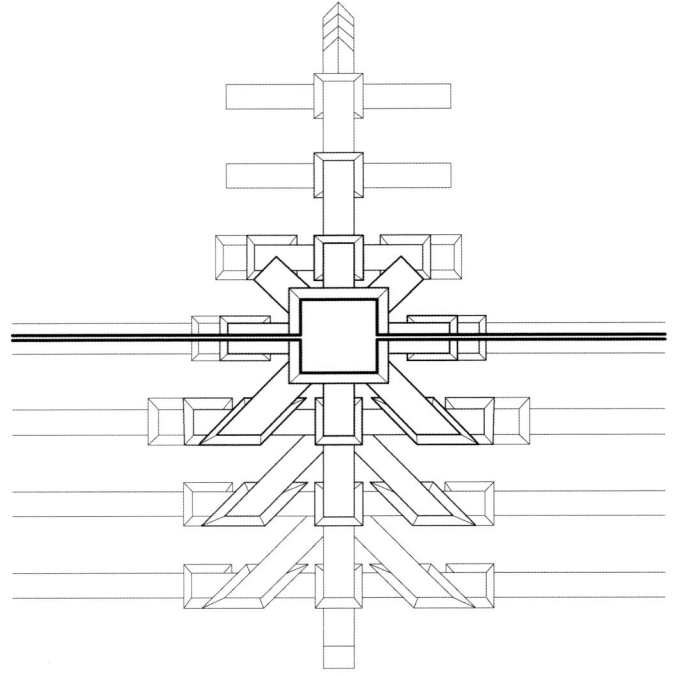

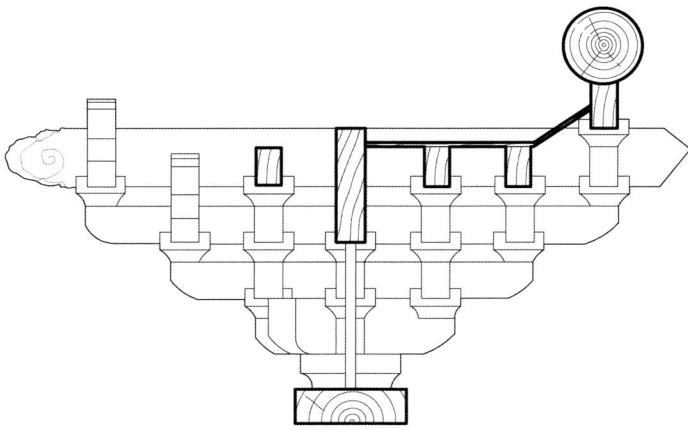

大悲殿下檐前檐平身科斗栱详图

正立面图 ｜ 仰视平面

侧立面图 ｜

0　20　40　60cm

大悲殿下檐山面平身科斗栱详图

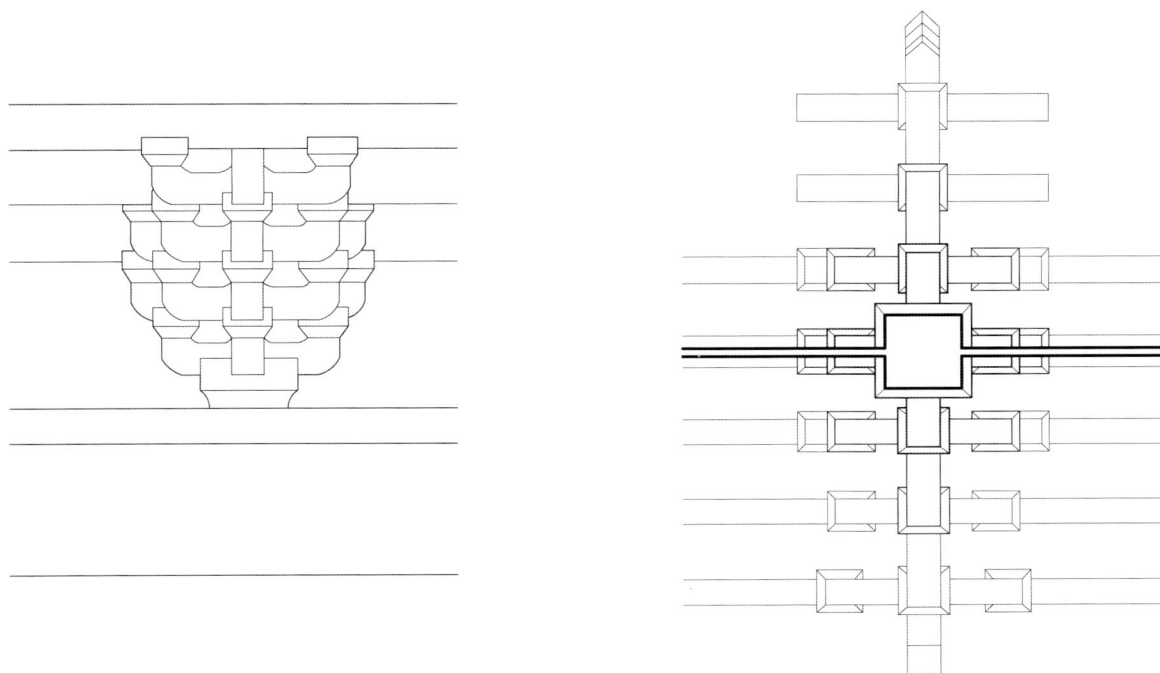

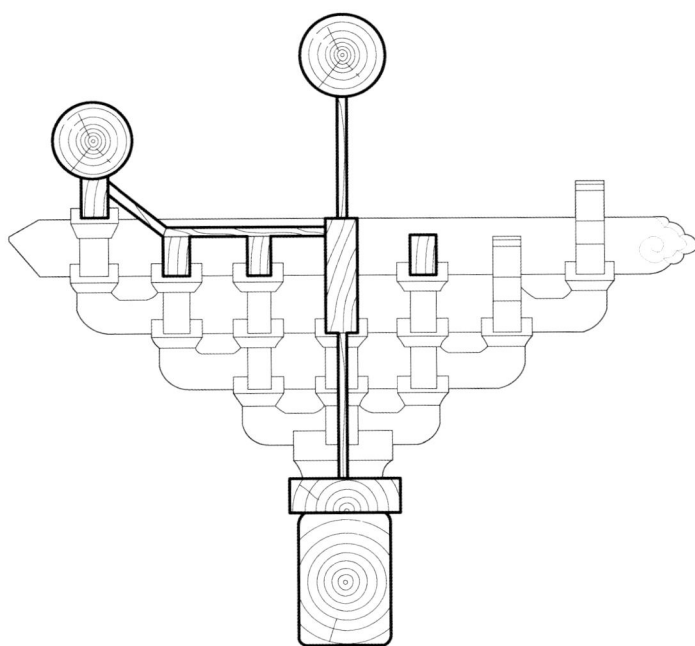

0　20　40　60cm

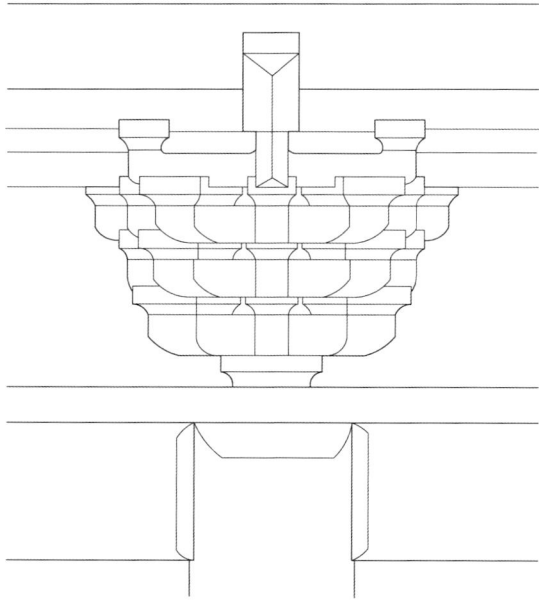

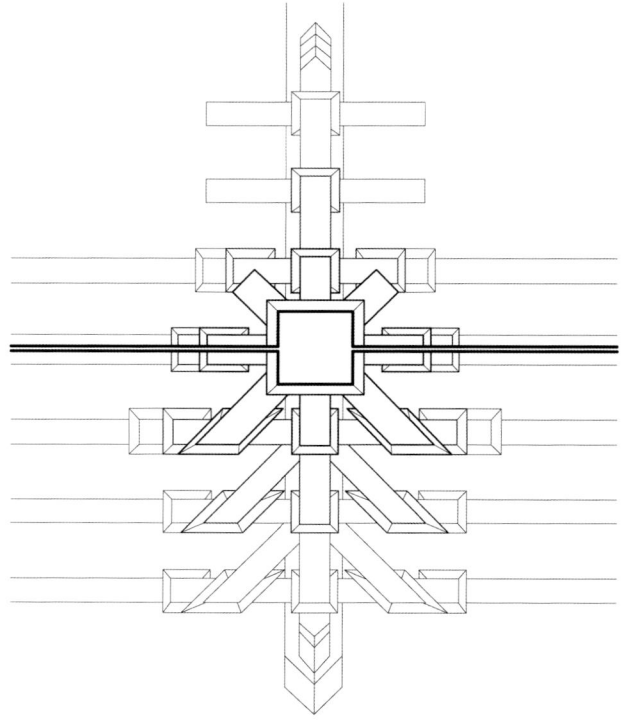

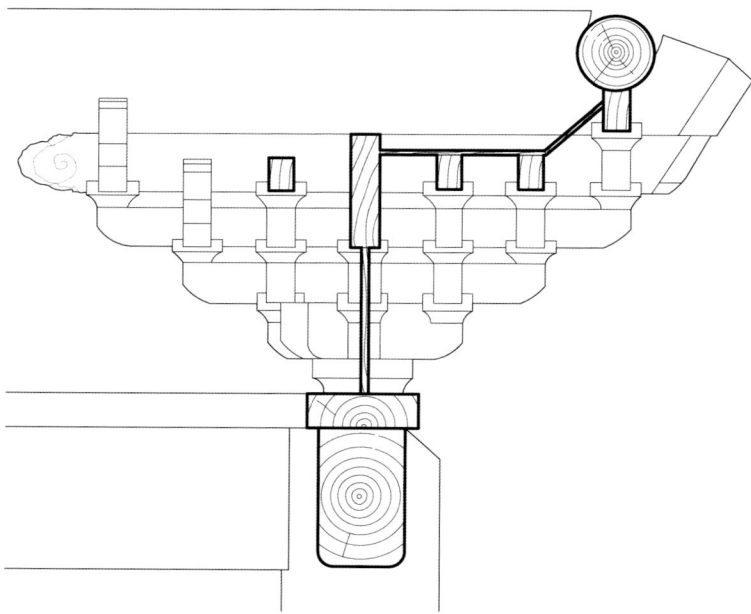

正立面图 ｜ 仰视平面
侧立面图 ｜

大悲殿下檐前檐柱头科斗栱详图

0　20　40　60cm

大悲殿下檐山面柱头科斗栱详图

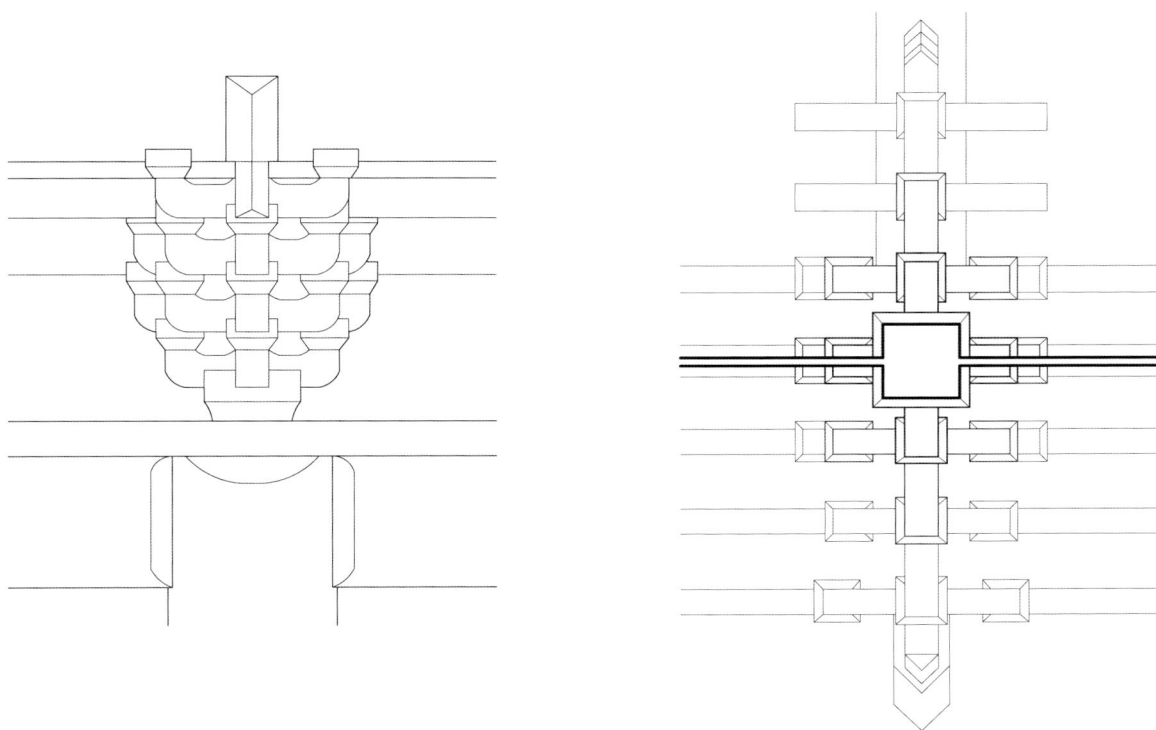

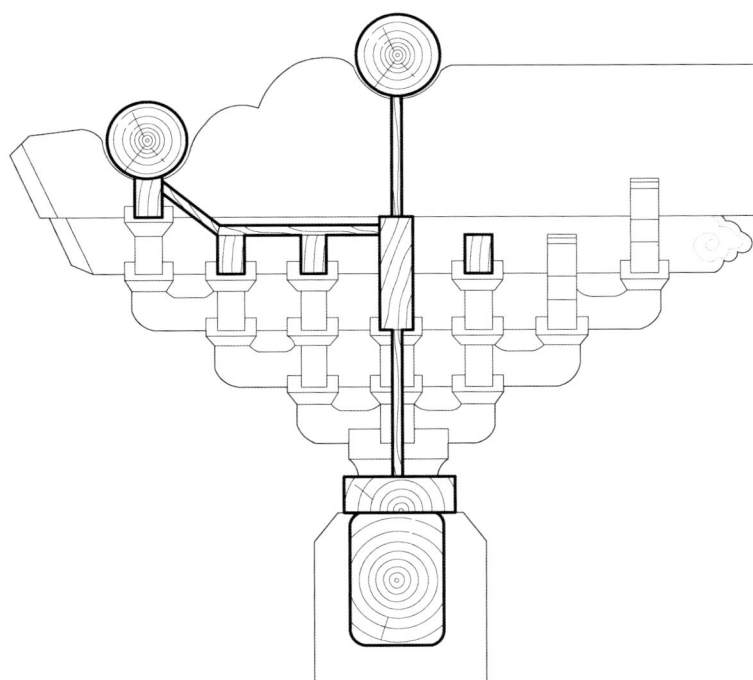

正立面图	仰视平面
侧立面图	

0　20　40　60cm

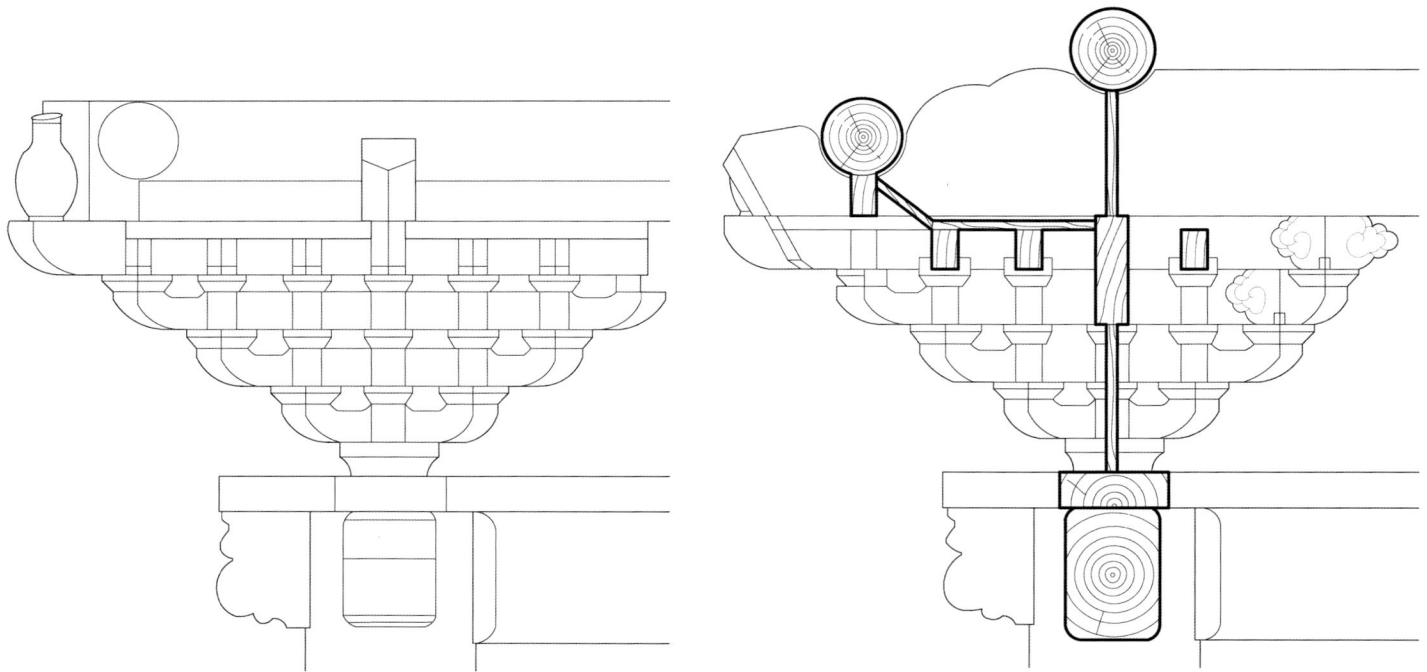

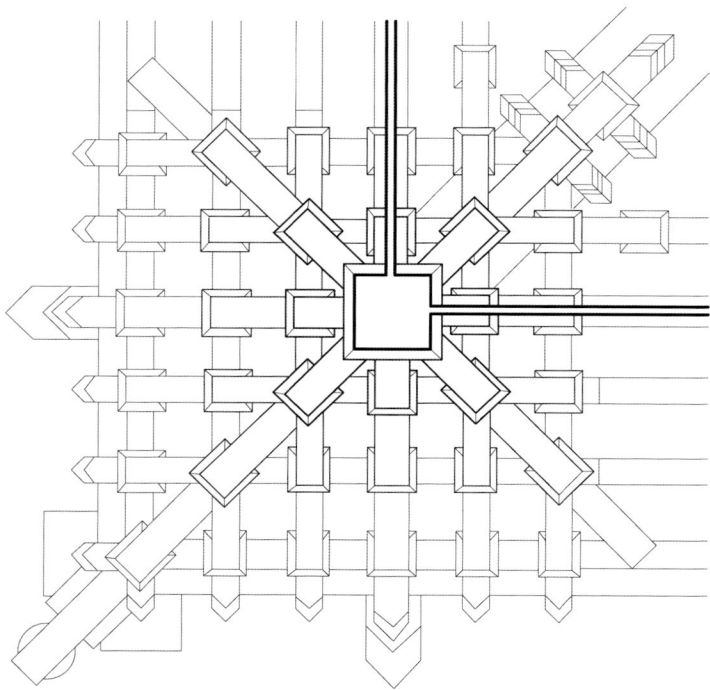

大悲殿下檐角科斗栱详图

正立面图　侧立面图

仰视平面

0　20　40　60cm

大悲殿上檐前檐平身科斗栱详图

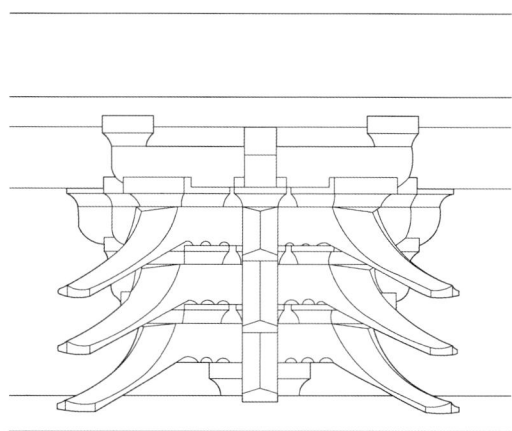

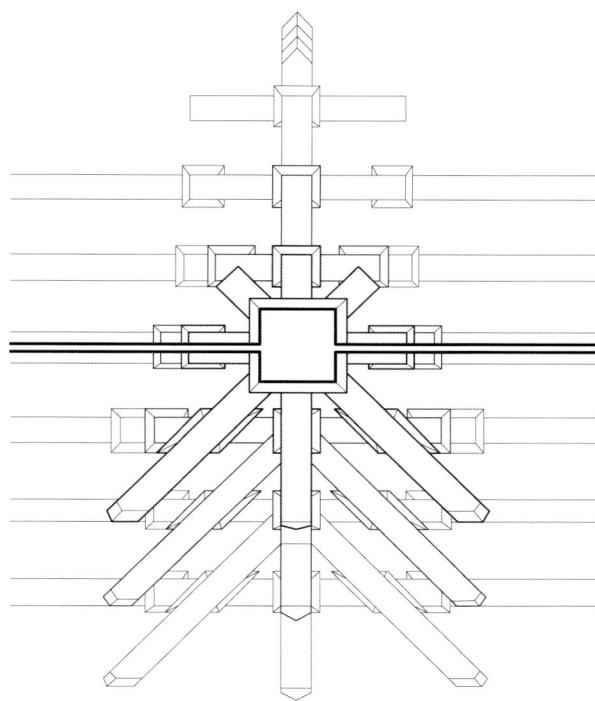

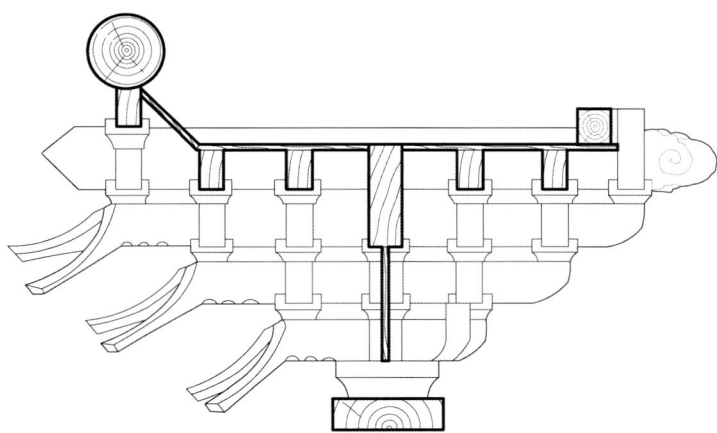

正立面图	仰视平面
侧立面图	

0　20　40　60cm

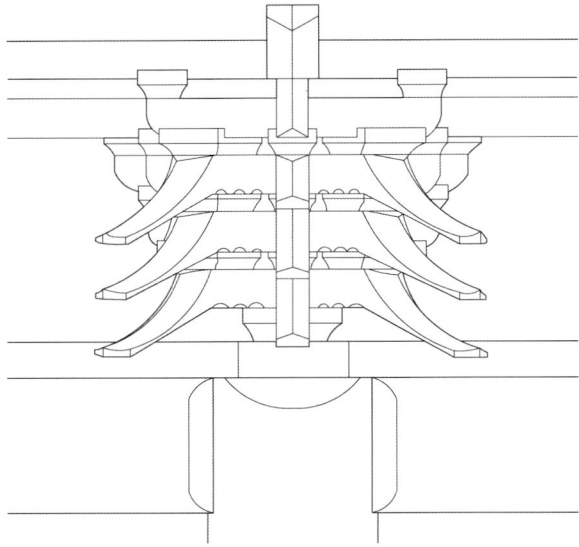

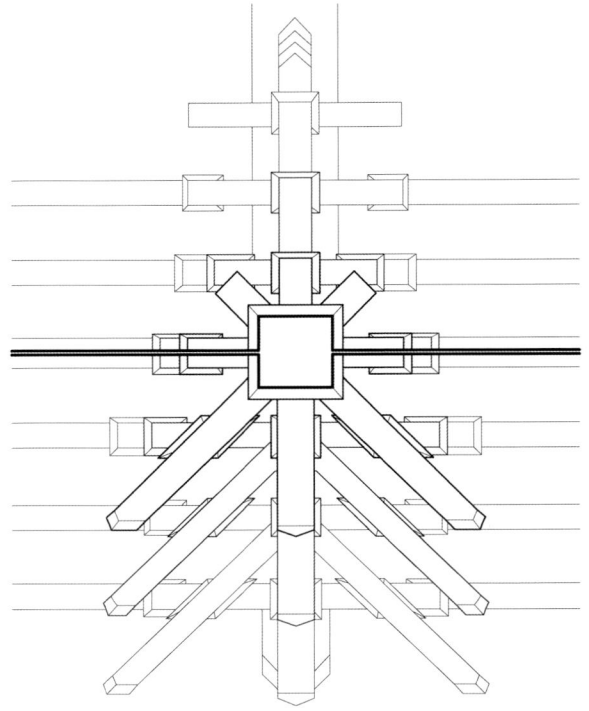

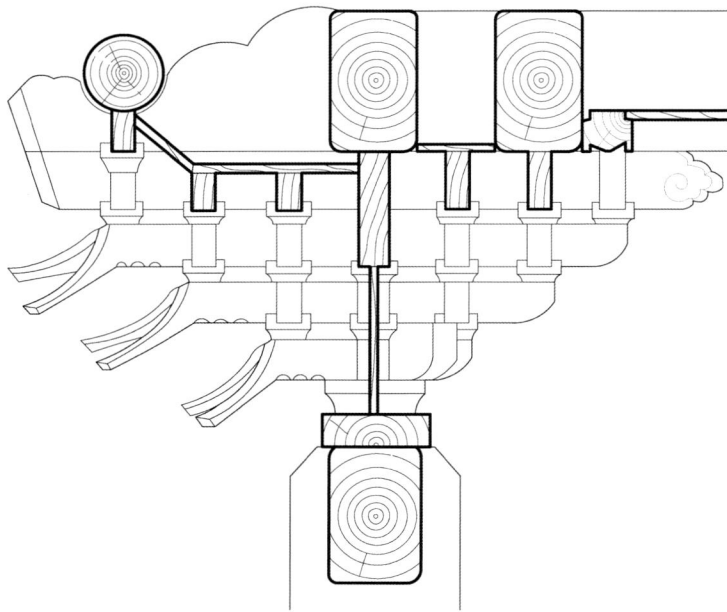

大悲殿上檐前檐柱头科斗栱详图

正立面图 ｜ 仰视平面

侧立面图 ｜

0　20　40　60cm

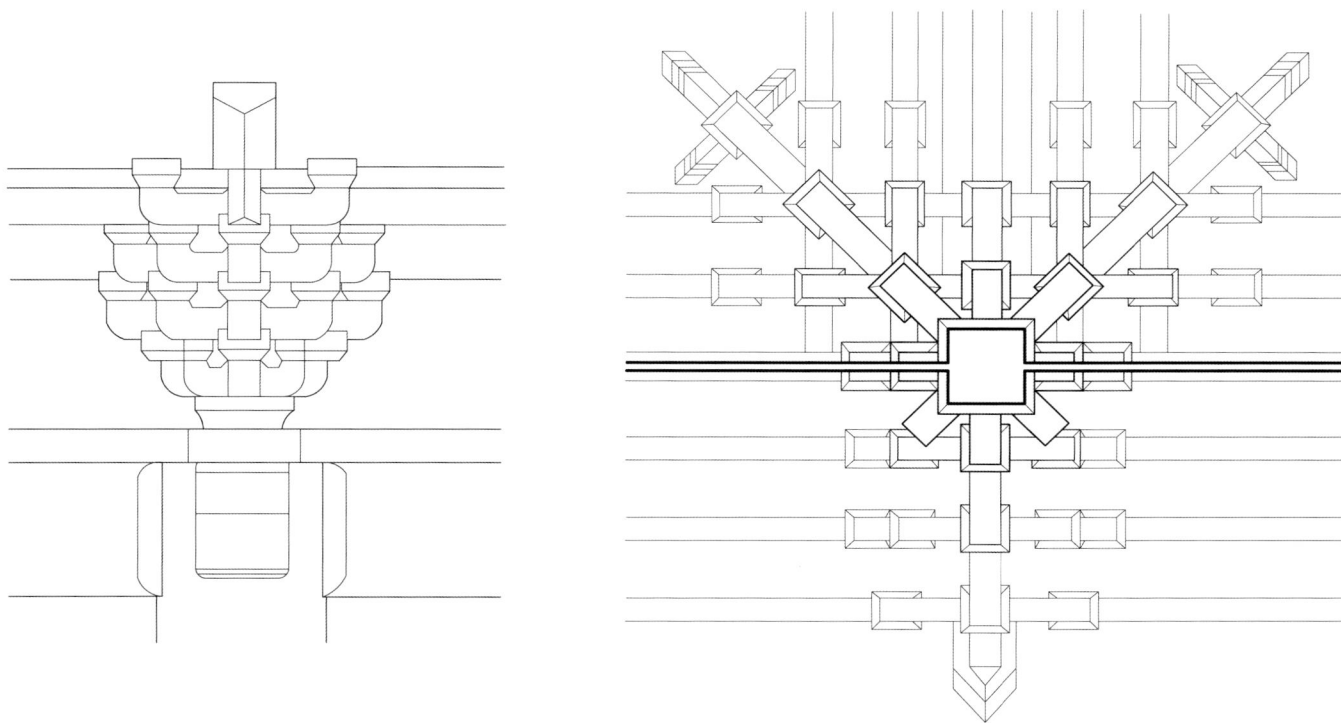

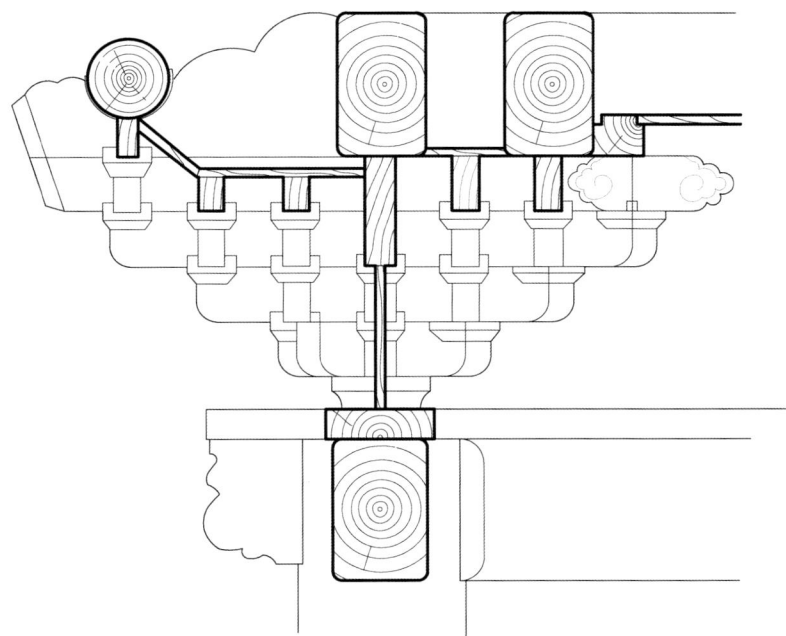

大悲殿上檐山面柱头科斗栱详图

正立面图 | 仰视平面

侧立面图

0　20　40　60cm

大悲殿上檐角科斗栱详图

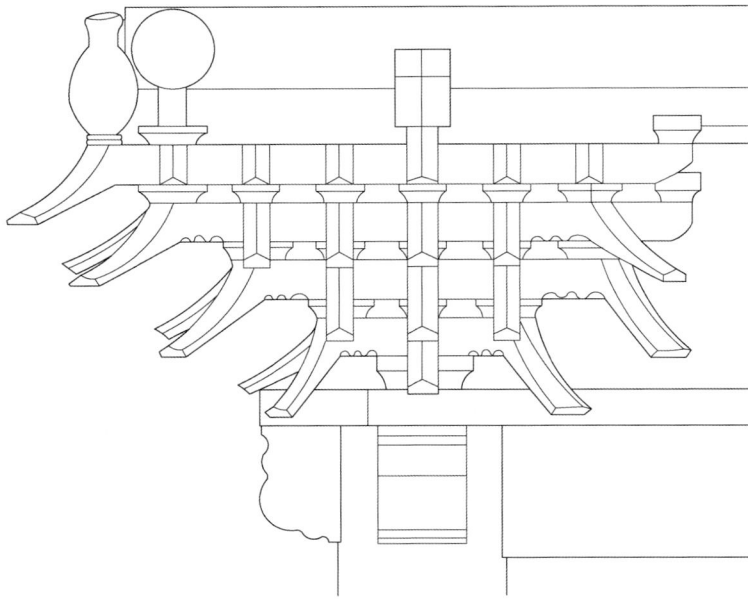

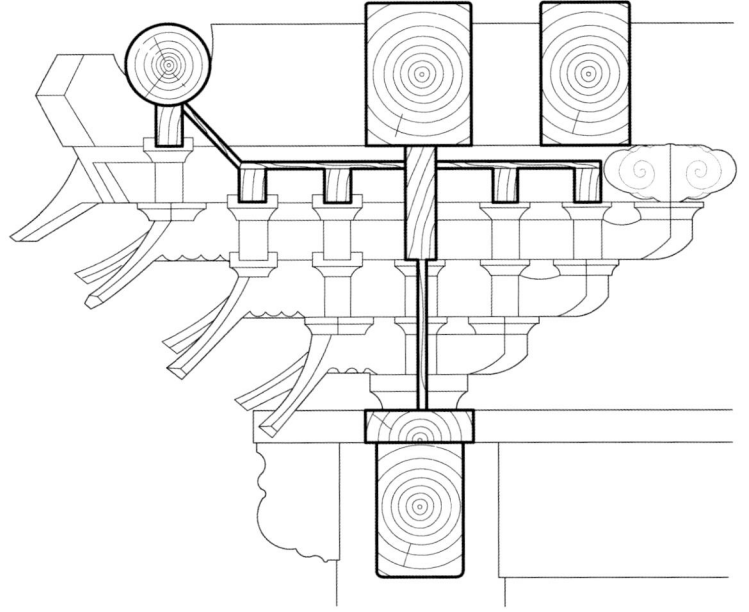

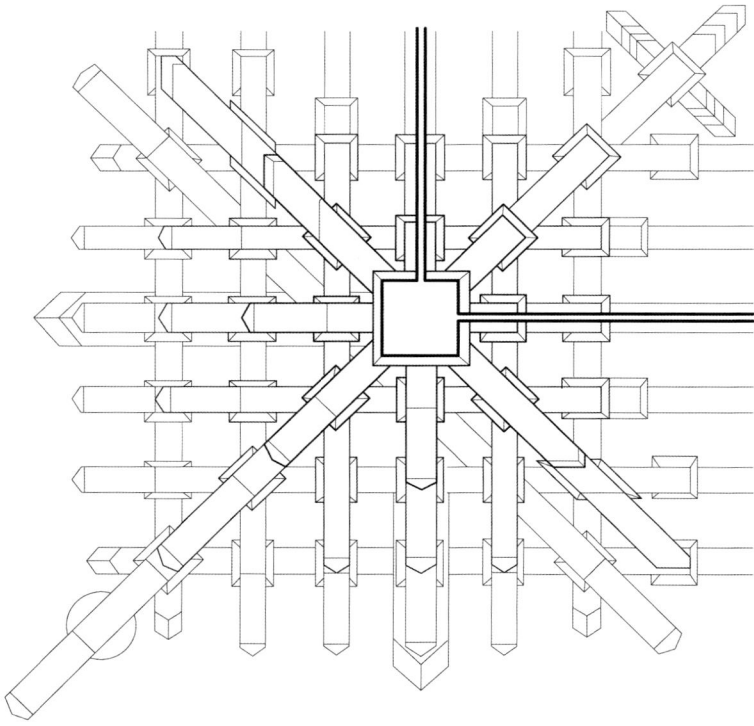

正立面图 | 侧立面图
仰视平面 |

0　20　40　60cm

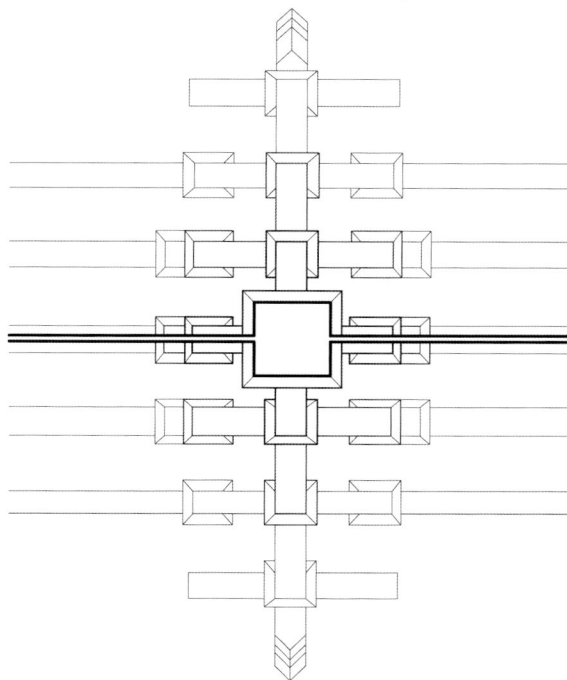

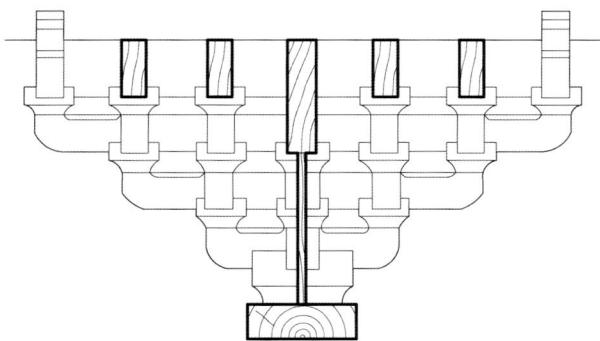

大悲殿内檐品字科斗栱详图

0　20　40　60cm

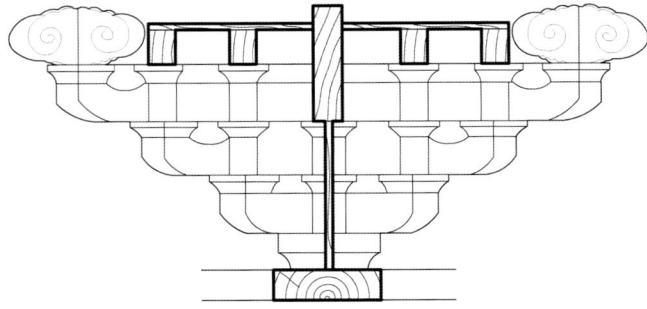

正立面图

仰视平面

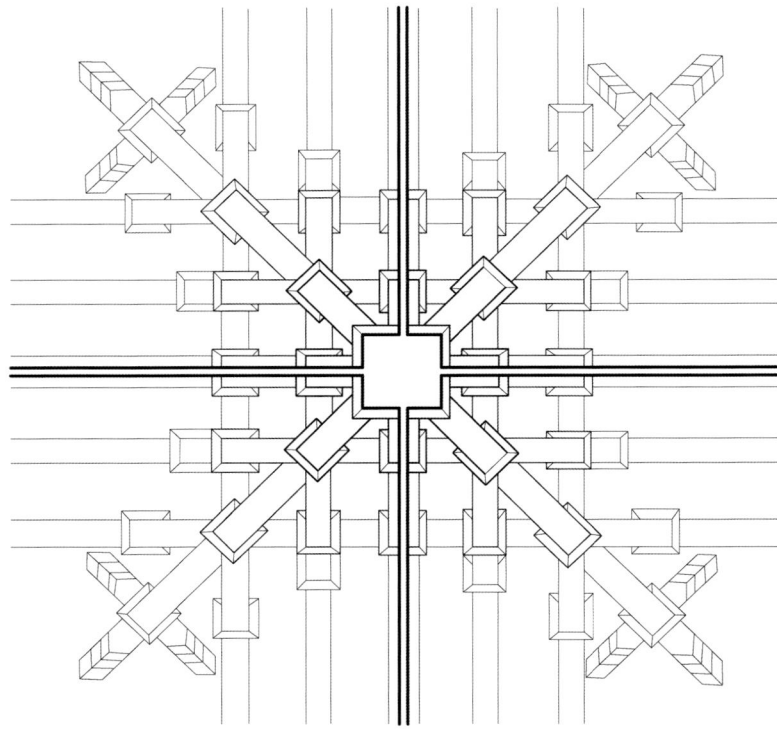

大悲殿内檐柱头斗拱详图

0　20　40　60cm

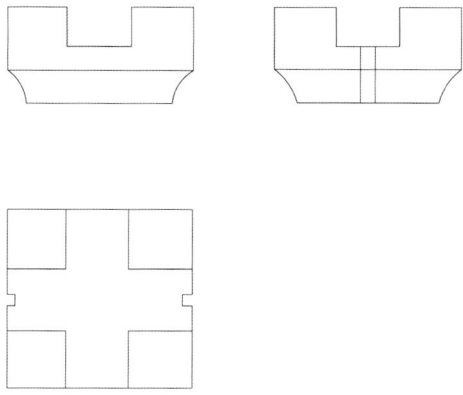

坐斗

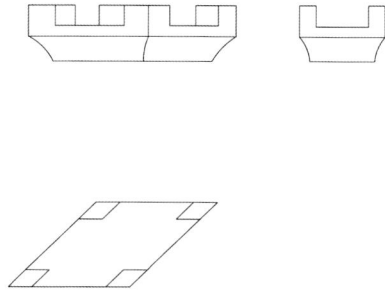

十八斗（一）

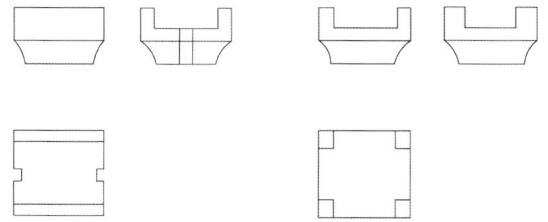

槽升子、十八斗（二）

0　10　20　30cm

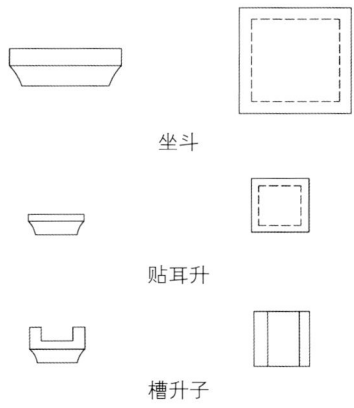

坐斗

贴耳升

槽升子

0　15　30　45cm

大悲殿栱件详图

大悲殿栱垫板

0　10　20　30cm

大悲殿上檐斗栱

大悲殿下檐斗栱

大悲殿下檐角科斗栱

大悲殿下檐平身科斗栱

大悲殿山花

大悲殿戗脊仙人、走兽及套兽

大悲殿梁枋彩画

大悲殿外檐斗栱里拽

大悲殿内檐斗栱及天花

大悲殿隔架科

大悲殿内檐局部

大悲殿天花彩画

大悲殿翼角及山花

华严藏

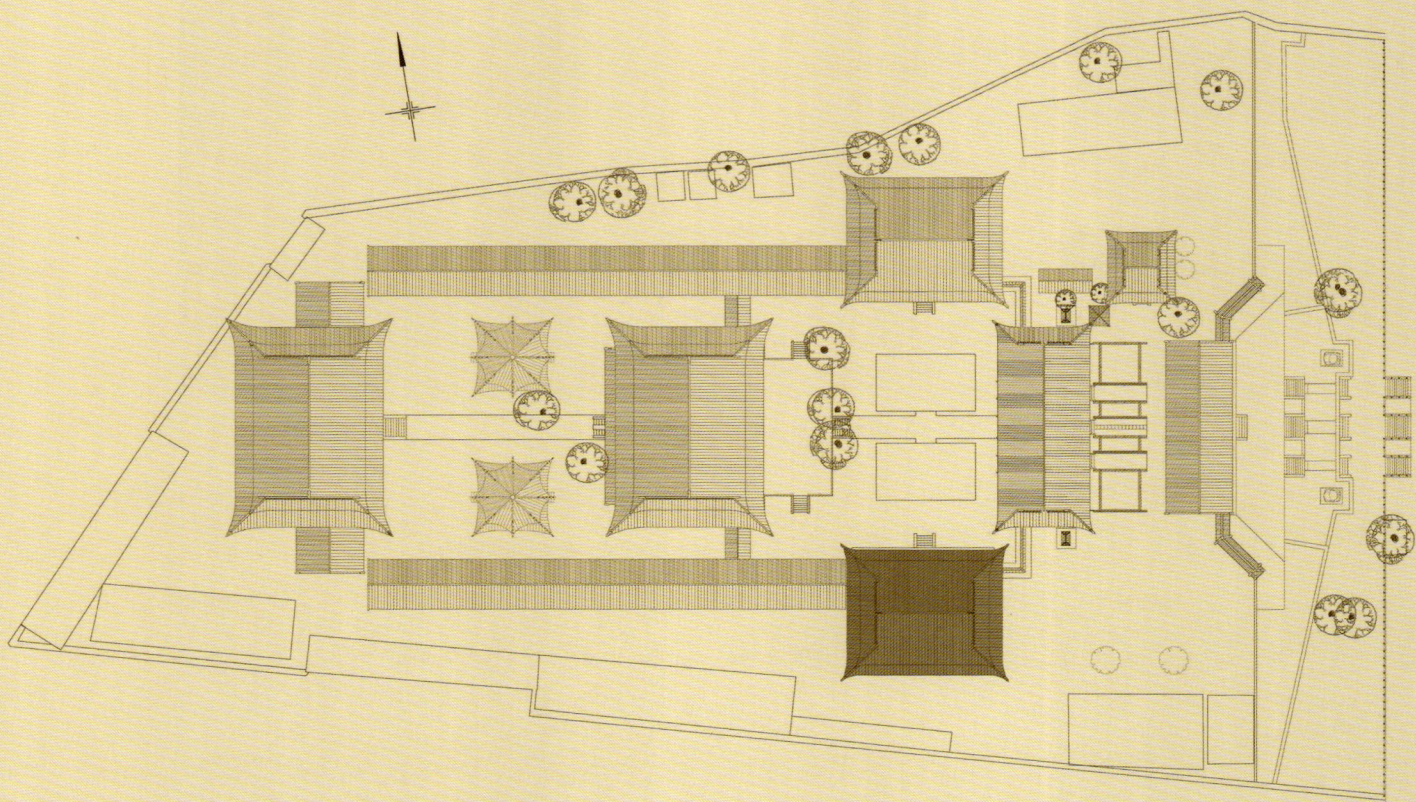

　　华严藏建筑形制与大悲殿大致相同。殿身单槽前檐及山柱不落地加副阶周匝，通面阔三间计 17.5 米，通进深三间计 14.4 米。重檐歇山顶，屋面覆盖黑、绿琉璃瓦，绿琉璃瓦剪边。山花以琉璃砖拼装成祥云图案。殿堂式构架，草架为穿斗式，用侧脚之制。台基用须弥座，前置三阶五级垂带踏跺一道。殿前设拜台。

　　斗栱：前后檐明间置平身科四攒，下檐次间三攒，上檐次间一攒；山面下檐第一间置平身科三攒，上檐一攒，第二间皆置平身科四攒。下檐施七踩三翘斗栱，前檐平身科及柱头科出 45° 斜翘。上檐前檐施七踩三昂斗栱，出 45° 斜昂，昂为琴面昂；后檐及两山施七踩三翘斗栱。

　　墙体及木装修：前檐明间置隔扇门，次间为砖墙上置槛窗，后檐明间砖墙上置槛窗，其余外墙为砖墙。殿内柱头、梁、枋斗栱遍施彩画。

　　转轮藏：殿内正中置转轮藏，可旋转。外观三层四檐，由藏座、藏身、藏顶三部分组成。藏座为八边形基座上置须弥座。藏身三层，首层八边形，二、三层为天宫楼阁。首层藏身副阶周匝，每面一间，角柱施缠龙柱。腰檐上施平坐，再上为下层天宫楼阁，每面正中出龟头殿，角部施角楼，檐上施平坐。平坐上为上层天宫楼阁，形制与下层天宫楼阁大致相同，仅龟头殿与角楼开间尺寸及平身科配置存在差异，转轮藏天宫楼阁的布局形式与《营造法式》中转轮藏的天宫楼阁大体相同；天宫楼阁上的藏顶为八边形藏檐。藏身檐上置木雕人像。藏身腰檐、平坐、上檐及天宫楼阁斗栱形式各异，其中最为特殊的是，平坐及上檐皆用如意斗栱。

华严藏实景（一）

华严藏实景（二）

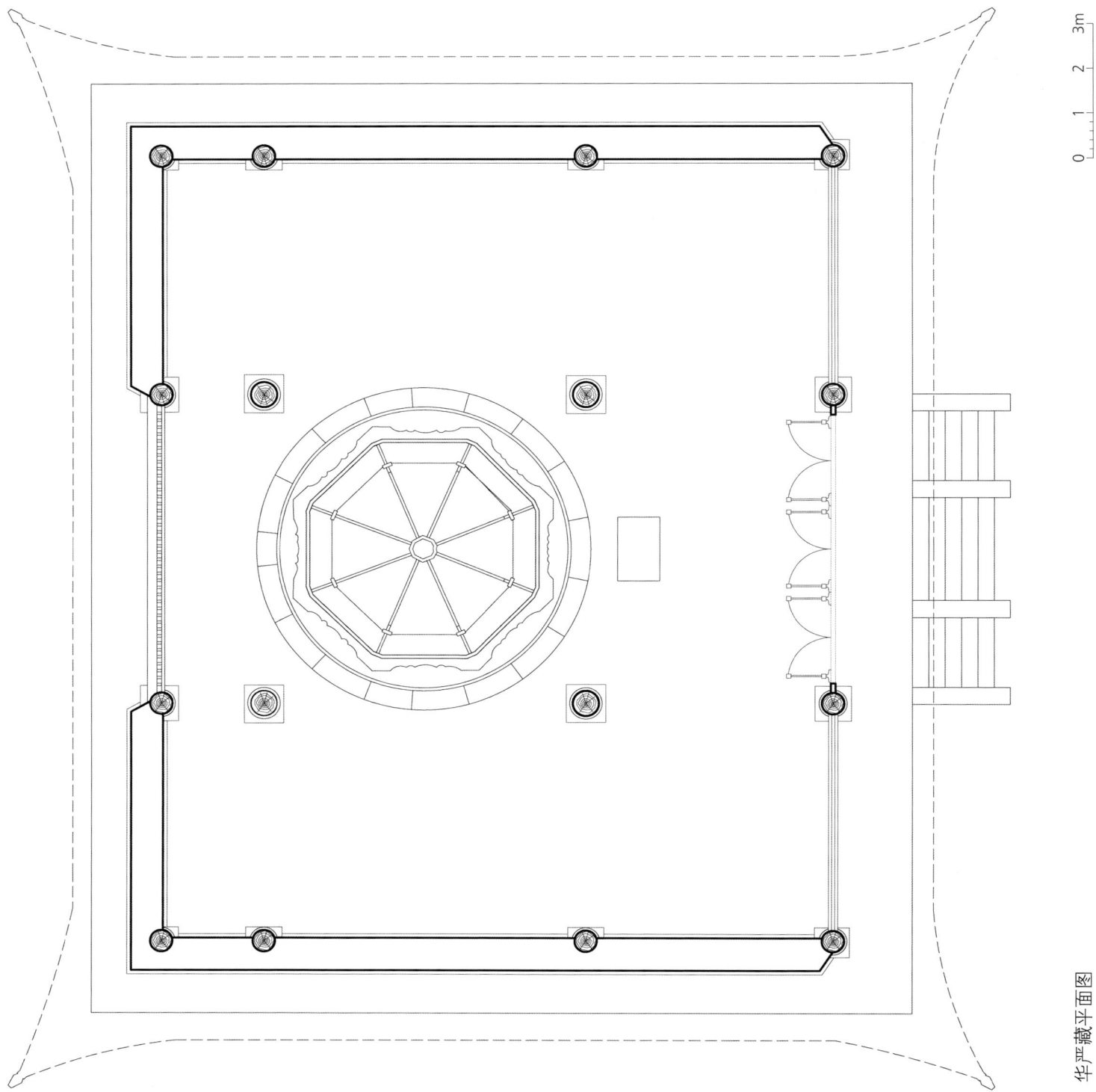

华严藏平面图

0　1　2　3m

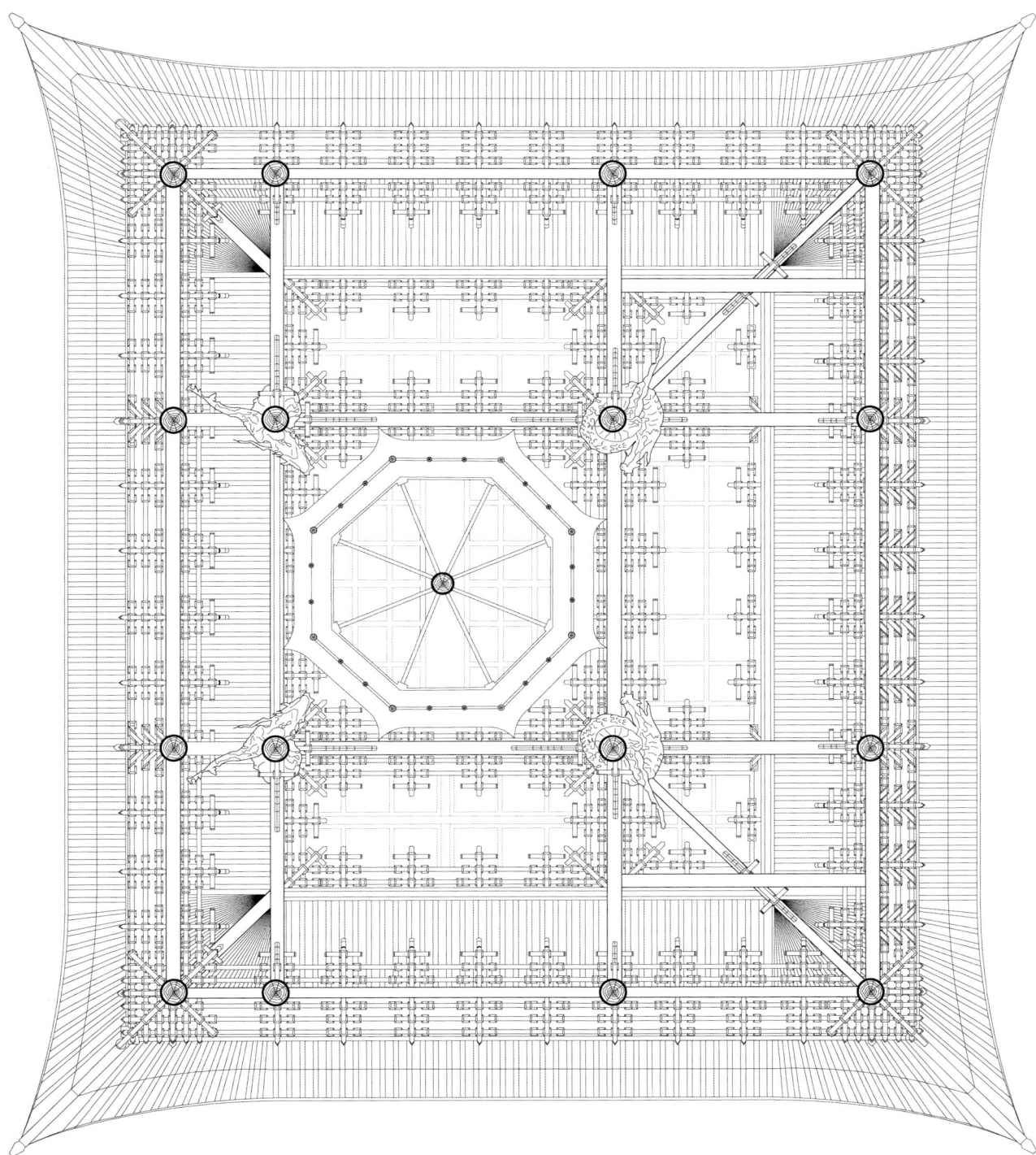

华严藏仰视图

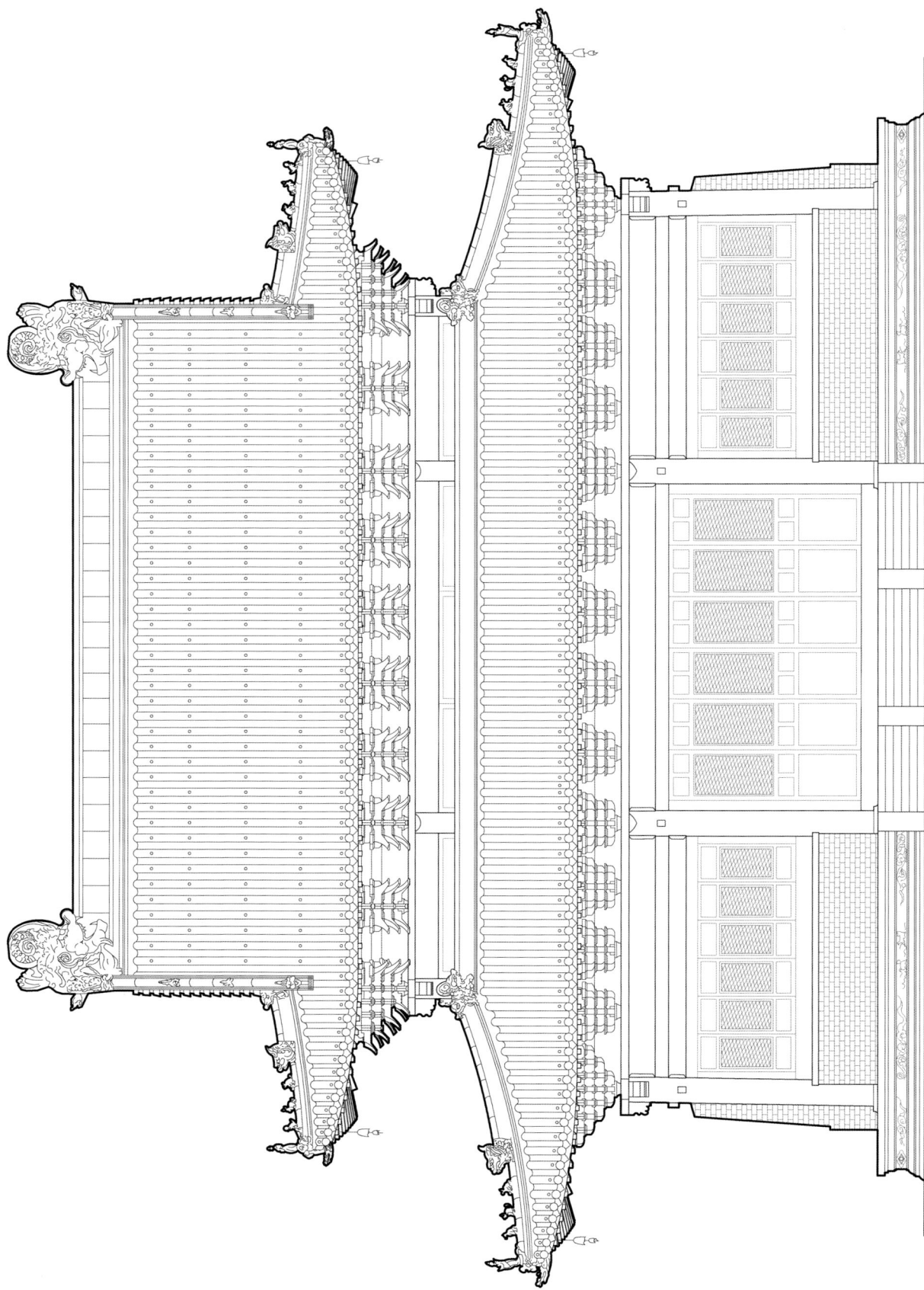

华严藏正立面图

0　1　2　3m

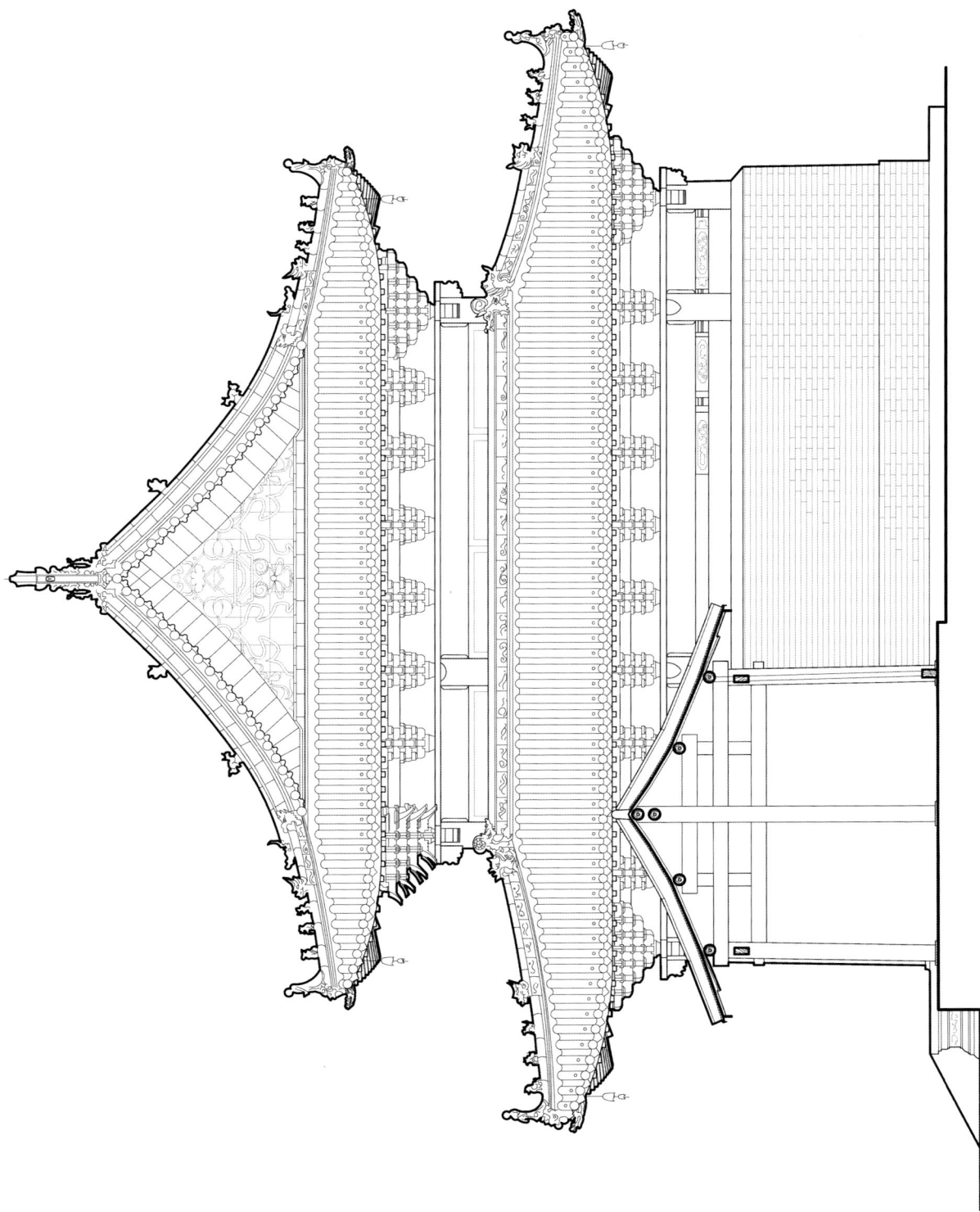

华严藏侧立面图

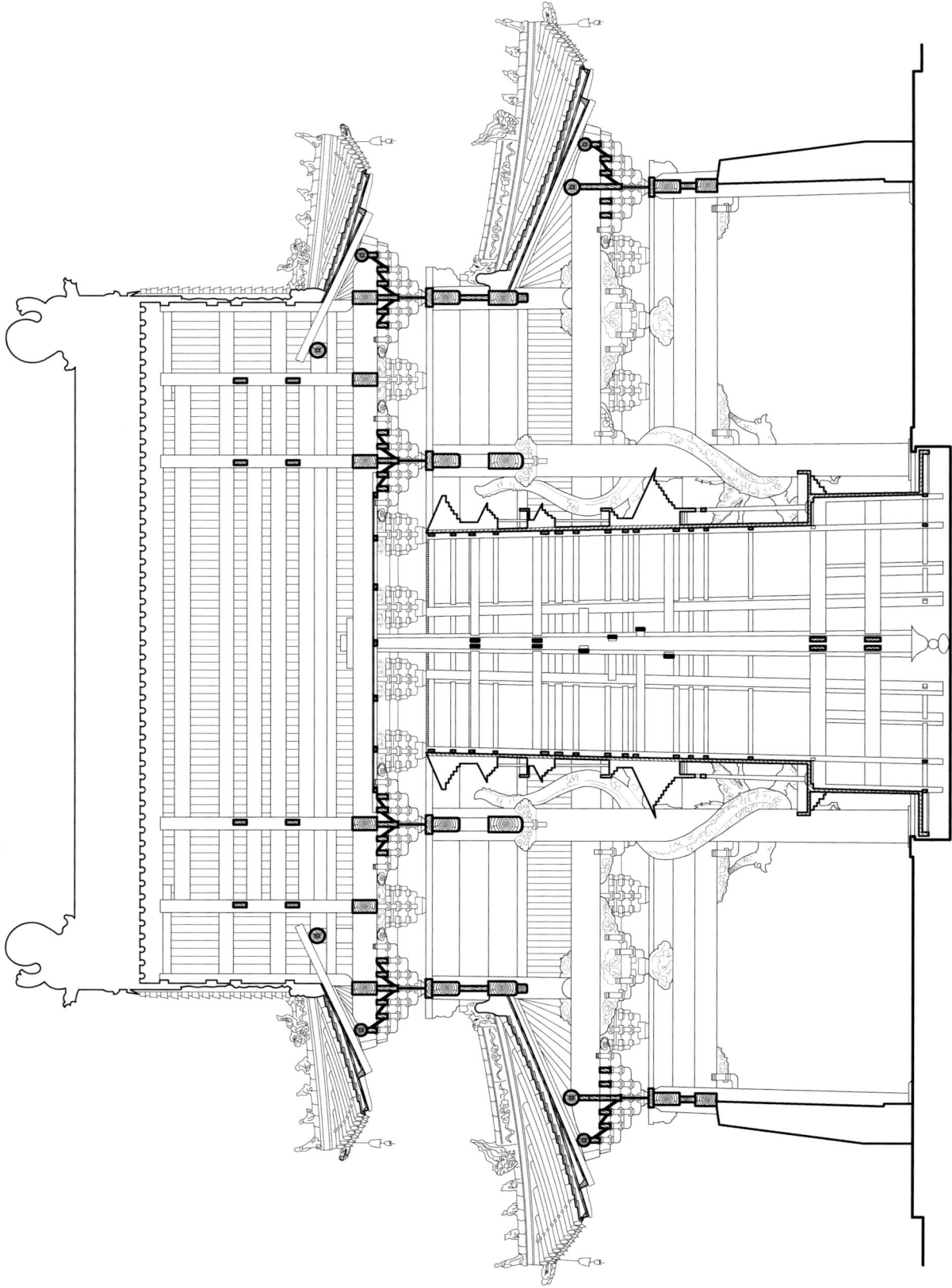

华严藏纵剖面图

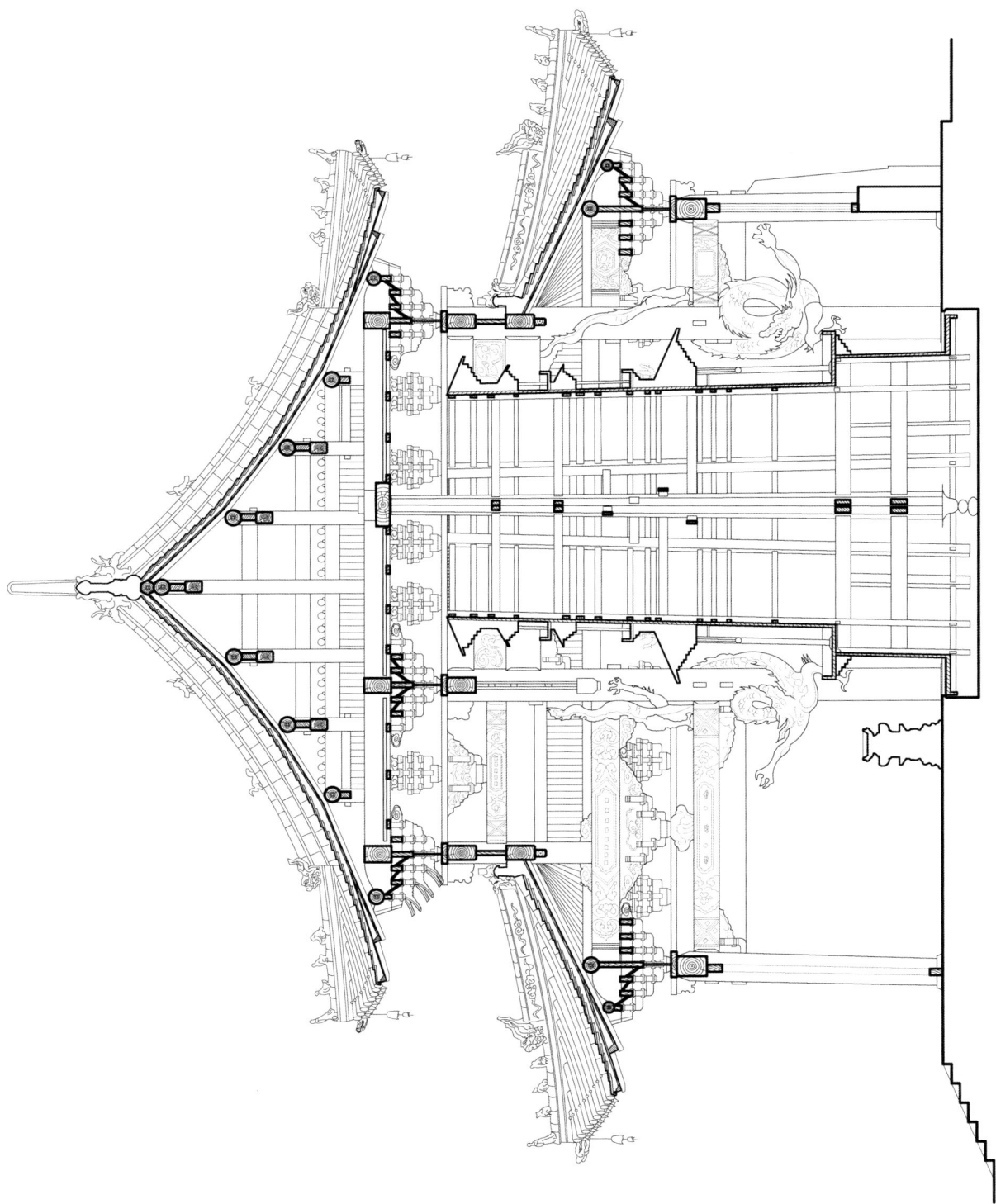

华严藏横剖面图

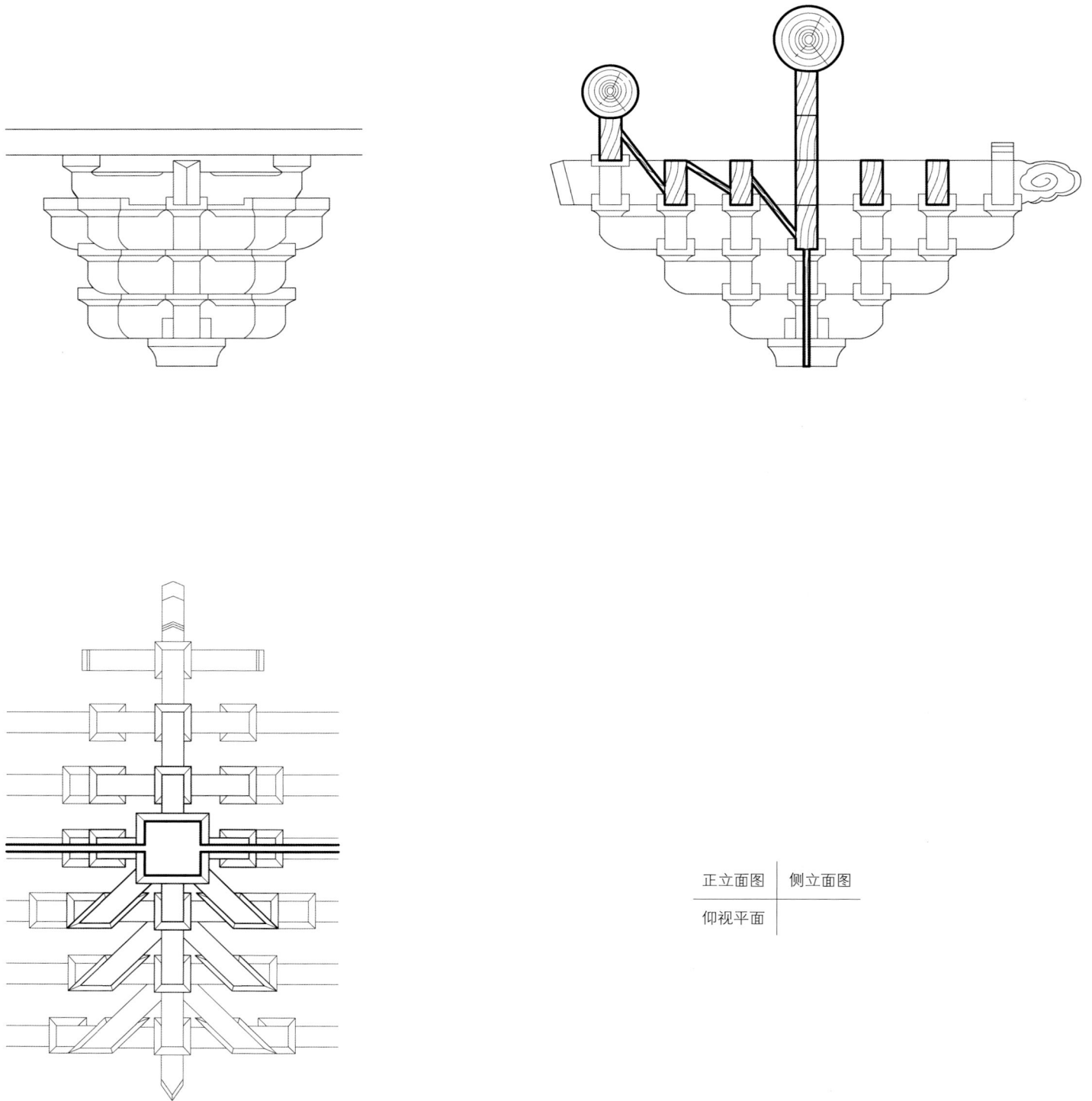

华严藏下檐平身科斗栱详图

正立面图 | 侧立面图
仰视平面 |

0　20　40　60m

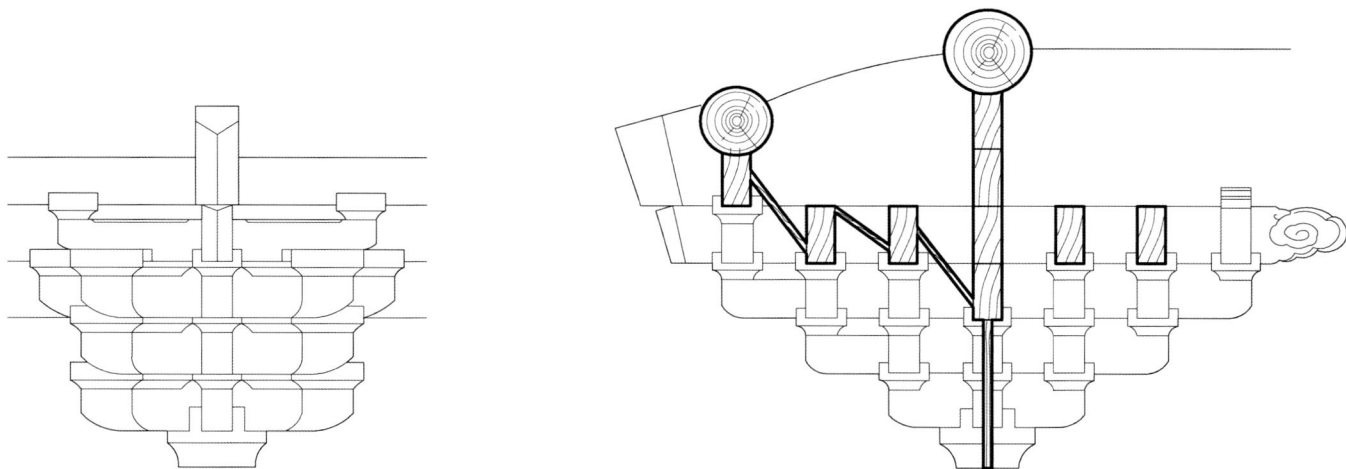

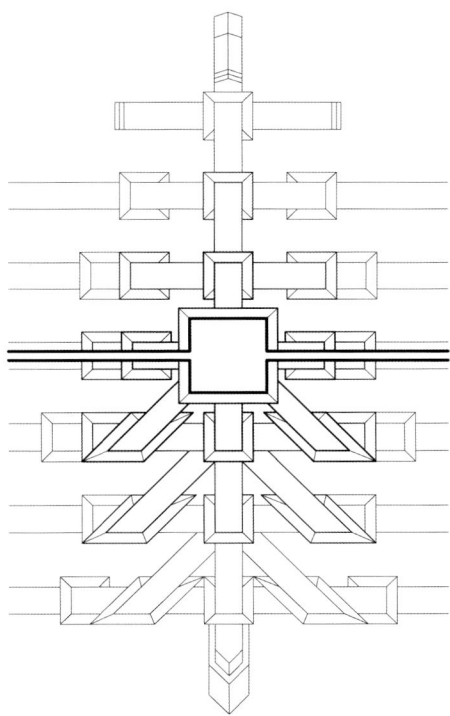

正立面图 | 侧立面图
仰视平面 |

华严藏下檐柱头科斗拱详图

0 20 40 60m

华严藏下檐角科斗栱详图

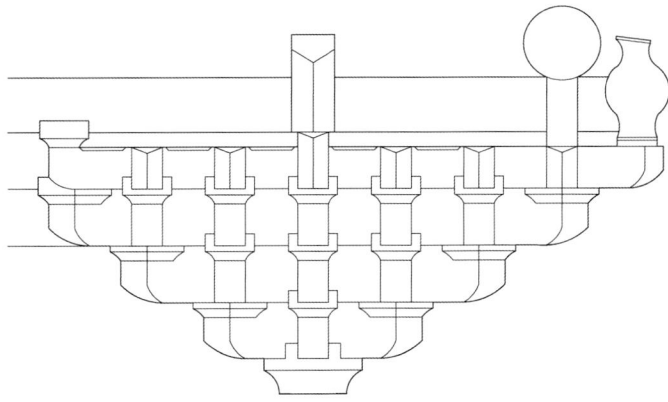

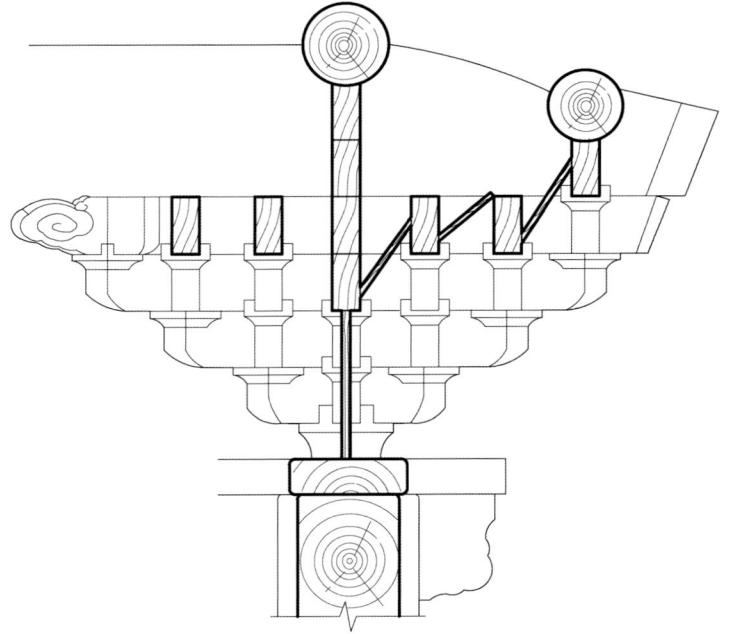

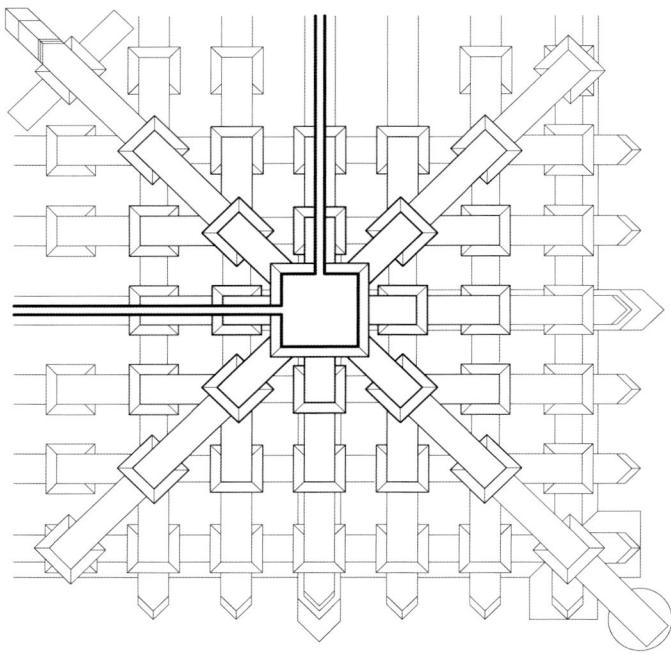

正立面图　侧立面图
仰视平面

0　20　40　60m

华严藏上檐前檐平身科斗栱详图

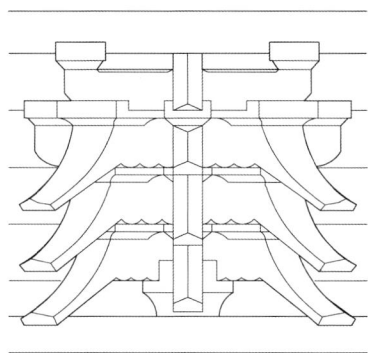

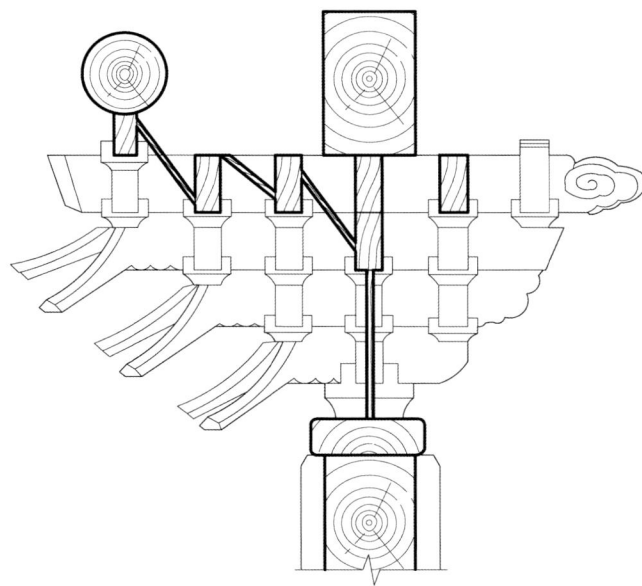

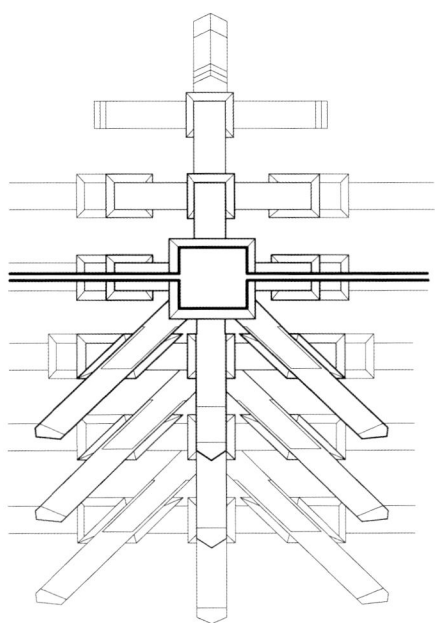

正立面图　侧立面图

仰视平面

0　20　40　60m

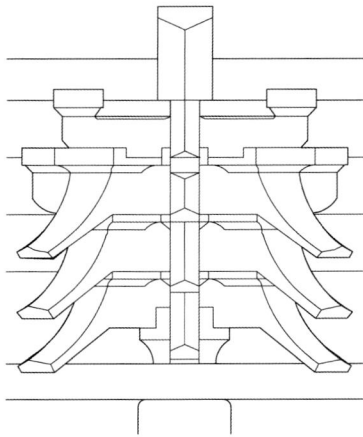

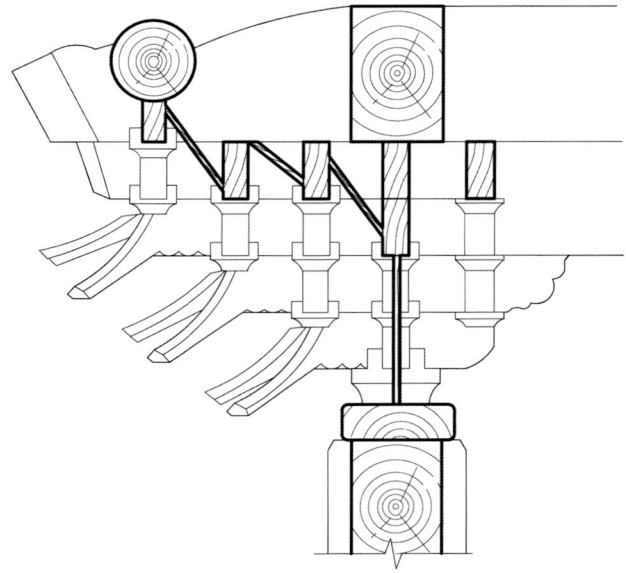

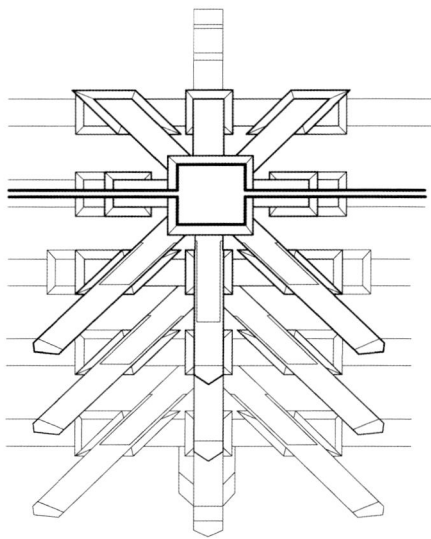

华严藏上檐前檐柱头科斗栱详图

正立面图　│　侧立面图

仰视平面　│

0　20　40　60m

华严藏上檐前檐角科斗栱详图

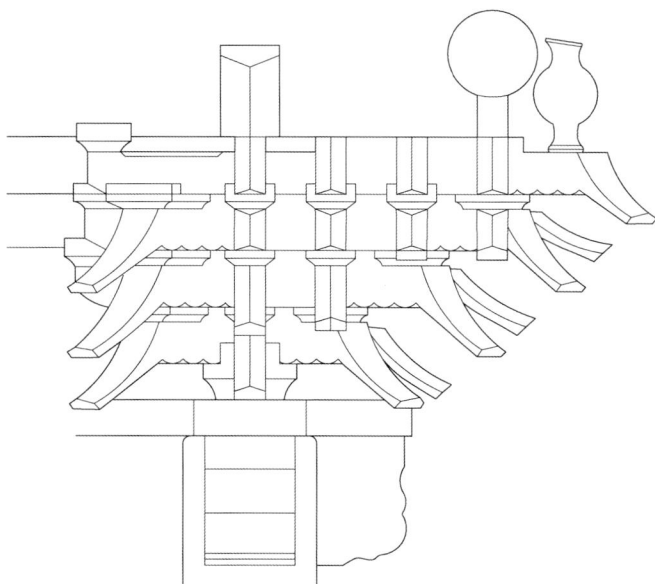

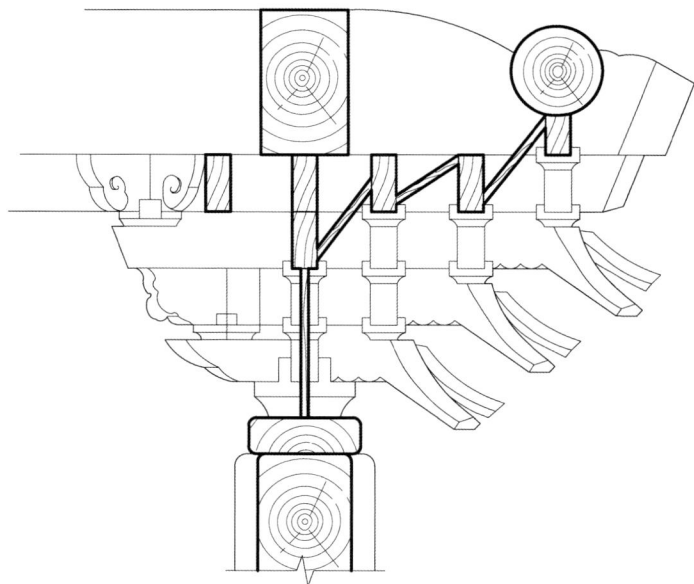

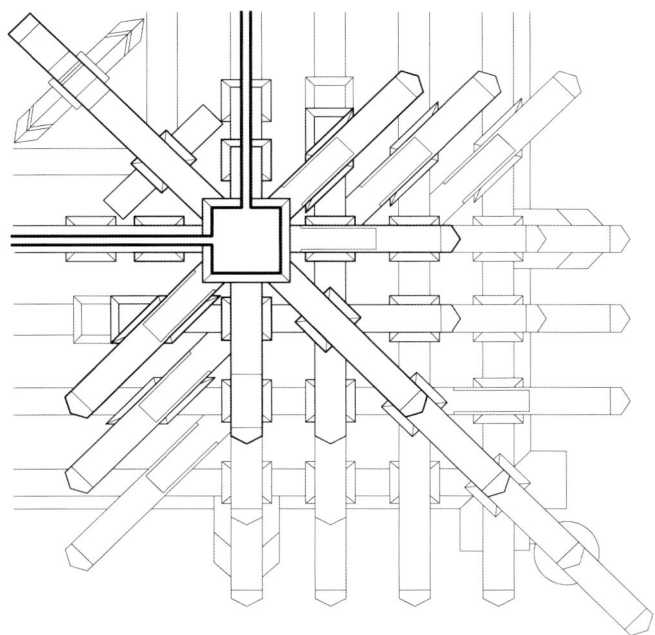

正立面图	侧立面图
仰视平面	

0　20　40　60m

华严藏上檐斗栱

华严藏下檐斗栱

下檐角科斗栱

山面下檐额枋

华严藏山花

华严藏下檐戗脊仙人、走兽和套兽

华严藏前金柱雌蟠龙

华严藏前金柱雄蟠龙

华严藏转轮藏

华严藏天花彩画

华严藏隔架科

华严藏外檐斗栱里拽

万佛阁

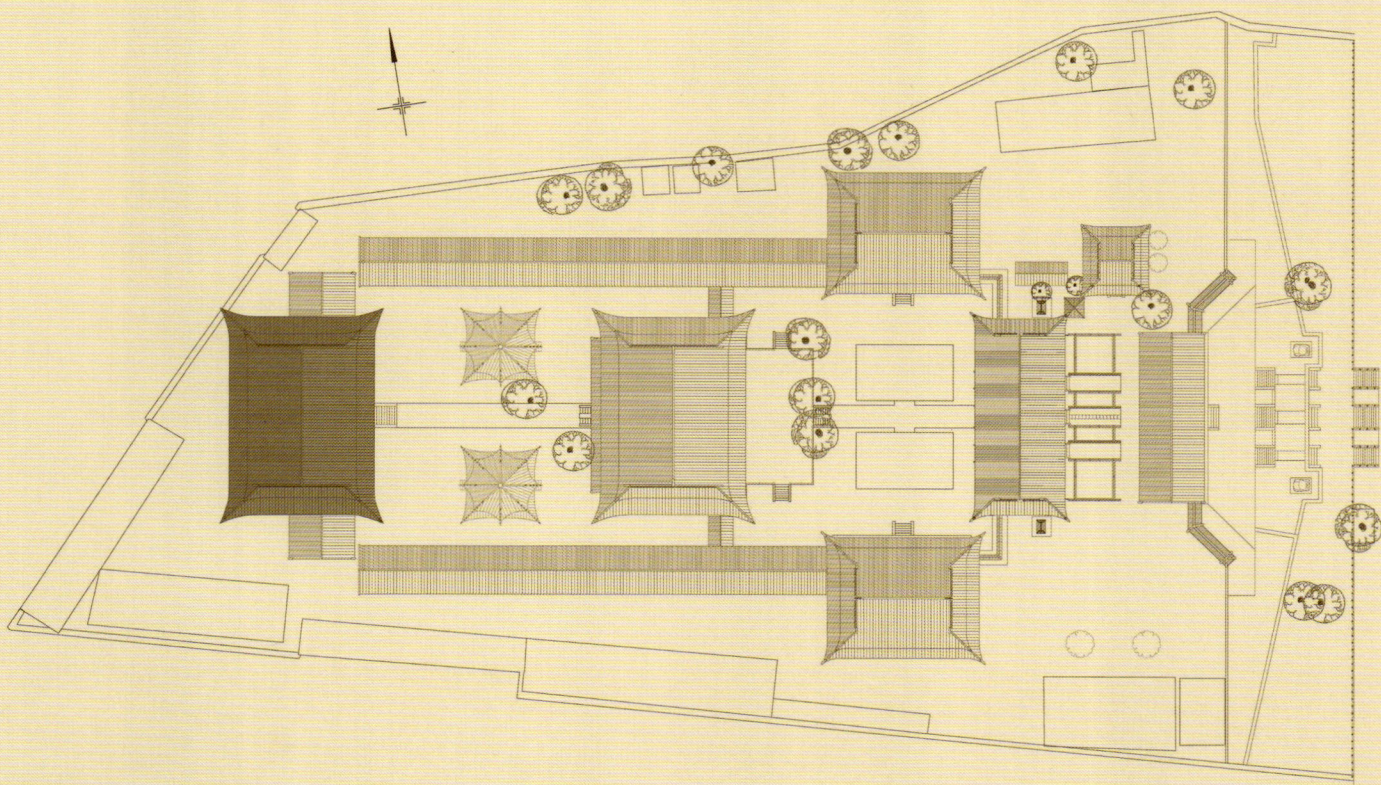

　　殿身分心槽加副阶周匝，通面阔五间计 24.74 米，通进深四间计 17.07 米。重檐三滴水，二层三檐，歇山顶，屋面覆盖黑琉璃瓦，绿琉璃瓦剪边。殿阁型构架，草架为穿斗式，用侧脚之制。内部两层，采用通柱式结构。楼阁平坐以立于内檐斗栱上的短柱承平坐斗栱承托，底层天花与二层楼板间形成暗层。台基为须弥座，正面石砌九级垂带踏跺一道。

　　斗栱：下檐明间置平身科六攒，次间五攒，稍间一攒；山面一、四间置平身科一攒，二、三间五攒。平坐斗栱每间五攒。平坐外檐前后檐每间置平身科六攒，山面每间五攒。上檐明间置平身科五攒，次间四攒，山面两间各四攒。下檐柱头科与平身科为九踩重翘重昂斗栱，每攒斗栱翘昂轮出，出昂时同时伴出左右 45° 斜昂，且相邻两攒斗栱交错出昂（即其一攒为一、三跳出昂，则另一攒为二、四跳出昂）；角科为九踩四昂斗栱，昂为琴面昂。平坐斗栱用七踩三翘斗栱，每间隔一攒斗栱出斜翘。平坐外檐施七踩单翘重昂斗栱，头昂为象鼻昂，二昂为琴面昂。上檐用九踩四昂斗栱，昂为琴面昂。外檐斗栱最上一层皆为耍头，厢栱相绞承托挑檐枋与挑檐檩。柱头科、角科用材大于平身科。

　　墙体及木装修：身内砌砖墙，绘壁画，是寺内面积最大的壁画。外檐前檐明、次间置隔扇门，稍间砖墙上置槛窗，后檐明、次间槛墙上置直棂窗，山面第二、三间为槛墙上置直棂窗（图纸门窗表达反映了八十年代初测绘时的情况）。殿身柱头、梁、枋、斗栱遍施彩画。

万佛阁实景（一）

万佛阁实景（二）

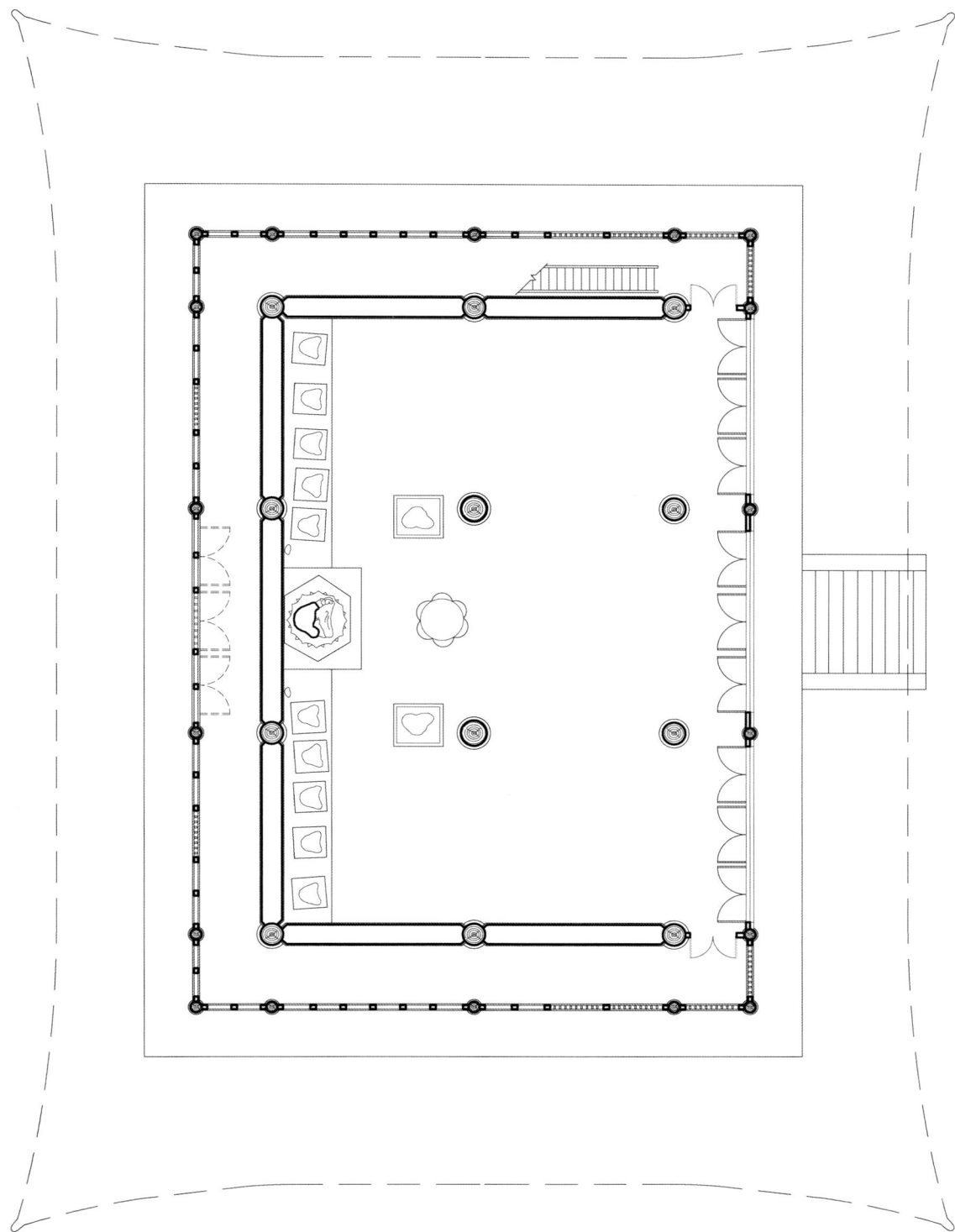

万佛阁阁底层平面图

0　1　2　3m

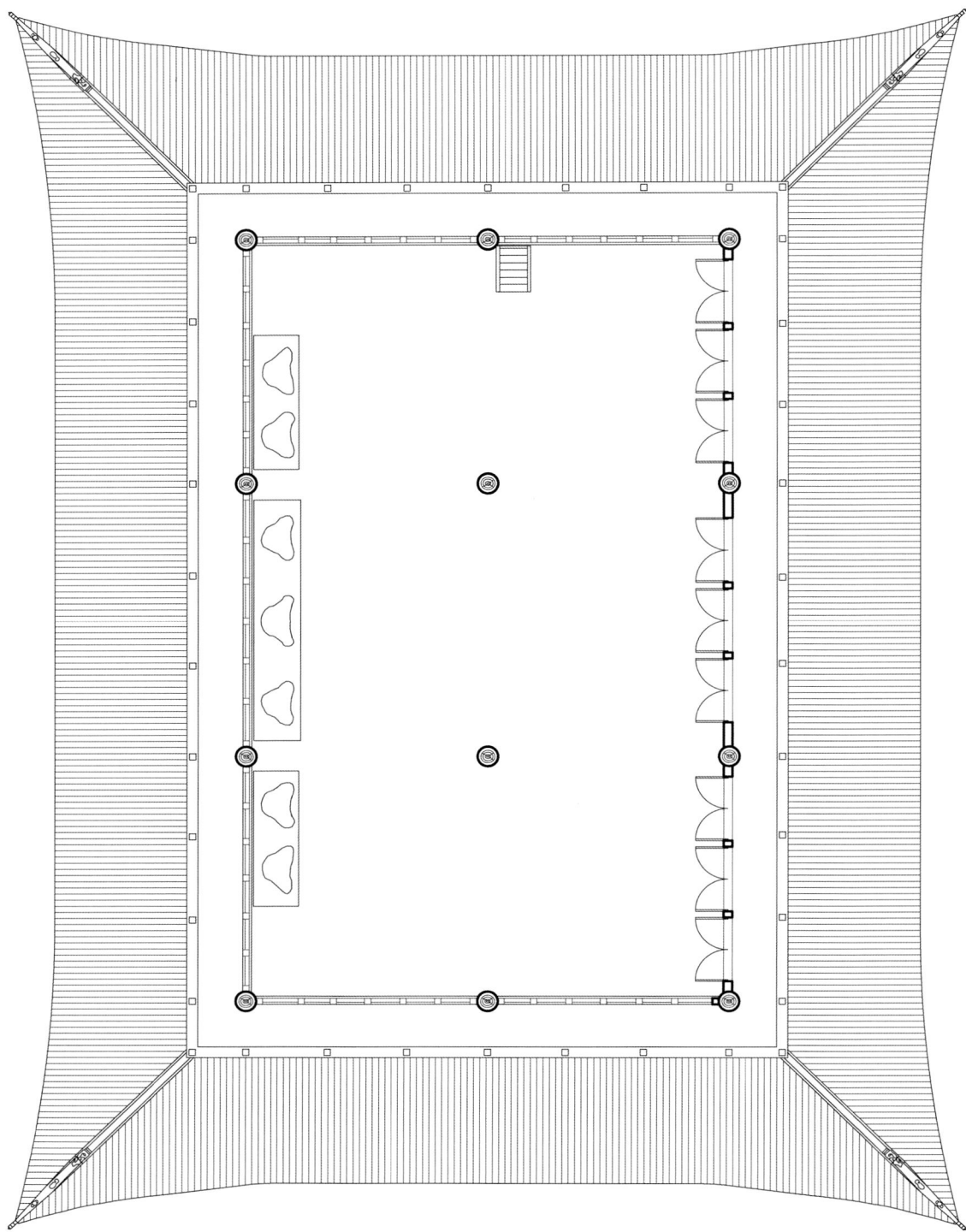

万佛阁二层平面图

0　1　2　3m

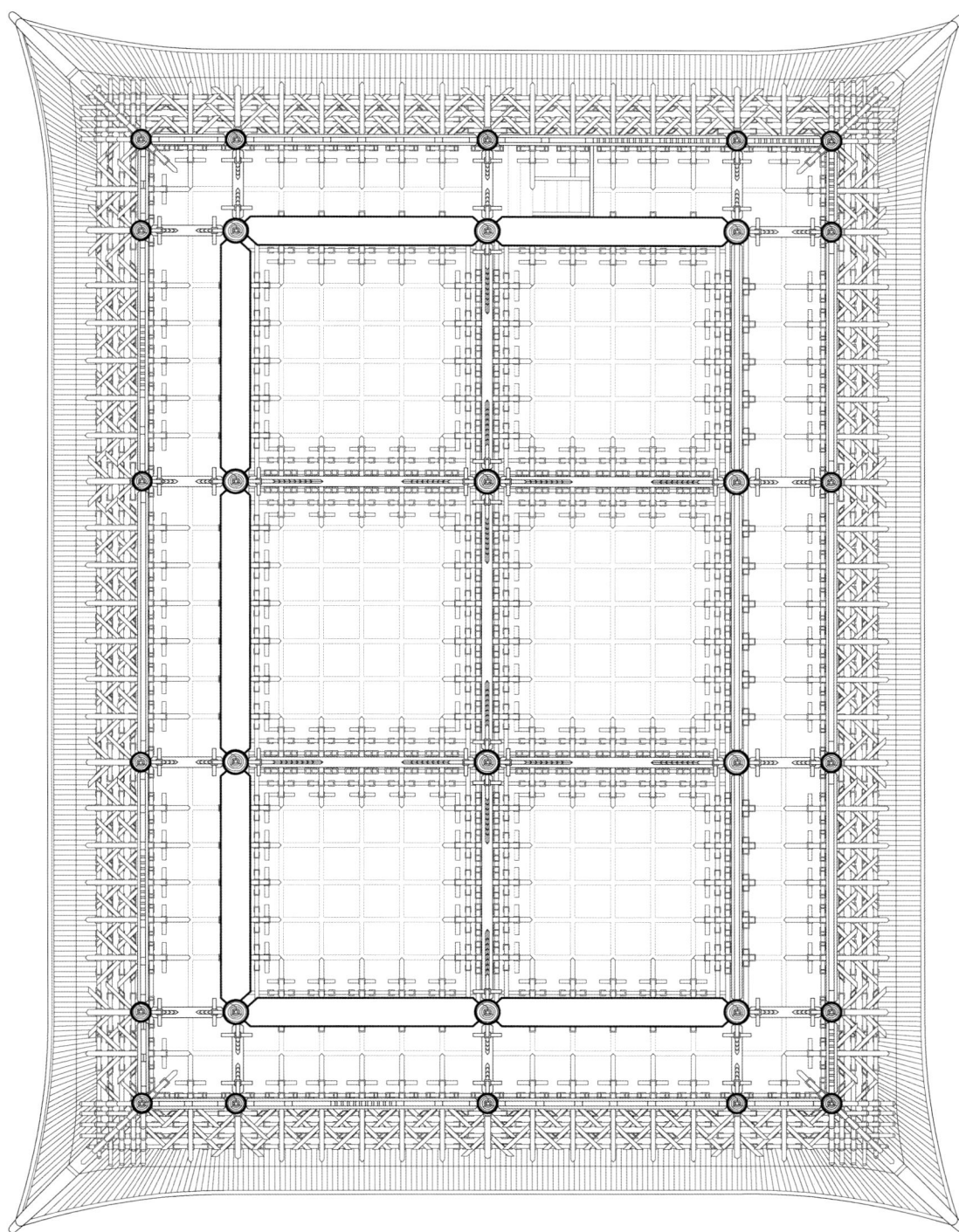

0　1　2　3m

万佛阁底层层仰视图

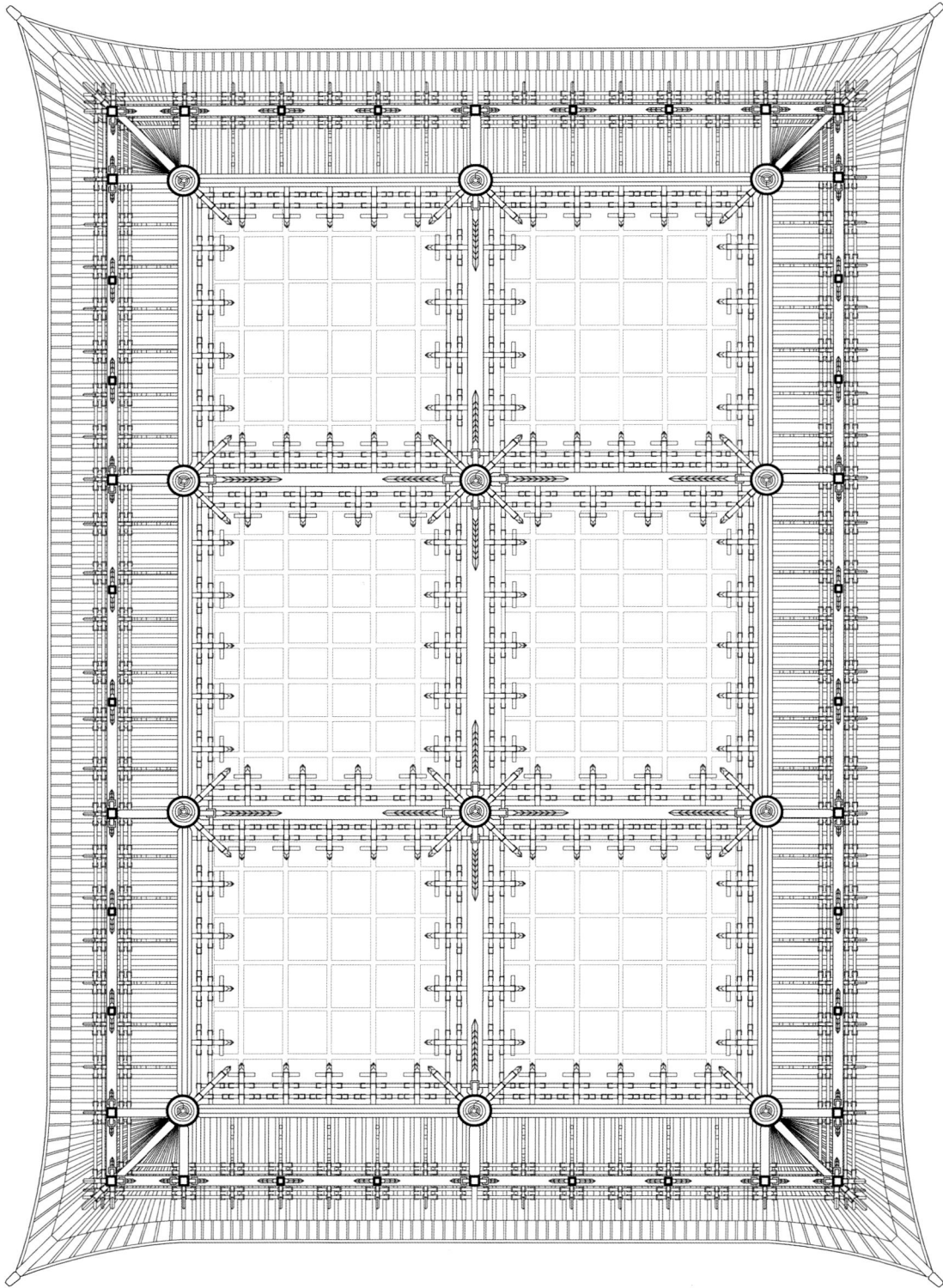

万佛阁二层仰视图

0　1　2　3m

0 1 2 3m

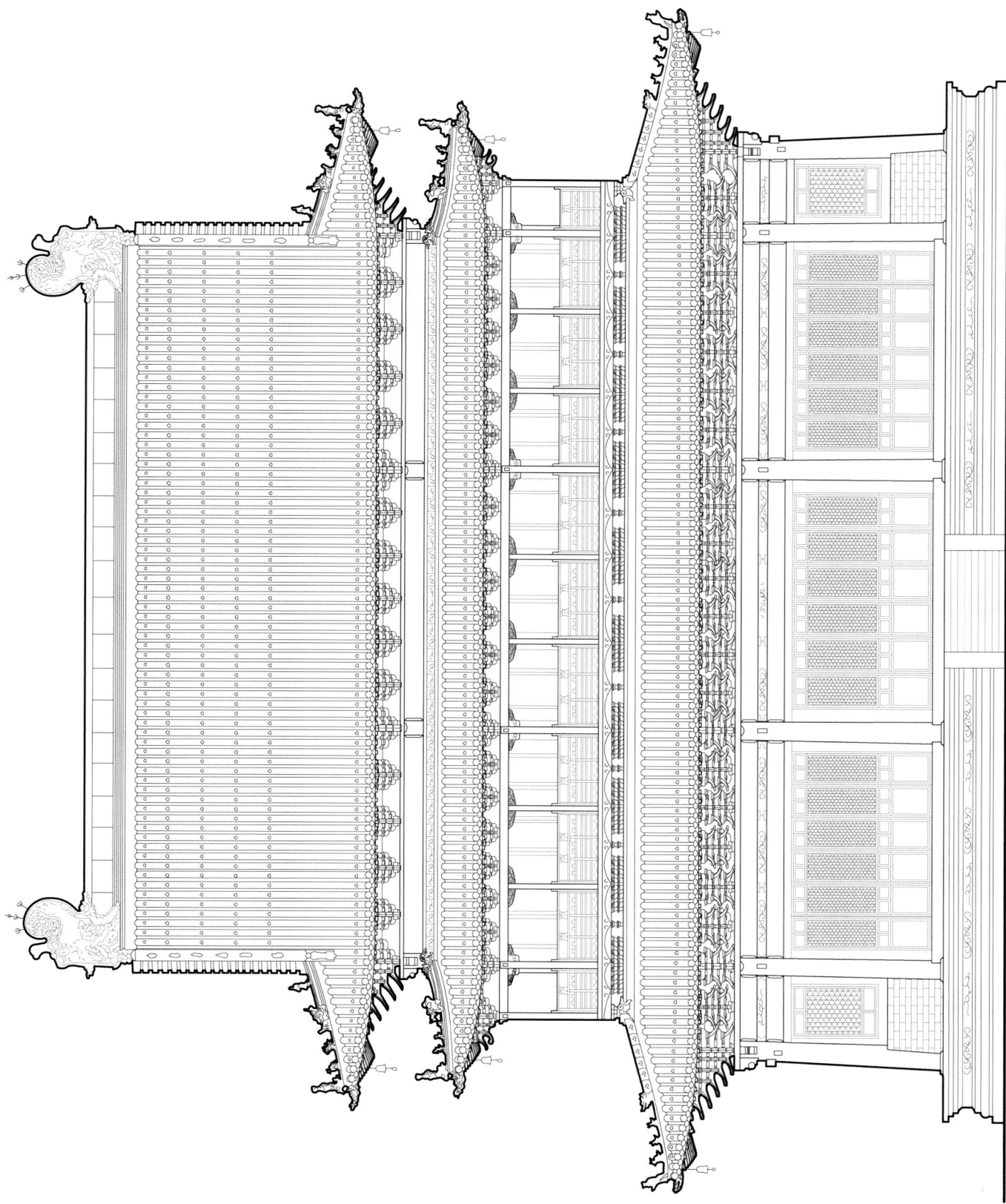

万佛阁正立面图

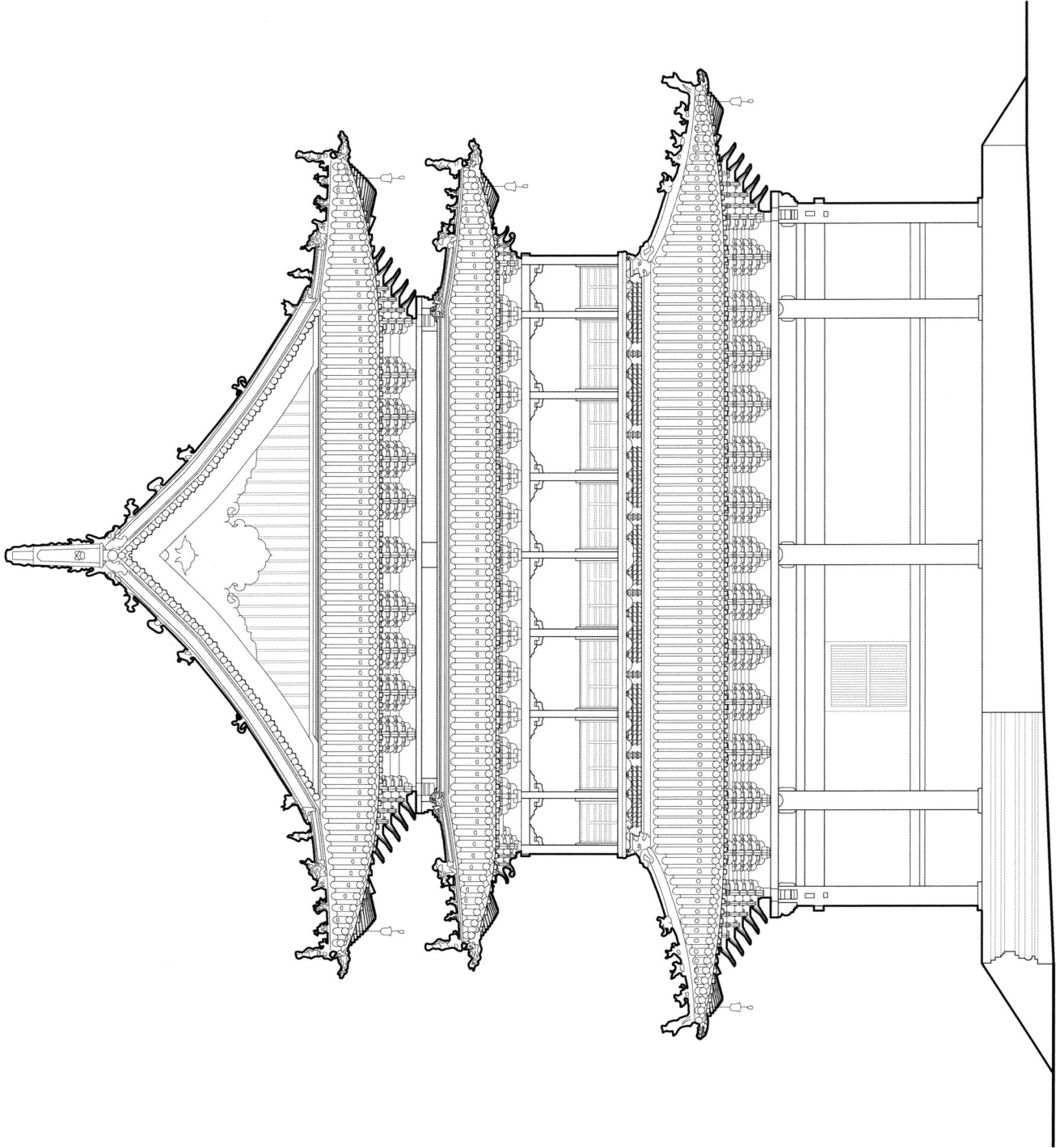

万佛阁侧立面图

0　1　2　3m

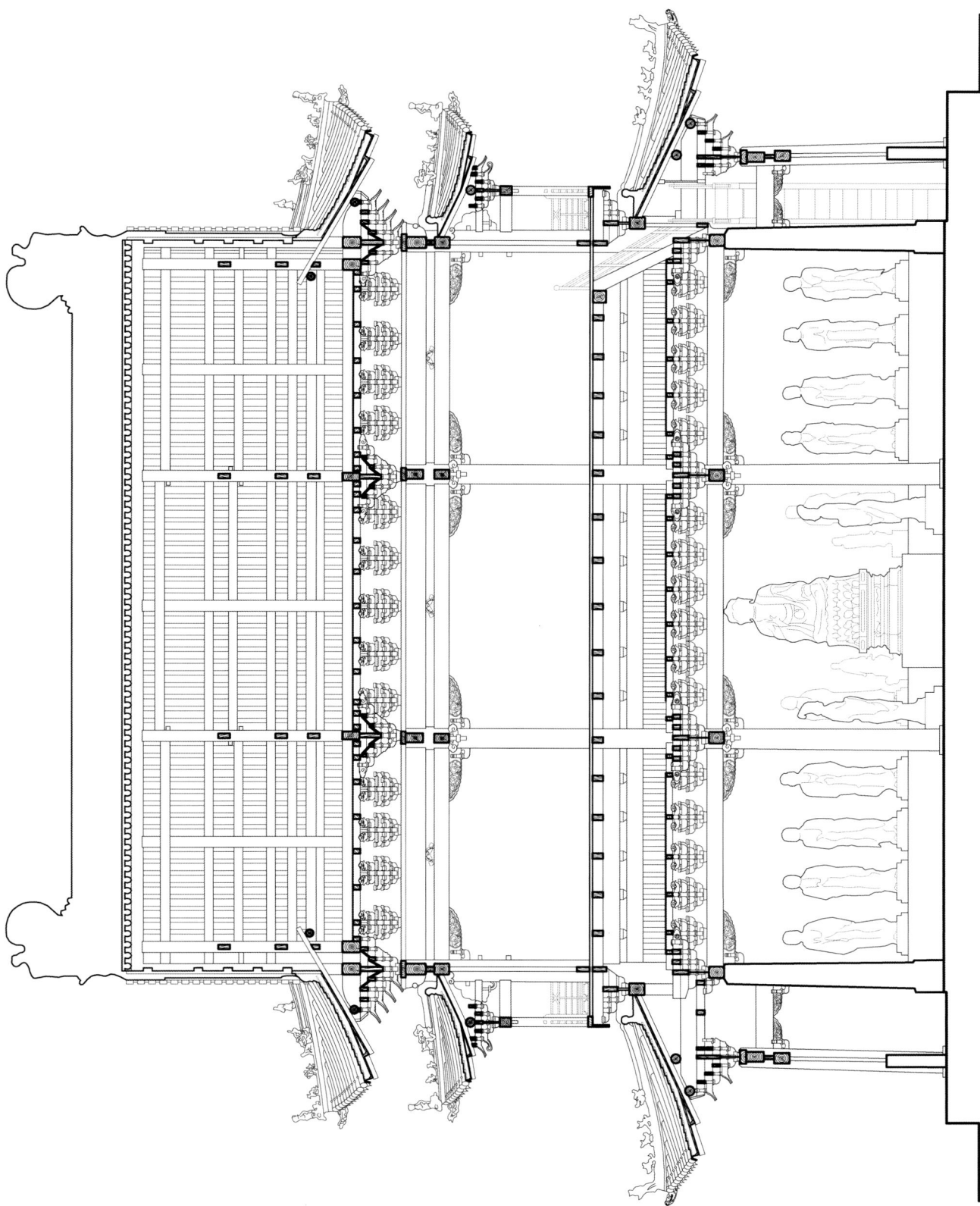

万佛阁纵剖面图

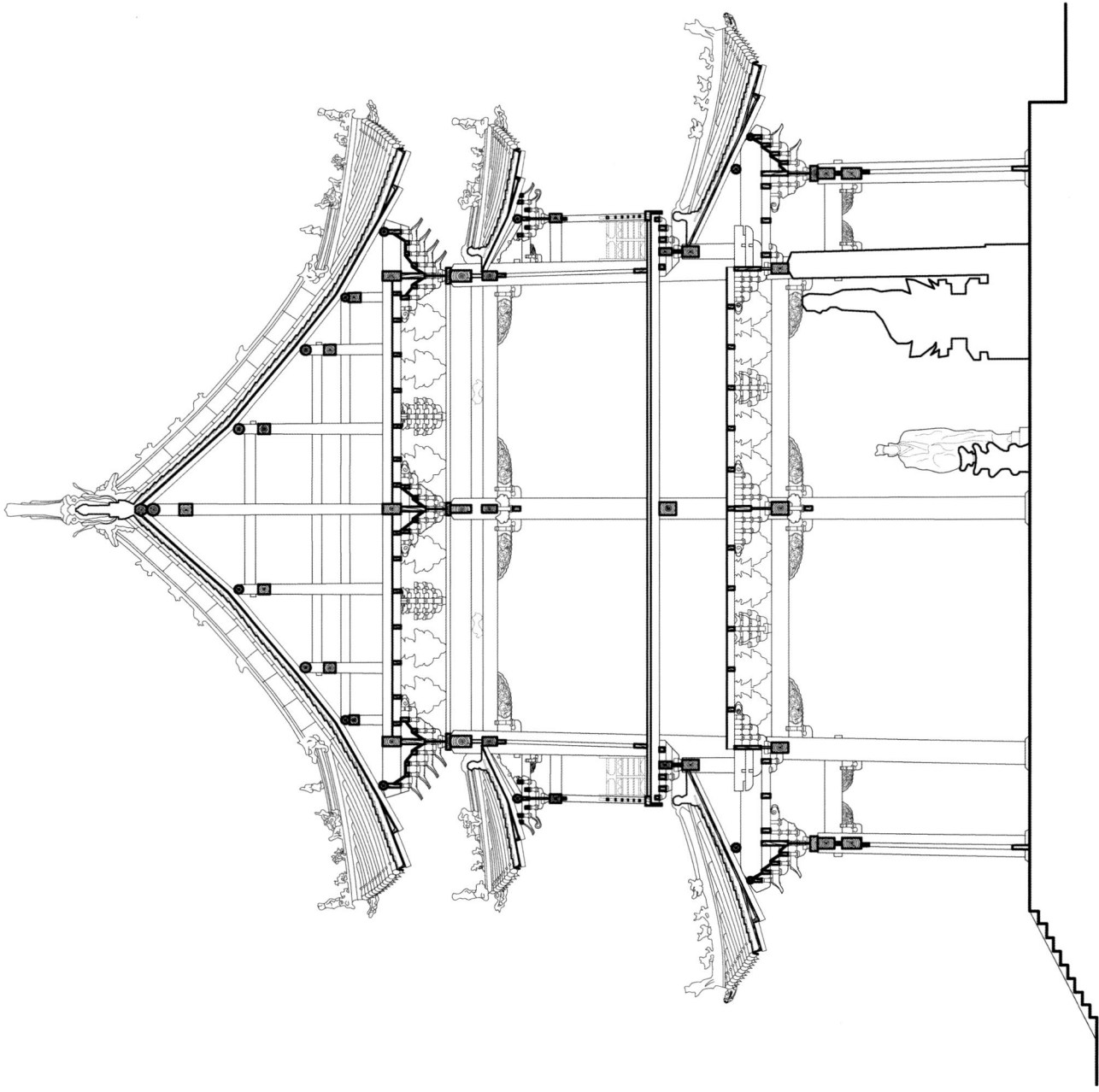

万佛阁横剖面图

0　1　2　3m

0　20　40　60cm

万佛阁平坐斗栱详图

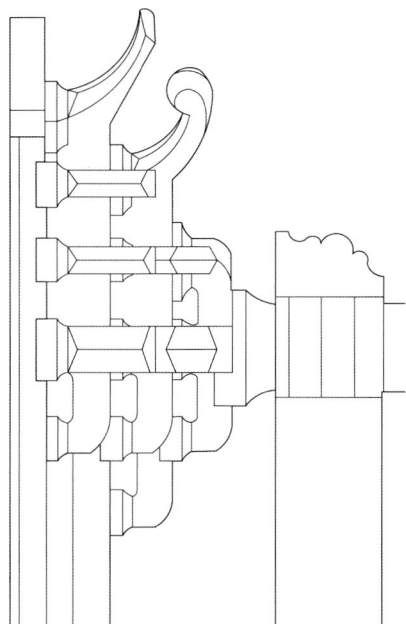

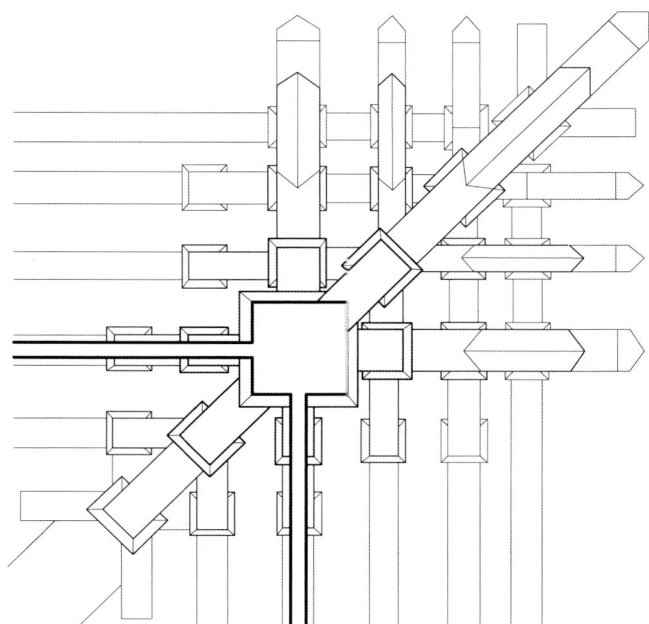

| 正立面图 | 正立面图 |
| 仰视平面 | 侧立面图 |

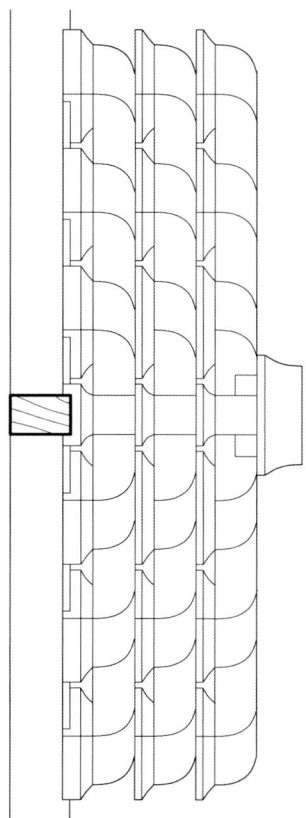

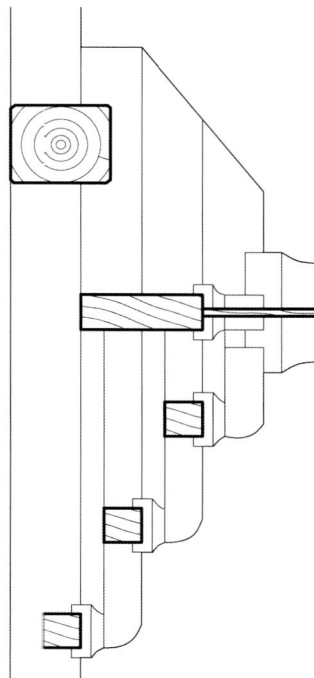

万佛阁平坐外檐角科斗栱详图

仰视平面 | 正立面图

侧立面图 |

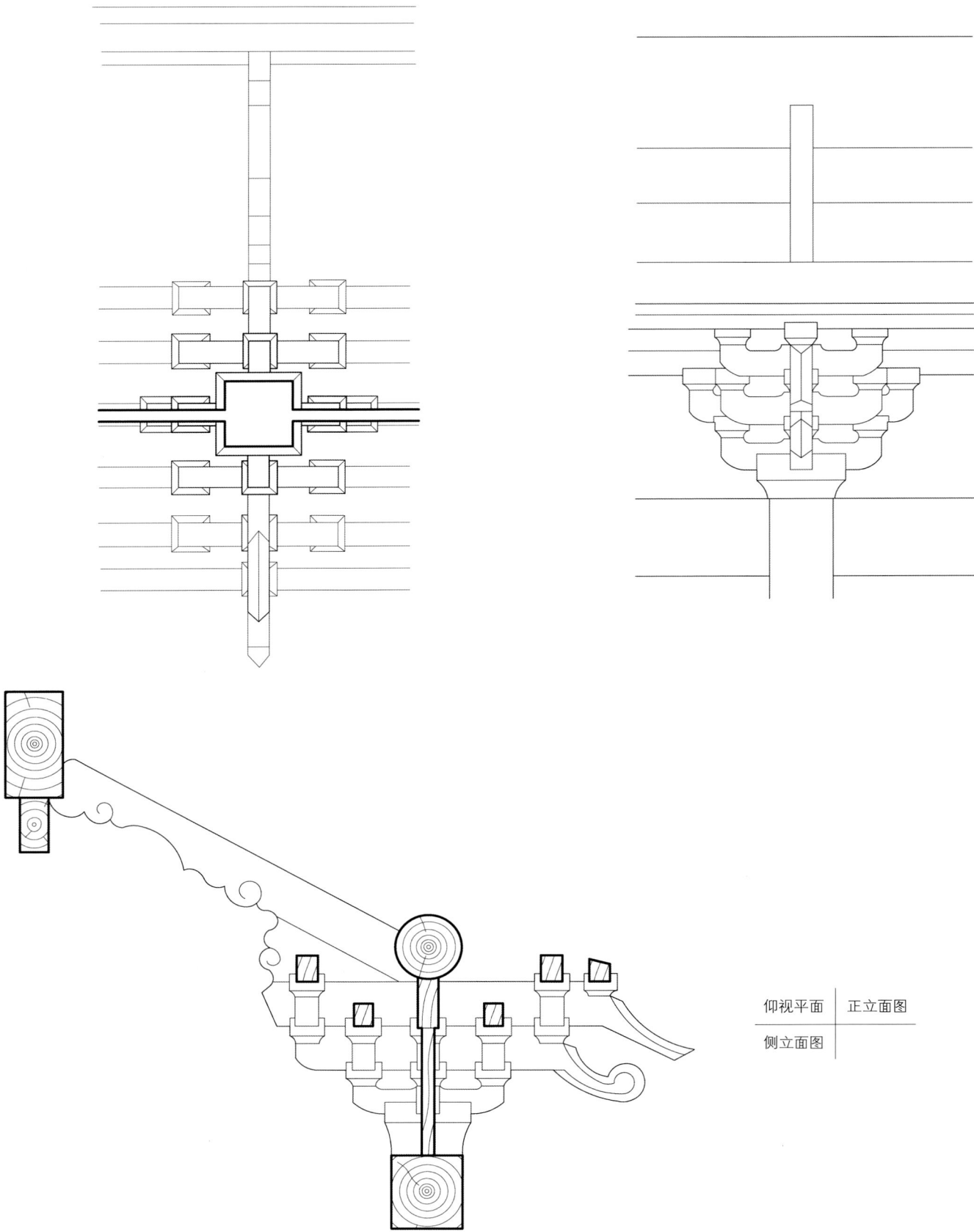

万佛阁平坐外檐平身科斗栱详图

0　20　40　60cm

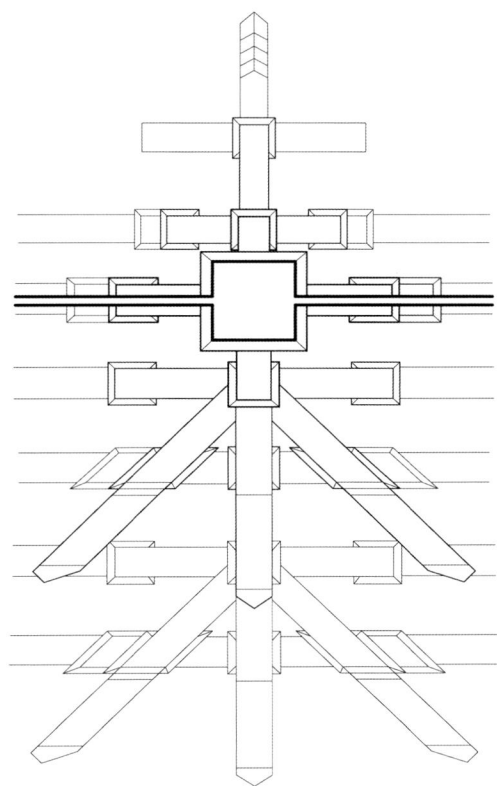

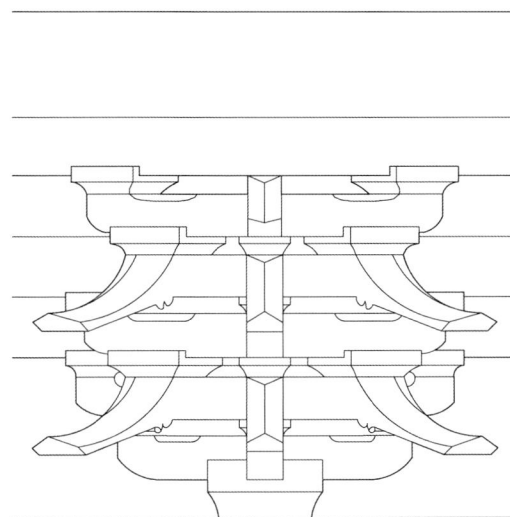

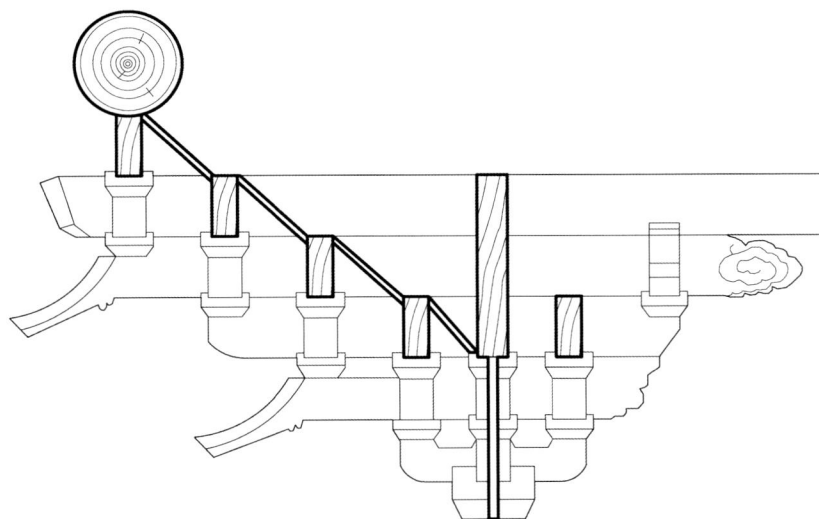

万佛阁下檐平身科斗栱详图（一）

0　20　40　60cm

万佛阁下檐平身科斗栱详图（二）

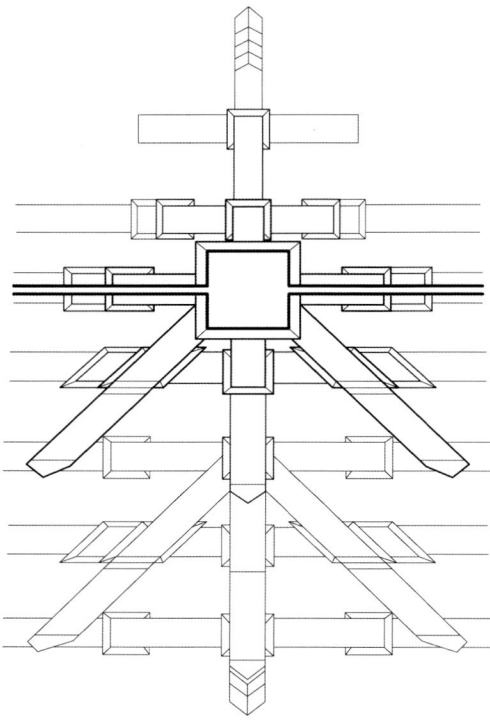

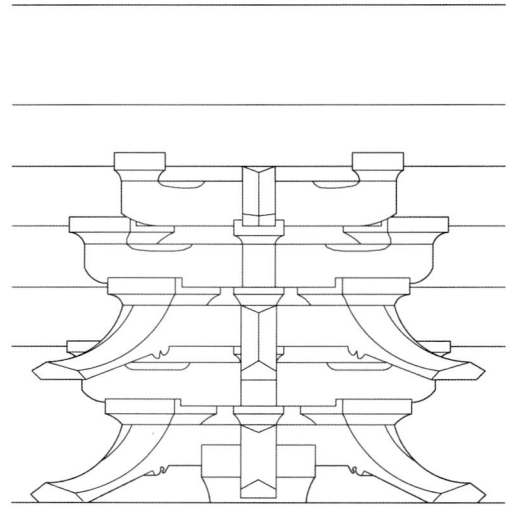

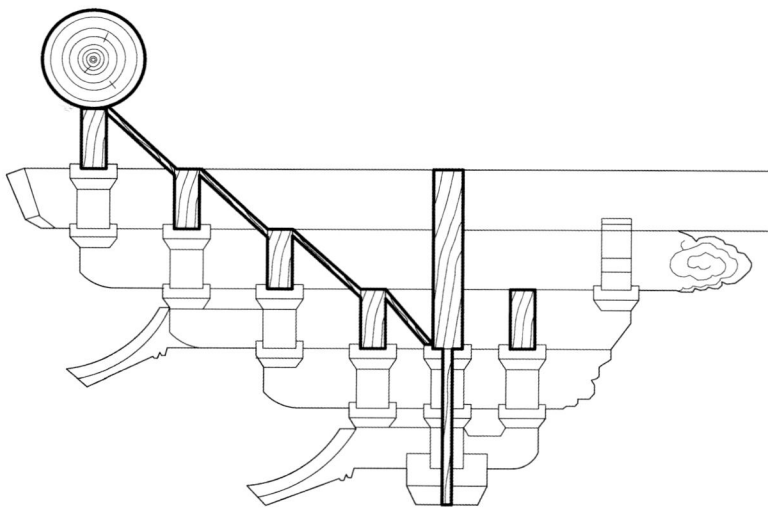

仰视平面 ┃ 正立面图
侧立面图 ┃

0　20　40　60cm

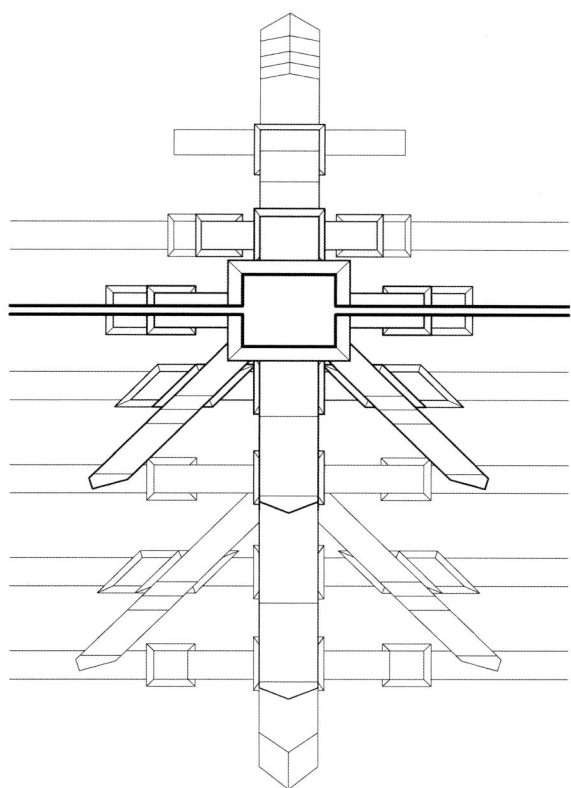

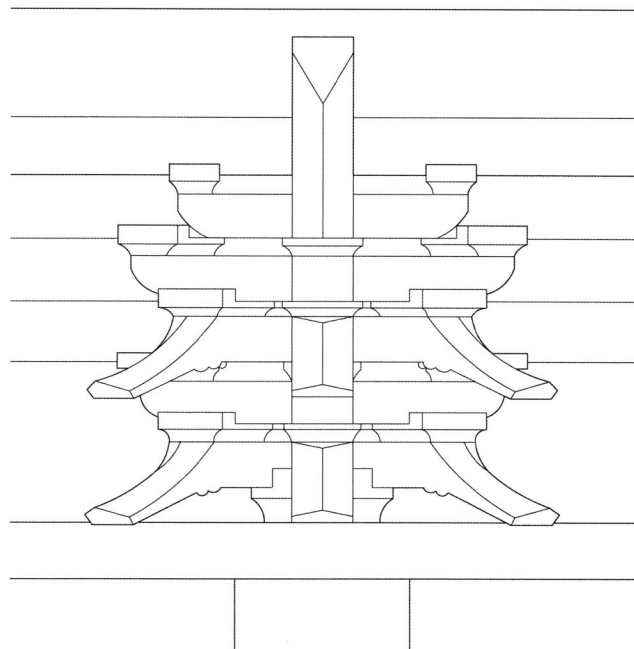

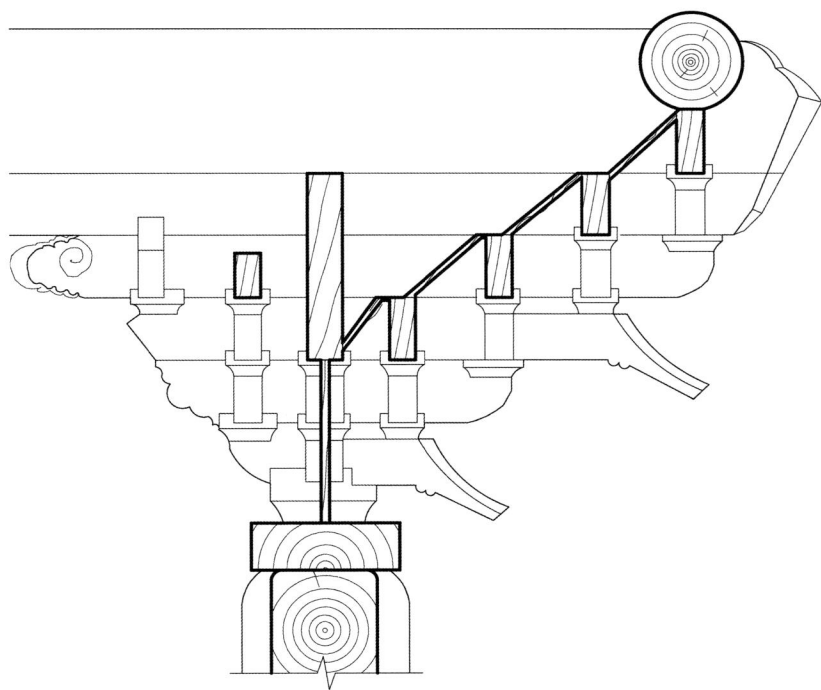

万佛阁下檐柱头科斗栱详图（一）

仰视平面 ｜ 正立面图

侧立面图

0　20　40　60cm

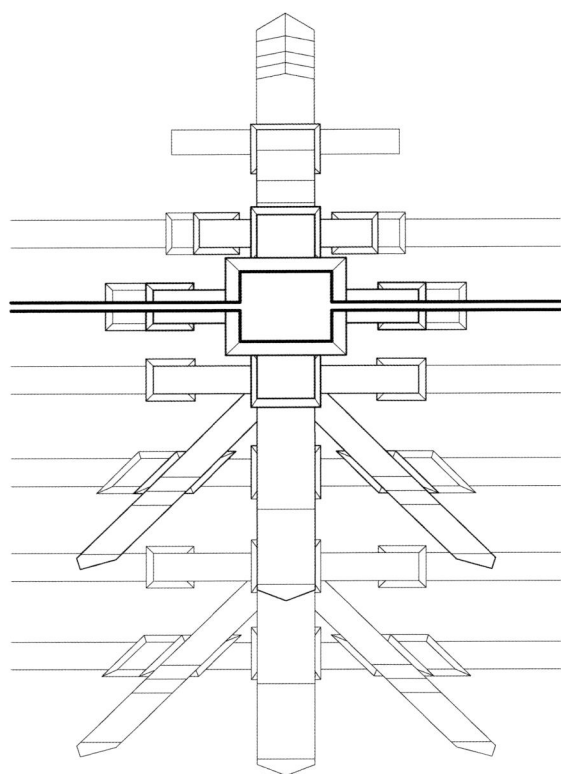

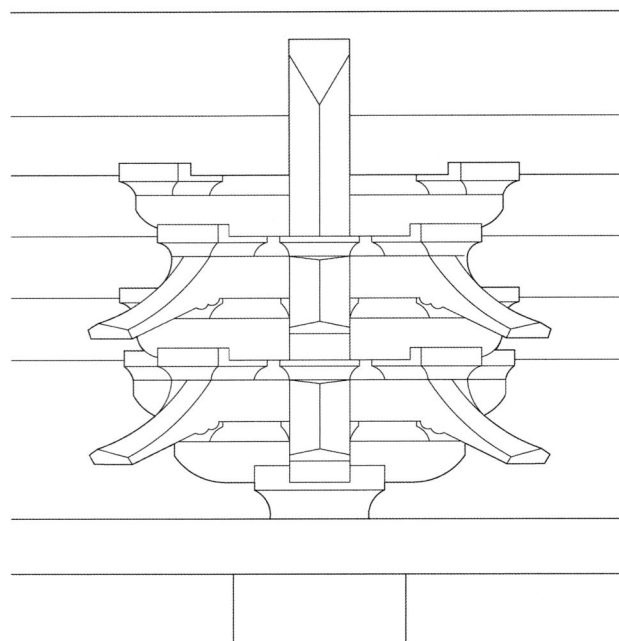

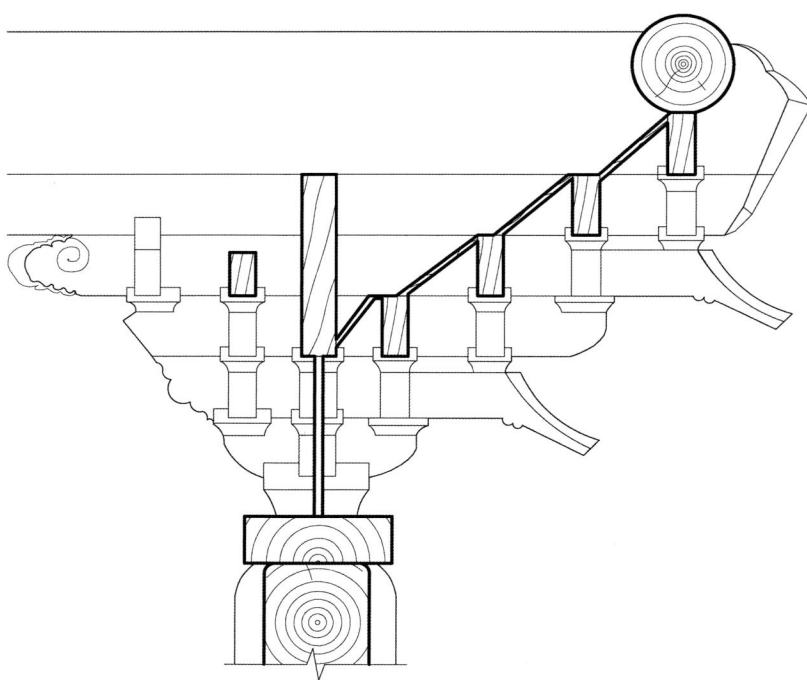

万佛阁下檐柱头科斗栱详图（二）

仰视平面　正立面图

侧立面图

0　20　40　60cm

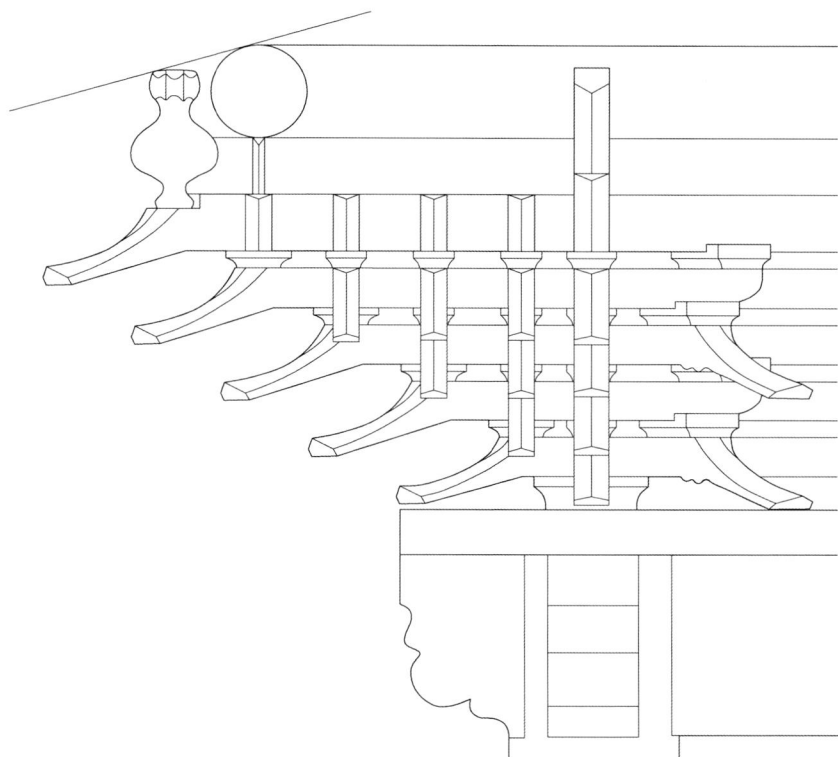

正立面图
仰视平面

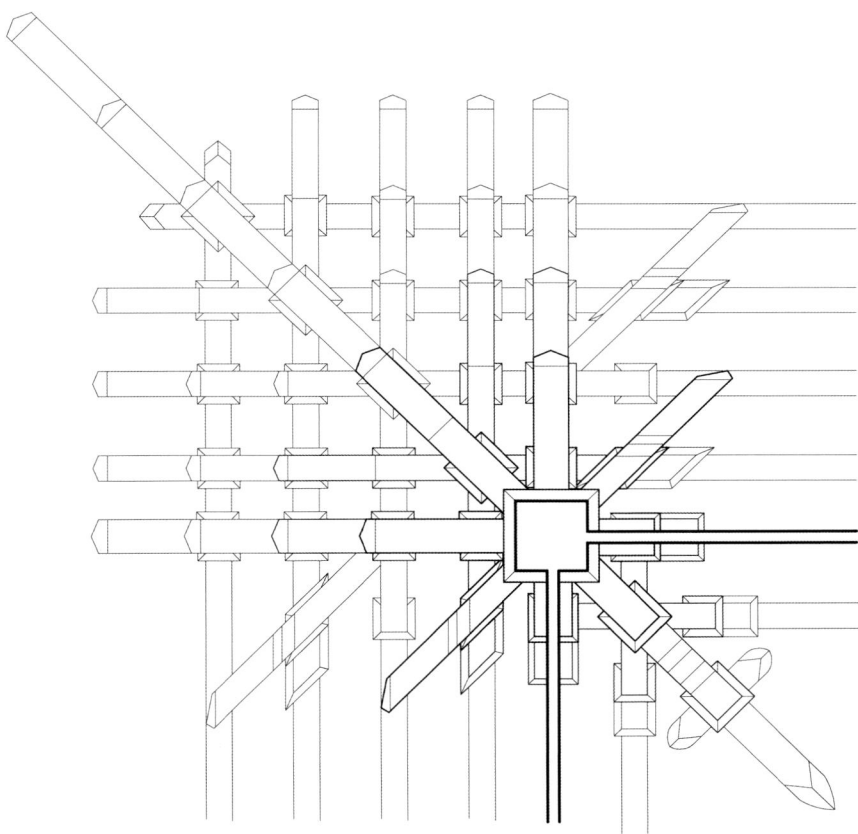

万佛阁下檐角科斗栱详图

0　20　40　60cm

万佛阁上檐平身科斗栱详图

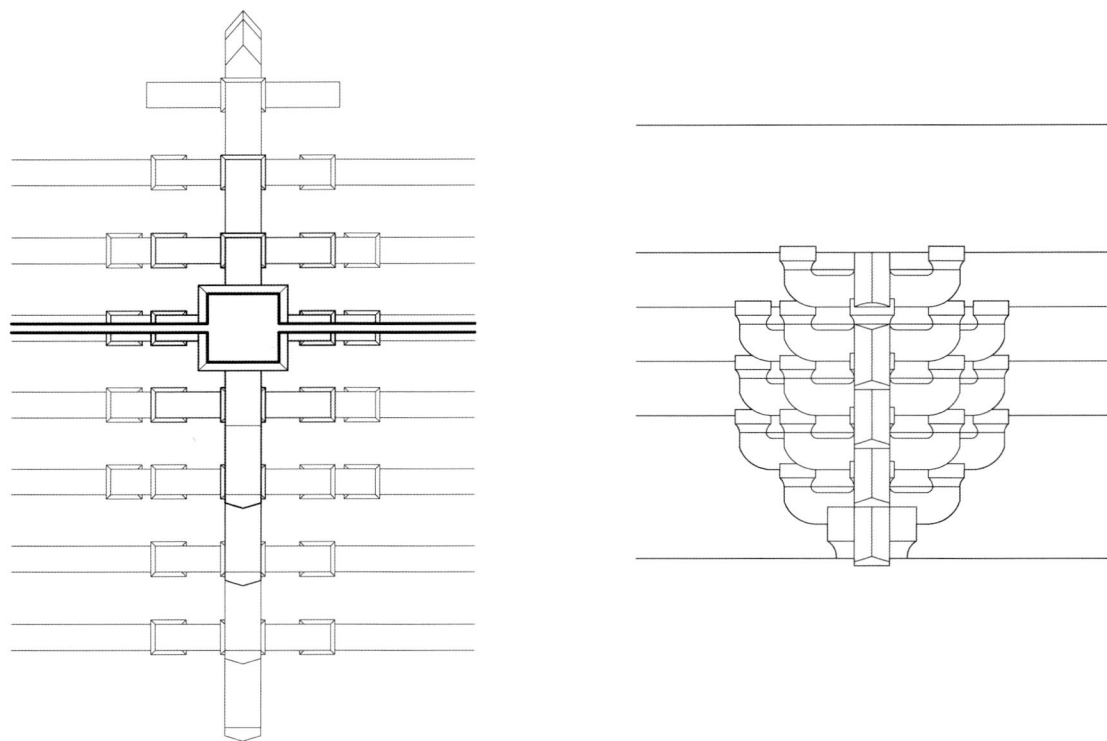

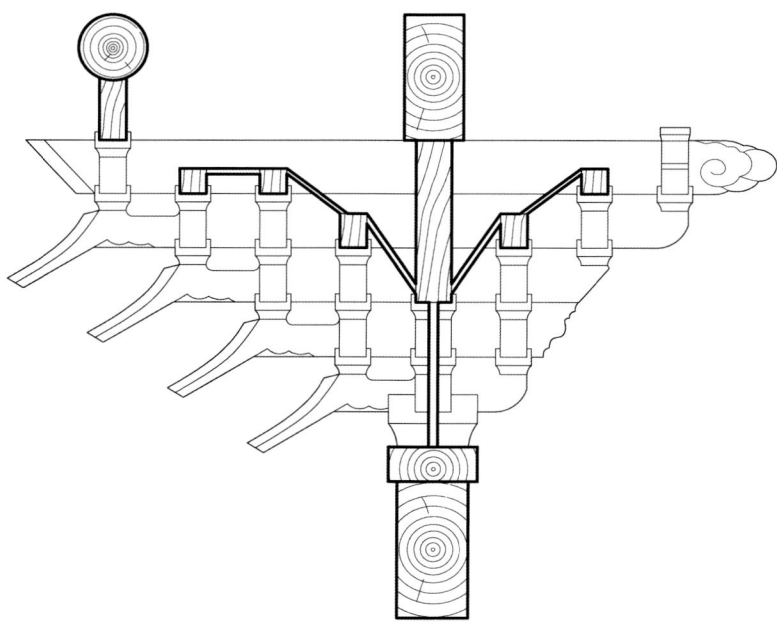

仰视平面 | 正立面图
侧立面图 |

0　20　40　60cm

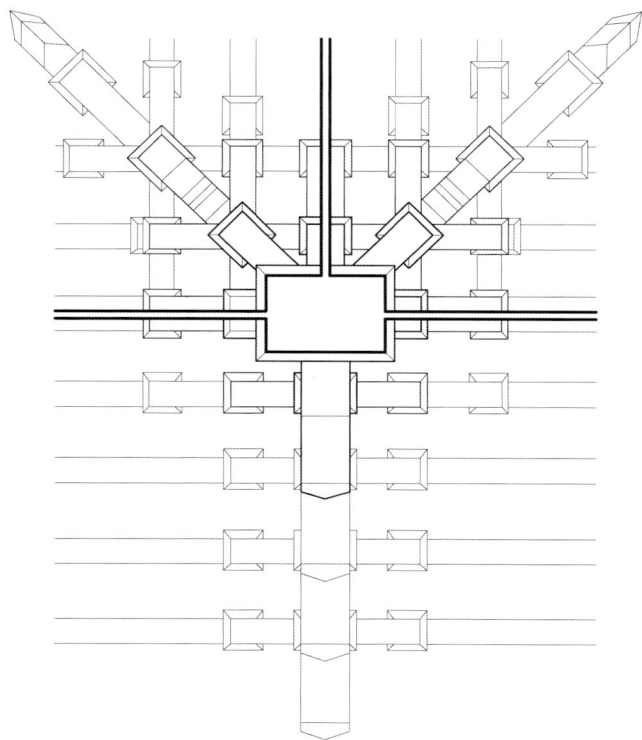

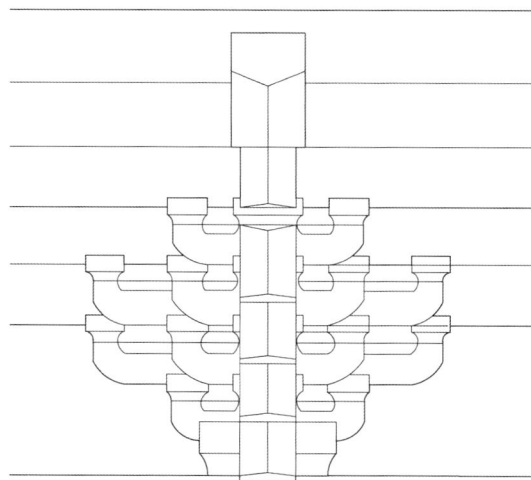

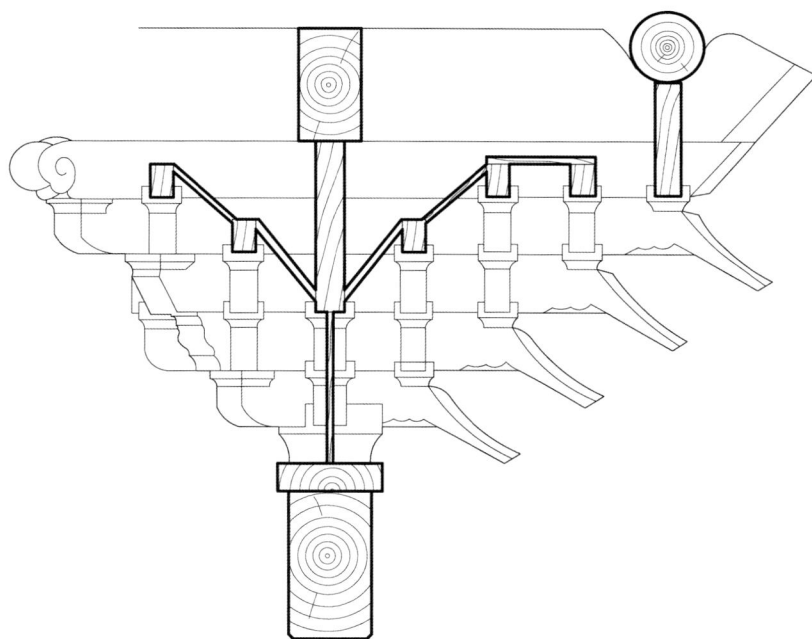

万佛阁上檐柱头科斗栱详图

仰视平面 | 正立面图

侧立面图

0　20　40　60cm

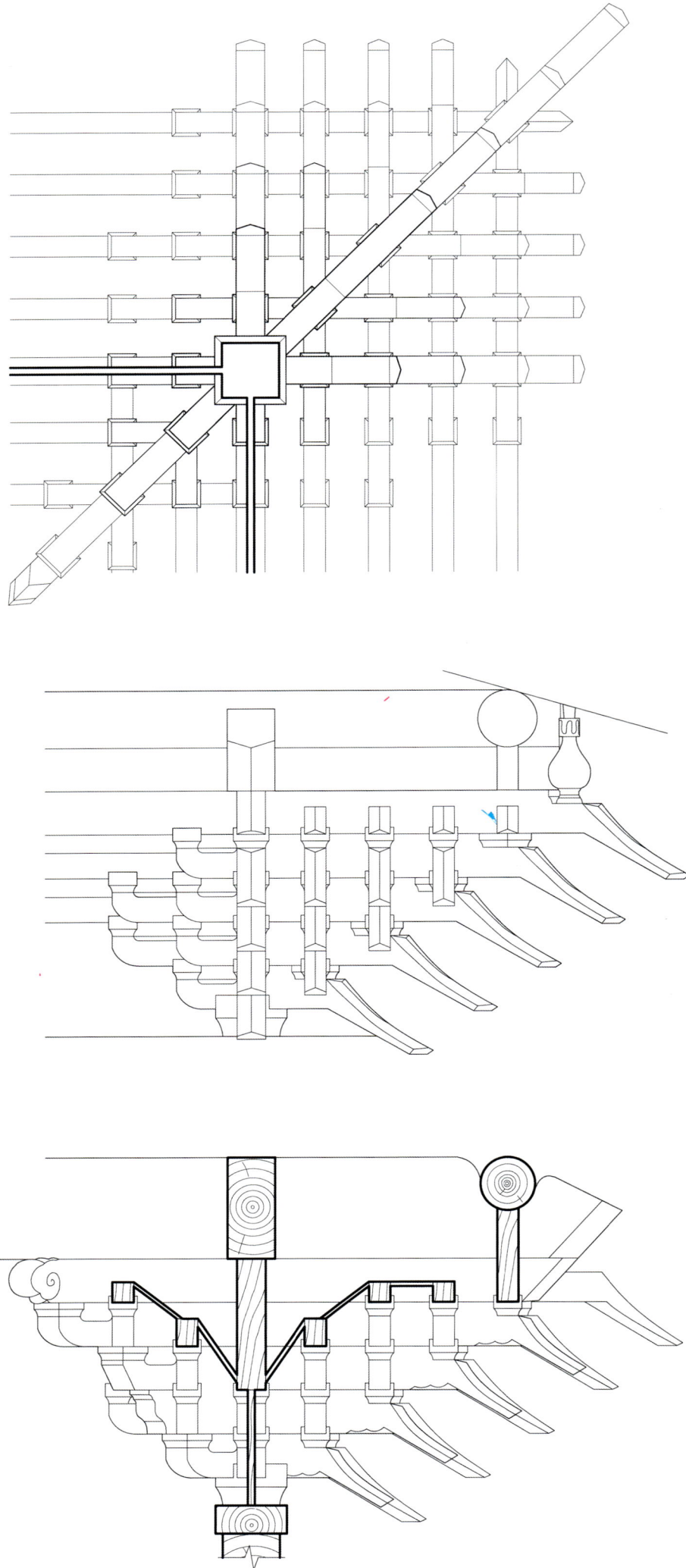

万佛阁上檐角科斗栱详图

仰视平面

正立面图

侧立面图

0　20　40　60cm

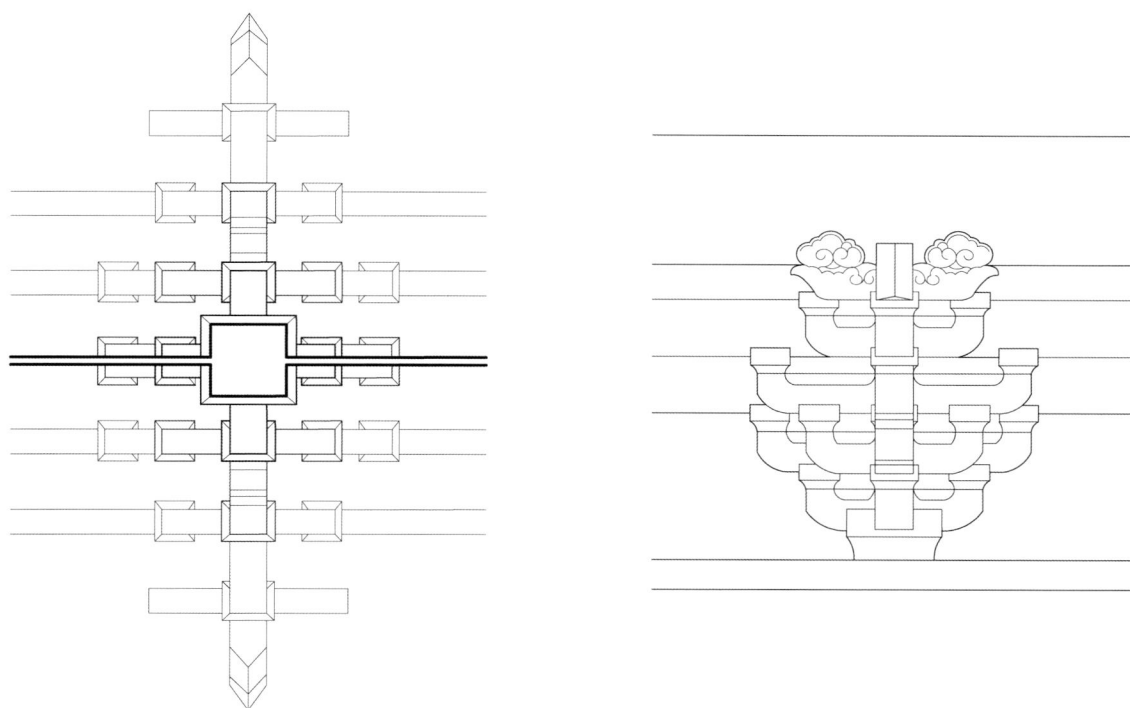

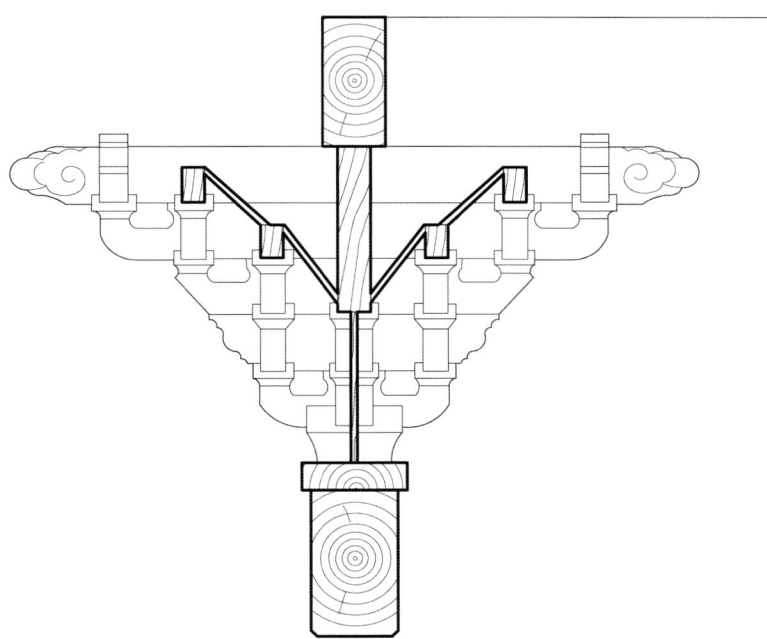

仰视平面 | 正立面图

侧立面图 |

万佛阁楼层内檐斗栱详图

0 20 40 60cm

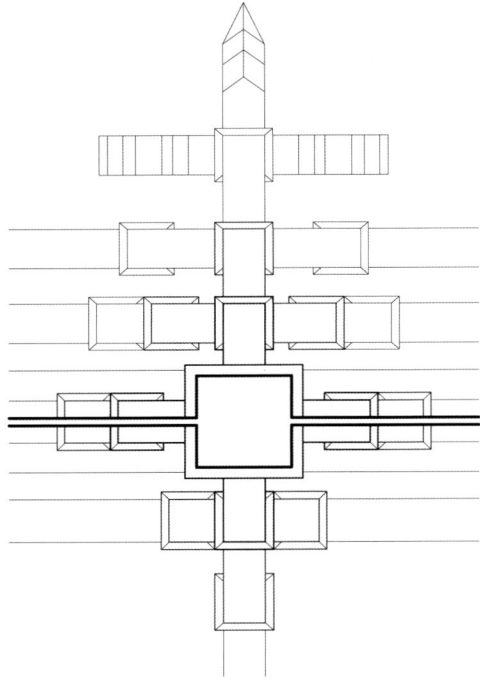

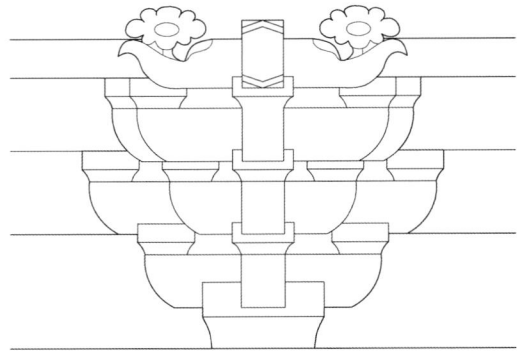

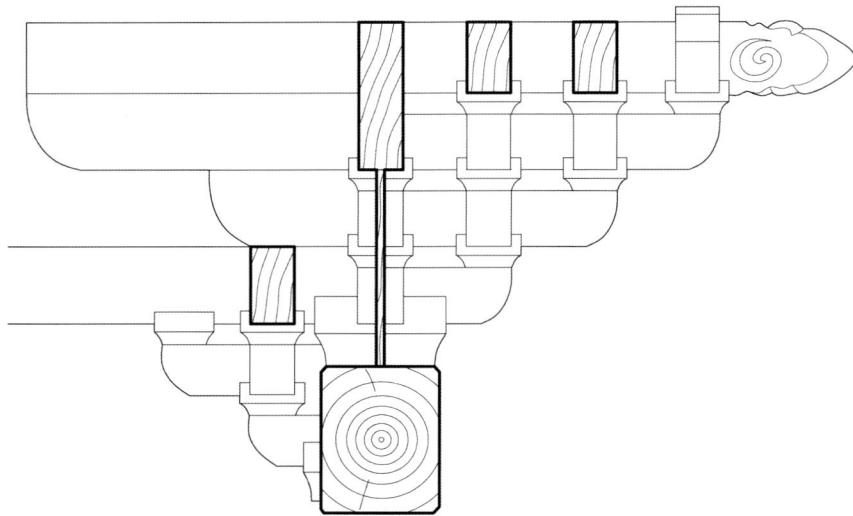

仰视平面 ｜ 正立面图

侧立面图 ｜

万佛阁底层内檐斗栱详图

0　　20　　40　　60cm

0　10　20　30cm

0　5　10 15cm

0　5　10 15cm

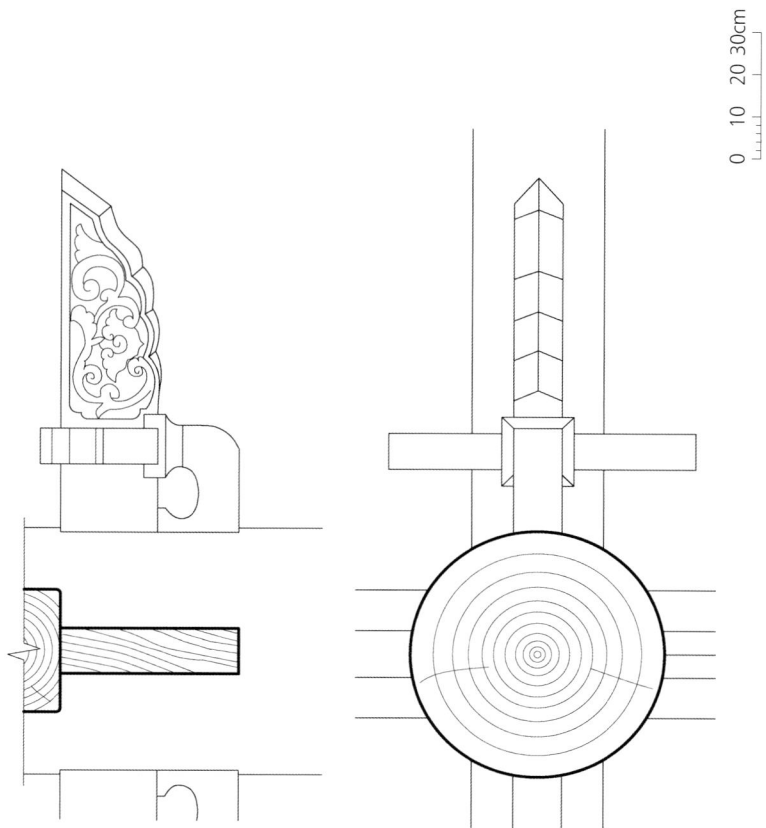

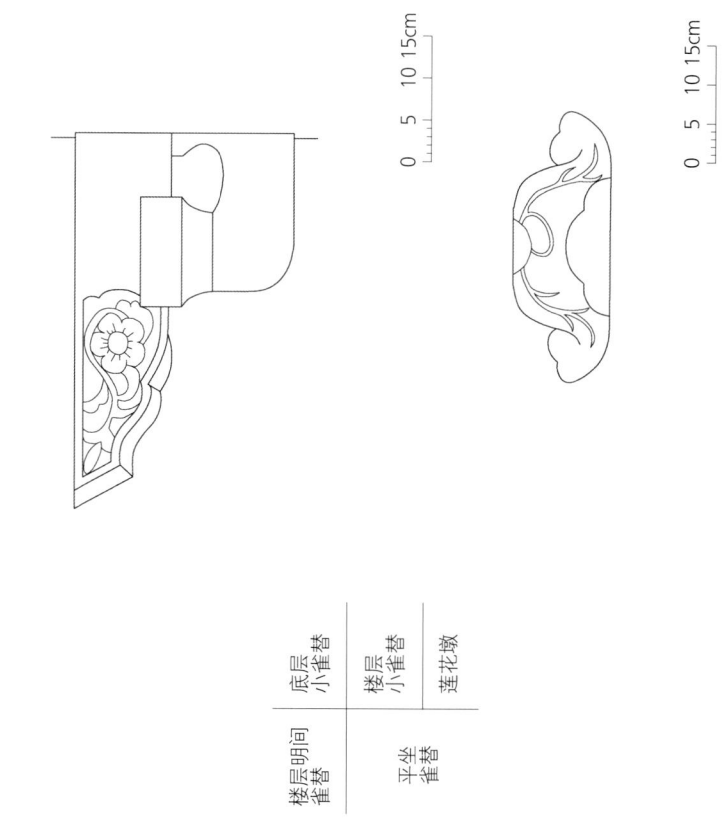

楼层明间雀替	底层小雀替	楼层小雀替
平坐雀替	楼层雀替	莲花墩

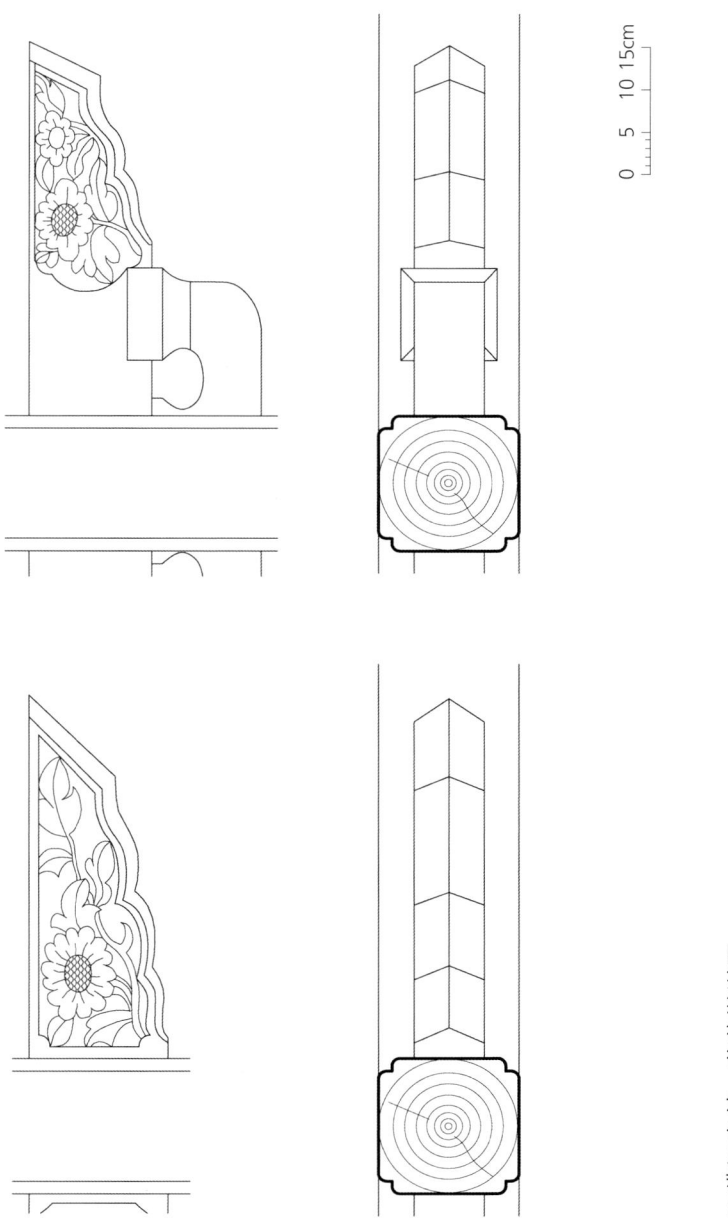

0　10　20　30cm

0　5　10 15cm

万佛阁雀替、莲花墩详图

万佛阁平坐外檐及上檐

万佛阁平坐

万佛阁一角

万佛阁下檐戗脊仙人、走兽及套兽

万佛阁山花

万佛阁脊饰

万佛阁上檐与平坐外檐斗栱

万佛阁下檐斗栱

万佛阁下檐角科斗栱

万佛阁下檐平身科斗栱

万佛阁上檐角科斗栱

万佛阁平坐外檐角科斗栱

万佛阁底层内檐斗栱

万佛阁底层金柱、枋、雀替（一）

万佛阁底层金柱、枋、雀替（二）

万佛阁底层内檐斗栱及天花

万佛阁底层次间天花彩画

万佛阁底层明间天花彩画（一）

万佛阁底层明间天花彩画（二）

万佛阁底层梁枋、斗栱

御碑亭

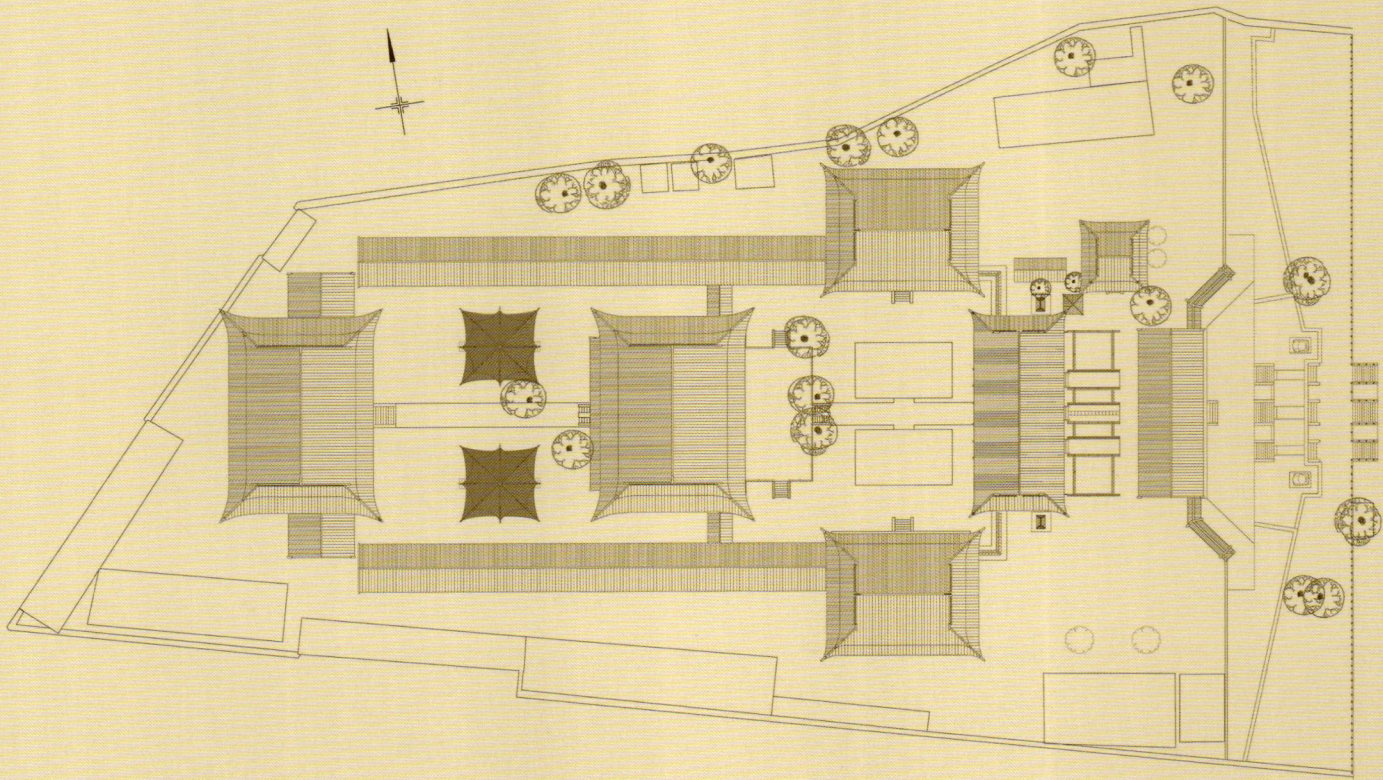

两碑亭形制相同。下檐副阶周匝，平面方形，通面阔三间计 6.7 米，通进深三间计 6.7 米。建筑重檐，下檐方形，上檐为八角攒尖顶。屋面覆盖黑琉璃瓦，绿琉璃瓦剪边。殿堂式构架，用侧脚之制。台基方形，前、后檐各石砌垂带踏跺一道。

斗栱：下檐各面明间置平身科三攒，次间不置平身科。上檐各面置平身科一攒。下檐柱施七踩单翘重昂斗栱，头昂为象鼻昂，二昂为琴面昂，角科由昂为琴面昂。上檐施七踩三昂斗栱，昂为琴面昂，斗栱中柱头科即为角科。

彩画：柱头、梁、枋、斗栱、天花遍施彩画。现存部分天花原构绘沥金云龙图案。

碑亭实景（一）

碑亭实景（二）

碑亭实景（三）

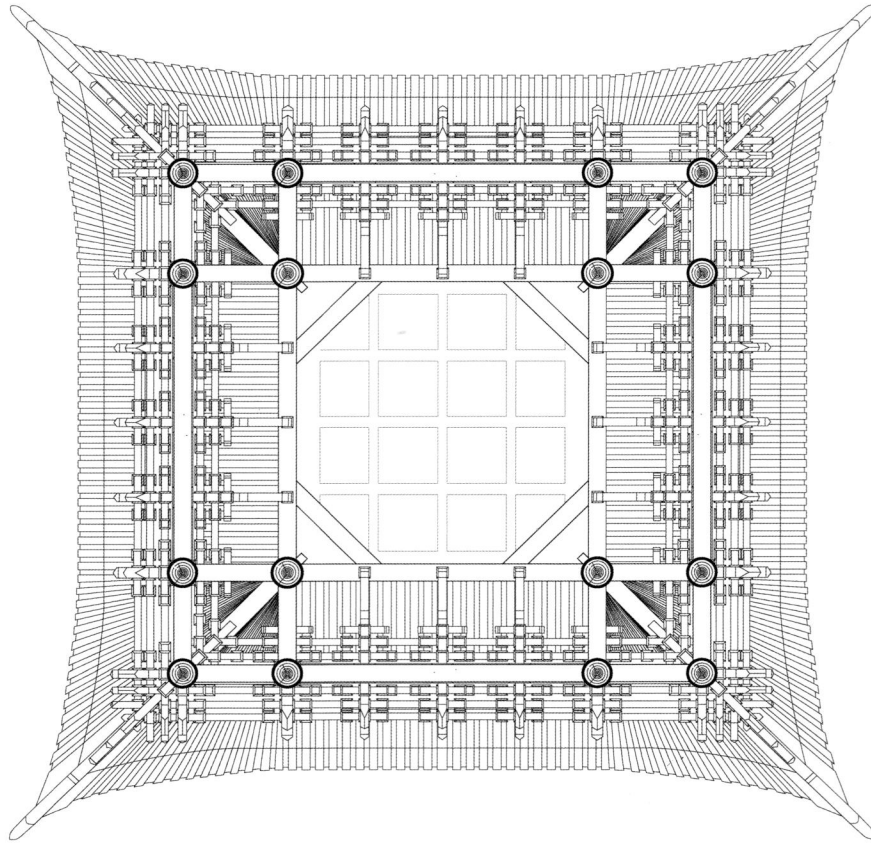

碑亭下檐仰视图

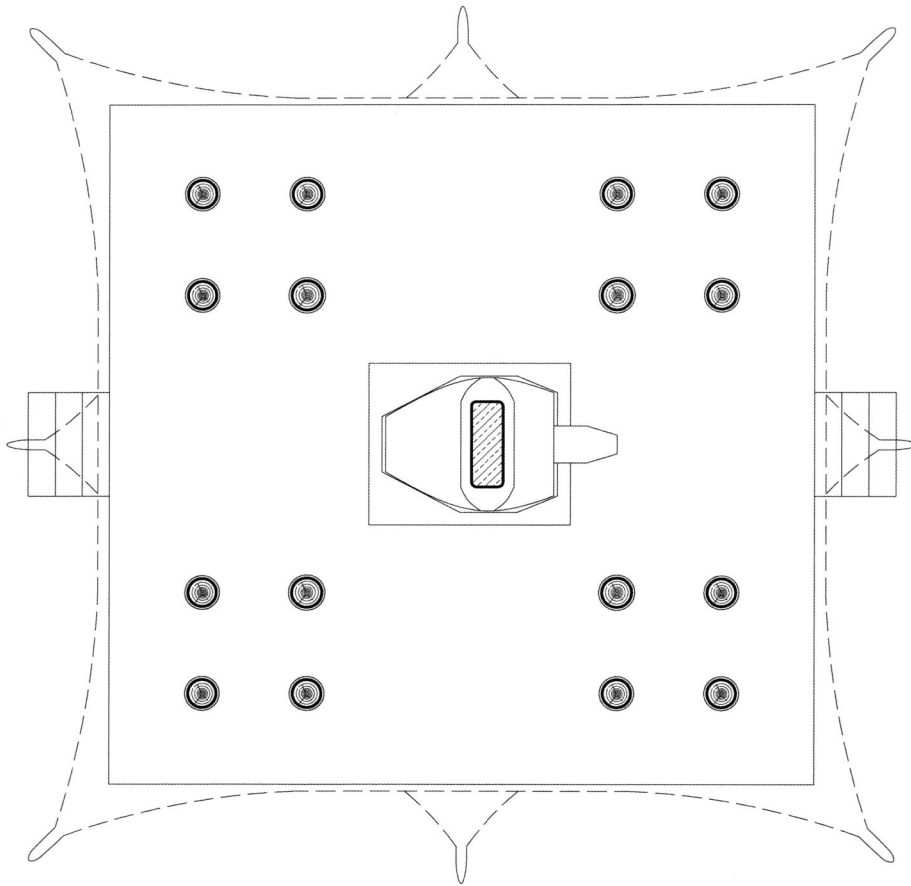

碑亭平面图

0　　1　　2　　3m

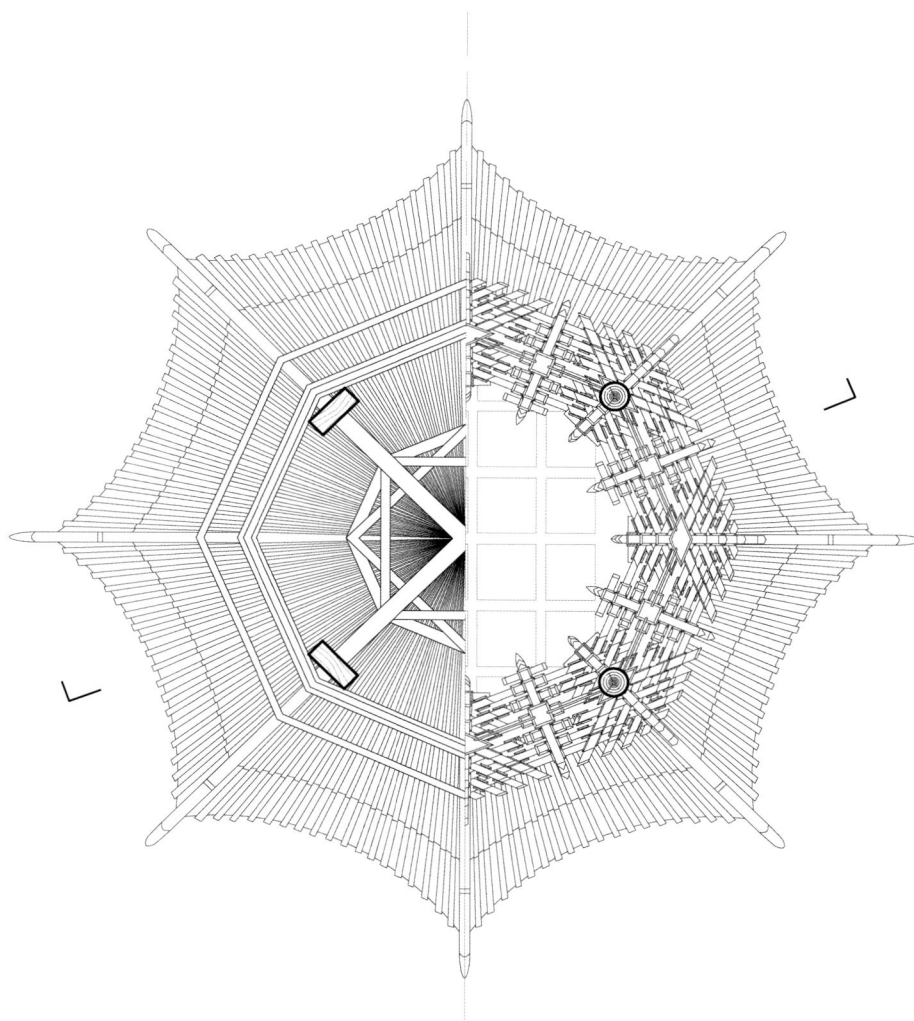

碑亭上檐仰视图

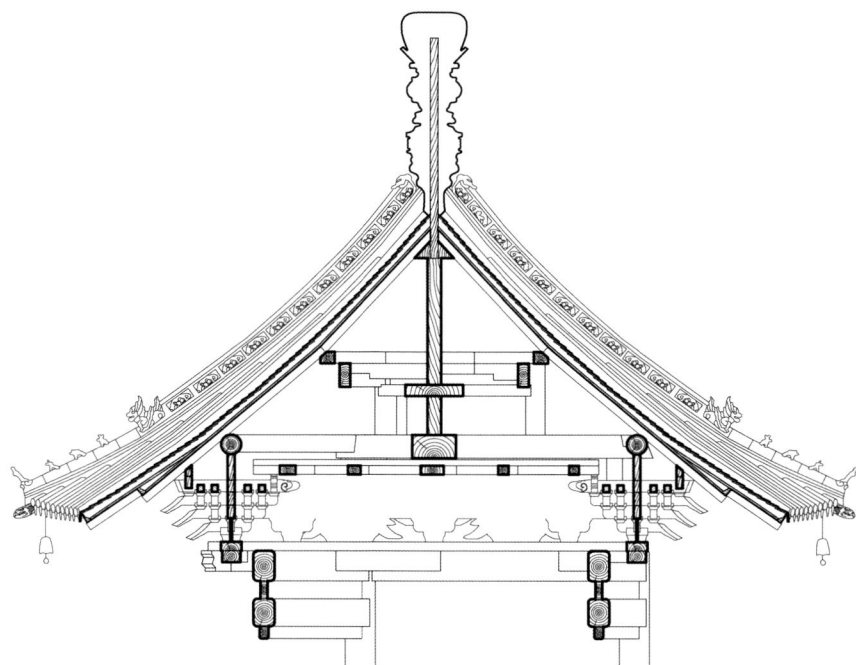

碑亭上檐剖面图

0　1　2　3m

碑亭立面图

0　　1　　2　　3m

碑亭剖面图

0　1　2　3m

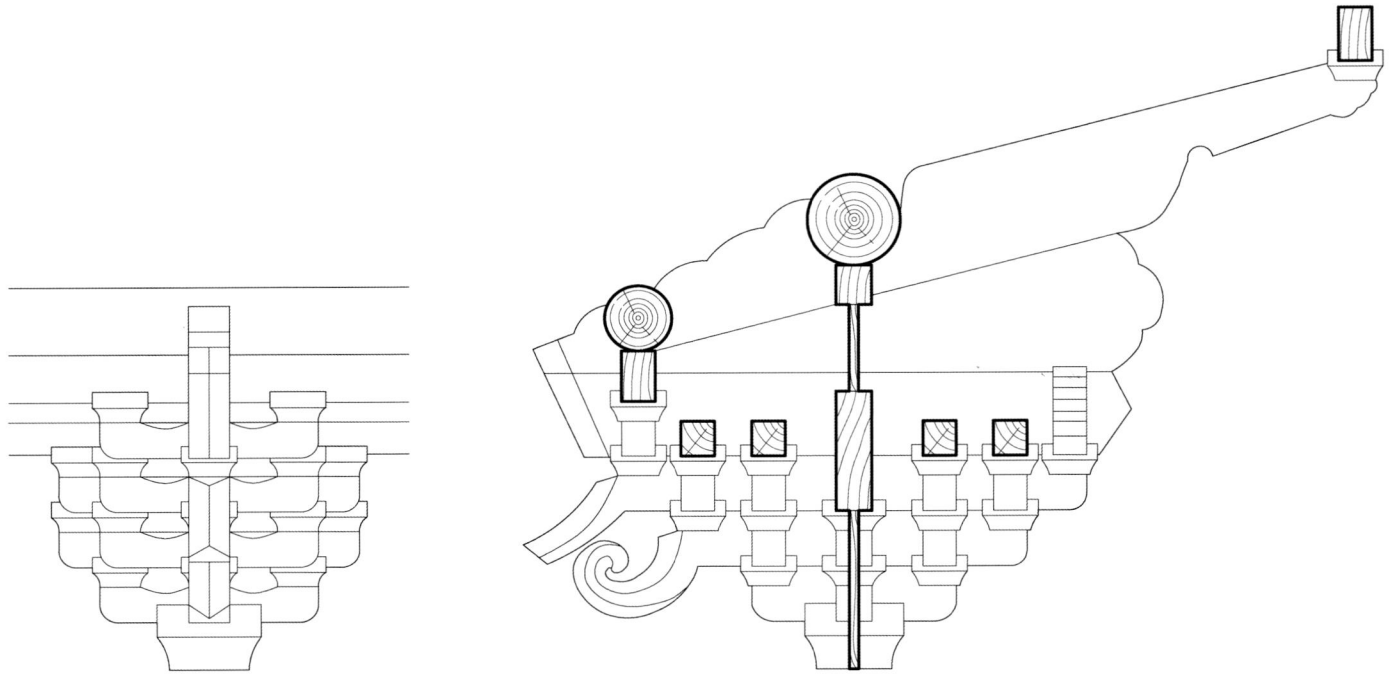

正立面图	侧立面图
仰视平面	三才升
	贴耳升

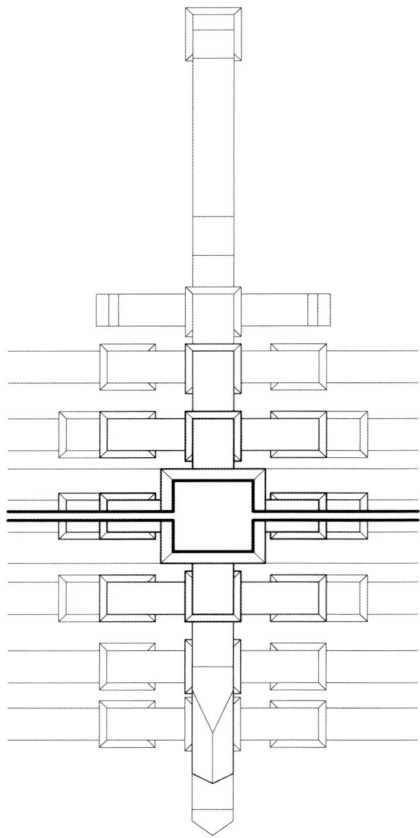

0　　10　　20　　30cm

0　　10　　20　　30cm

0　　20　　40　　60cm

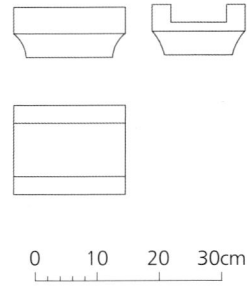

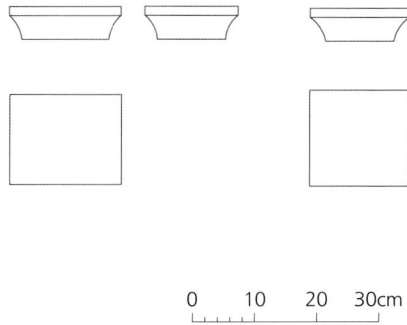

碑亭下檐平身科斗栱详图

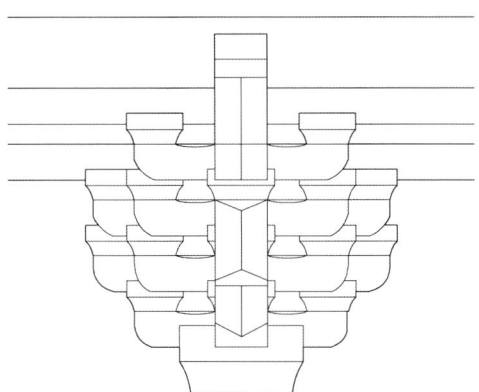

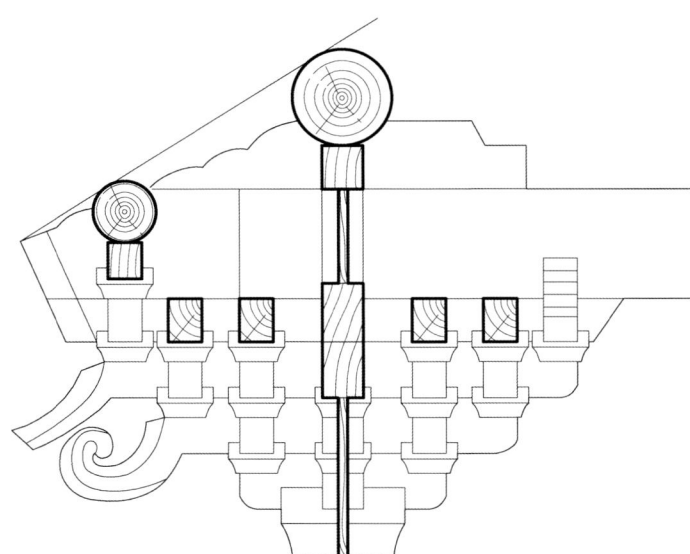

正立面图	侧立面图
仰视平面	十八斗
	坐斗

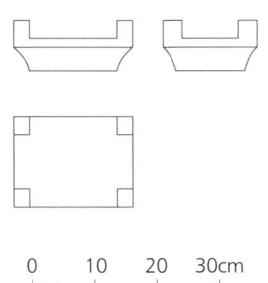

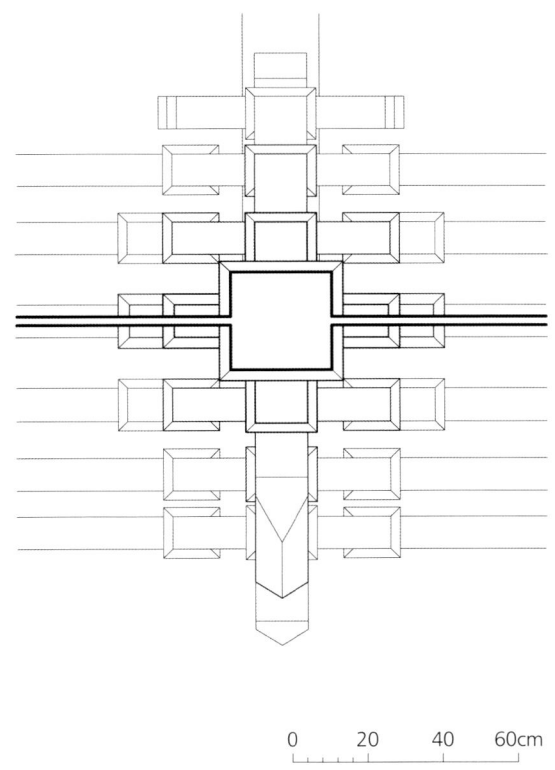

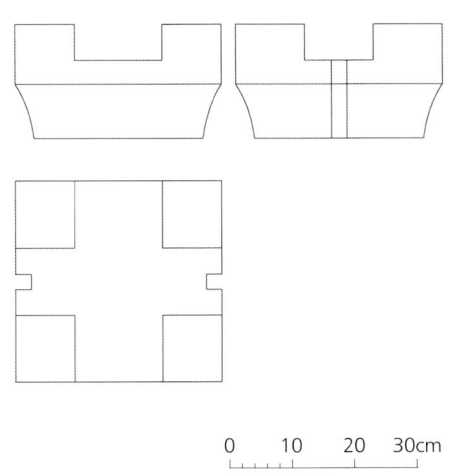

0　10　20　30cm

0　10　20　30cm

碑亭下檐柱头科斗栱详图

0　20　40　60cm

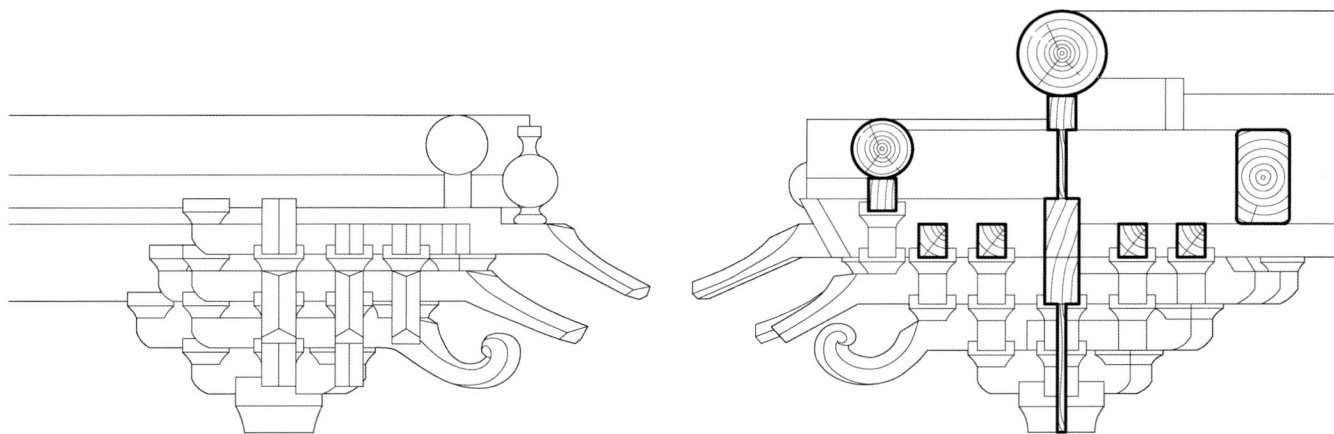

正立面图	侧立面图
仰视平面	三才升
	十八斗

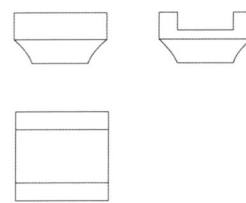

0　10　20　30cm

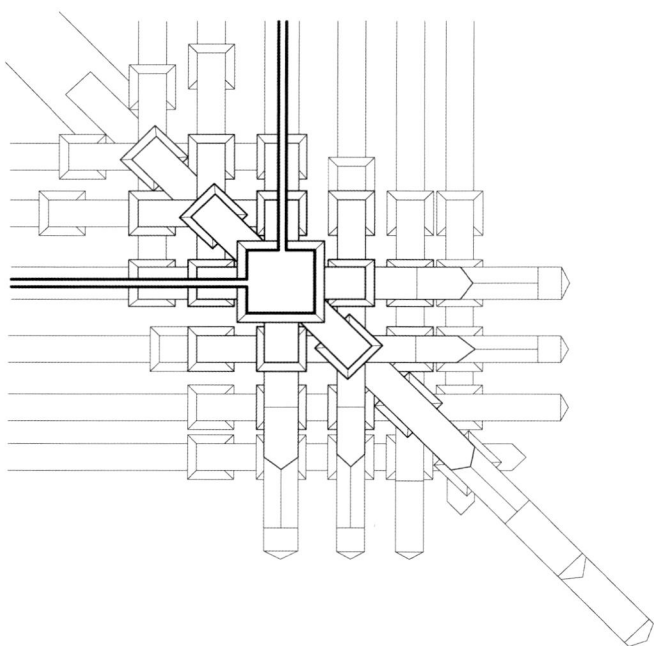

0　20　40　60cm

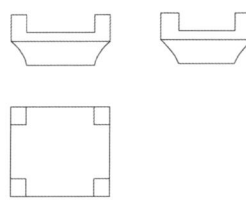

0　10　20　30cm

碑亭下檐角科斗栱详图

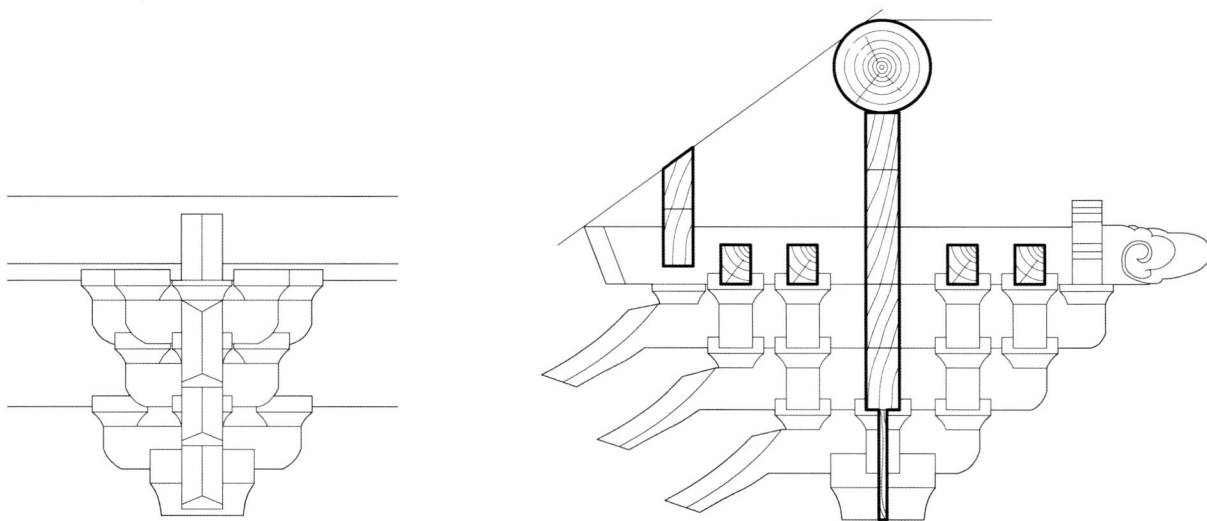

正立面图	侧立面图
仰视平面	槽升子
	坐斗

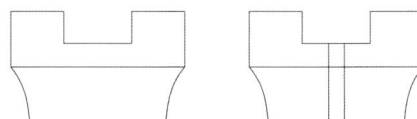

0　　10　　20　　30cm

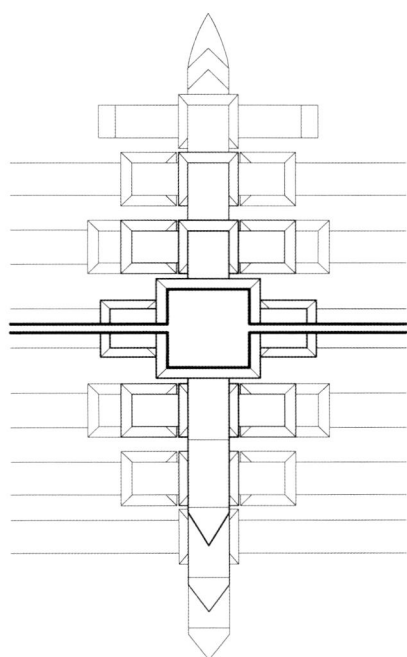

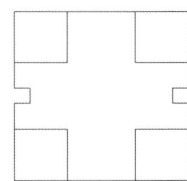

0　　10　　20　　30cm

0　　20　　40　　60cm

碑亭上檐平身科斗栱详图

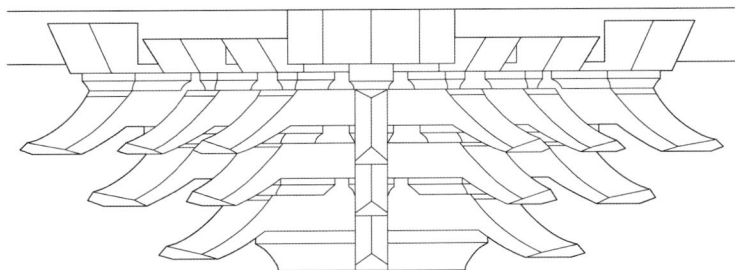

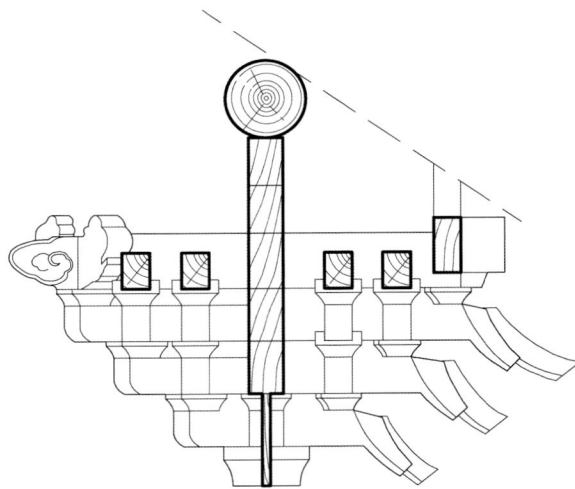

正立面图	侧立面图
仰视平面	坐斗
	贴耳升

0　20　40　60cm

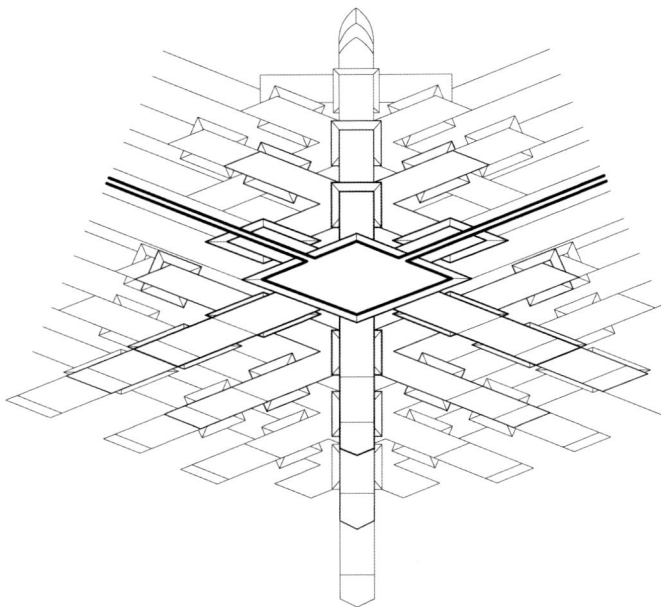

0　20　40　60cm

0　10　20　30cm

碑亭上檐角科斗栱详图

碑亭彩画

0　20　40　60cm

碑亭上檐斗栱

碑亭下檐斗栱

碑亭上檐戗脊仙人、走兽及套兽

碑亭下檐戗脊仙人、走兽及套兽

碑亭宝顶

碑亭局部

碑亭天花彩画

碑亭上檐斗栱里拽

碑亭下檐斗栱里拽

碑亭雀替

附属文物

彩塑

报恩寺的彩塑，包括泥塑、影塑。

报恩寺彩塑的分布与内容特色

泥塑主要分布于山门、天王殿、大雄宝殿和万佛阁等中轴线上的主体建筑和华严藏内。泥塑的主要题材为佛教寺院常见的，包括金刚、明王、四大天王、三身佛、佛祖及其十大弟子等；在万佛阁底层的佛祖讲经说法的塑像群中有报恩寺的创建者王玺、王鉴父子的凡夫俗子的塑像。

值得一提的是，寺内的彩塑受宋代以来日趋世俗化的影响，佛祖、菩萨、童子等造型日趋与老百姓接近，其造型都为世俗所喜闻乐见的形象，如佛祖的庄严祥和，菩萨的温和妩媚，阿难的朴实谦顺，迦叶的沉着认真，天王的威武强壮，力士的凶猛刚强，供养人的恭敬虔诚等，或许正是以此来吸引僧众和世俗的善男信女。对人物的刻画也是抓住其主要特点，如对迦叶刻画则是通过其满脸的皱纹、颈项间的筋骨、稀疏的牙齿，刻画出一个历经千难万苦的年长僧人形象。

此外，报恩寺地处我国少数民族聚居地，建造者又为当地的土官，因此这座藏于深山的佛寺或多或少带有当地本土习俗的痕迹，这些痕迹主要表现为藏传佛教的痕迹，如佛像的造型、背屏的装饰等。

山门

山门内、外两侧有金刚、明王塑像四尊。金刚力士像两尊，分布于门外两侧。这两尊像为佛教中的护法金刚——密迹金刚和那延罗金刚，民间俗称"哼哈二将"。哼哈二将手拿金刚杵，是保卫佛国的神。塑像愤怒的面部表情、夸张的肌肉，令进入寺内的善男信女们无不扪心自问善恶是非。门内左右为多头多臂的明王像，民间又称"三头六臂""四头八臂"。像头戴幞头，着坎肩，上体裸露，下身着裤，手执法器，赤脚坐于坐骑背上。像高约4米，剑眉竖立，双目圆睁，威猛的架势令人望而生畏。

天王殿

天王殿内南北两稍间内置佛台，台上彩塑四大天王神像。该处的四大天王和国内大多数佛教寺庙的四大天王一样，其形象基本上是根据《封神演义》中的描述而塑造的，已被完全汉化，同时根据他们的法器对其进行了"双关"式的改造，组合起来便成了"风调雨顺"，

不仅成为佛国的护法神，同时也成了民间护国安民、风调雨顺之神。这四尊像通高约4米，体态匀称，造型威武。左边两尊为东方持国天王和南方增长天王。右边两尊为西方广目天王和北方多闻天王。

大雄宝殿

大雄宝殿为"三佛同殿"，即供"三身佛"：正中者为"法身佛"；左侧为"报身佛"；右侧为"应身佛"，即释迦牟尼佛之生身。"三身佛"的塑像及近长方形的高大的背屏装饰具有藏传佛教的因素，是汉藏文化交流的见证。泥塑位于正中一排三个"亞"字形须弥座。须弥座上下枋叠涩而出，枋上施鎏金花朵、卷草、龙、凤等，上下朵绘红色莲瓣（八达玛），束腰转角施呲牙咧嘴的夜叉、恶鬼和角柱，将其分割成不同的部分，束腰一般作几何形开光，内塑行龙、白象、麒麟、狮等，一般对称出现。须弥座上为莲花座，莲花座上为全身着金、结吉祥坐于莲花座上的"三身佛"。塑像通高7米，后有头光和背光，均附着于高大的背屏上。"报身佛"和"应身佛"即左、右两尊佛像，螺形肉髻，身披袈裟，袒右。双手结禅定印，结跏趺坐于须弥莲花座上。双目微微俯视，面带微笑，显得慈祥而又肃穆。中间的"法身佛"头戴镂孔佛冠，面部圆满；身着袈裟，双手结金刚语菩萨之印。

塑像的身后还衬以高大的舟形背屏。背屏由火焰纹外缘、绿底或红底宝相花带和背屏中心几部分组成。背屏中心为红底，以宝相花为地，雕塑金翅鸟、飞天、化佛和龙等。"报身佛"和"应身佛"背屏顶部正中为前爪各执一龙的金翅鸟；金翅鸟居中，前爪执龙尾，后爪各执两龙的后腿，龙张牙舞爪，相向，组成一个弧形，拱卫佛的头部。龙金身、四爪，以宝相花为地。"法身佛"背光为明代典型的"六擎具"装饰。

与正面"三身佛"相对应的背后的屏壁上，是一堂精美的壁塑。壁面上采取泥塑、壁画、影塑三者结合的方法，记述了"三大士"救苦救难、普度众生的情景。"三大士"彩塑，凌空高悬于"梵天佛地"之中。"三大士"像与正面的"三世佛"中隔板壁，像间有木骨相联，以使塑像稳固。整个壁面的背景如水、树木、祥云和头光、背光等多用彩绘壁画表示，山川、人物、树木和驯兽人、善财童子、龙女、供养人等多采用影塑，凸出于衬景。而整组壁塑的主体"三大士"则采用立体彩塑，更凸出于画面。整个壁面由圆雕、高浮雕和线描多种手法结合，极具视觉观赏效果。

万佛阁

万佛阁底层彩塑为佛祖说法像一组。佛坐于须弥莲花宝座之上。须弥座为四边形，圭角四角做兽蹄。下枋作开光式，施牡丹、石榴等花草，并用金、绿、红绘彩。上枋亦作开光，红地，金绘"二龙抢宝"、双凤等，上下枭用红、绿、蓝等色绘仰、覆莲（八达玛）。束腰转角施角兽和力士，束腰的几何形开光施红彩，内雕云龙。须弥座上为垂金幔的莲花座，盛开的莲瓣上绘金字梵文"六字真言"。整个须弥座雕塑精美、色彩艳丽。佛前左右为弟子迦叶和阿难。两侧的台座上为"十大弟子"塑像。弟子斜披袈裟，像高3米，或双手合十，或握拳，面部表情或作听法状，或作认真思考状，或作低声讨论状。

佛像前有两尊着明代官服、侧身双手抱拳，相对而立，作潜心听法的龙州宣抚司土官佥事王玺、王鉴父子之像。这种将人像与佛像和弟子像同置一堂的情况，在国内其他地方尚不多见，表明王玺、王鉴父子为虔诚的佛教徒。阁内二层后壁的台座上，原本塑有十座像，可惜"文化大革命"中塑像的头部被毁。

华严藏

华严藏的四条泥塑蟠龙很有特色。这四条蟠龙塑于殿内四个金柱上，长约7米，尾上头下，后爪一爪抓穿枋，龙身绕柱，上身在枋下屈曲一圈又作向上冲状，前爪一前一后作奋力状。龙身遍体金甲，弯曲的龙身和前、后爪的肌肉，无不具有动感。但龙为四爪，暗示着报恩寺的规格等级不是最高的。剑阁觉苑寺也有相似的泥塑蟠龙，其时代与此同。

大悲殿

大悲殿是供奉大悲观音菩萨的殿堂，主供千手千眼观音像。关于大悲观音菩萨为妙庄王幼女之传说，在佛教上有不同的记载，民间也有不同的传说。像为木雕，像的左右两侧为大悲观音菩萨父母雕像：雕像着明代官服，广衣博带，雕刻出衣纹及带、装饰，衣、冠、头饰、耳饰均鎏金。殿内四金柱上各彩塑一驾祥云的童子、龙女。童子和龙女身披飘带，着裙，赤脚或脚踩莲花，乘驾祥云从云端而下。或作合十礼拜，或一手掩于口侧作呼喊状，整个塑像的重心为脚踩的祥云，其又依靠柱子来承重。塑像雕刻出云朵、衣纹，童子和龙女天真的神情溢于塑工高超的技艺。

与主体雕塑相对应的是绘于三面内壁上的影塑，以连环画的方式描绘了千手千眼观音得道的全部过程，面积达90多平方米。这组影塑连环画式的故事情节由出家、火烧寺庙、游地府、还魂、香山寺苦修、得道等几个情节构成。山川云雨、花草竹木、仙山琼阁、人物兵马、阴曹地府、阎罗鬼卒，用高浮雕的方式塑于壁上，然后对不同人物、背景分别着色，布局严谨，主题突出。

报恩寺彩塑的传统技艺

报恩寺的立体彩塑采用中国传统的泥塑技法，即木骨泥胎。首先是用木料搭样制作骨架，然后在木骨架上绑扎谷草或棕、麻，根据塑像的姿势、部位而用量有多有少。再用黄土、棉花、麻丝或头发混合成大样。棉花、麻丝、头发和泥后，既可以增加塑像的结构强度，也可以使塑像不易开裂。待大样稍干后，再用细泥进行表层的泥塑，趁胎泥未干之际用提、贴、压、削、刻等手段，对塑像进行简明的形体雕塑，肌肉的健壮、飘带的动感，基本就在这一环节要表现出来。最后再用点、染、塑、涂、刷、摩绘等方法对塑像进行着色。不同的形象，在雕塑和着色时要体现其个性特征，同时注重质感和造像神韵。如寺内所有的菩萨塑像，比例也符合人体解剖学的标准，有的娇柔窈窕，有的端庄慈祥，有的怡然自得，而且通过贴、压、刻等技法，表现出肌肉的质感：丰满细腻，并富有弹性；衣袋的舒展，纹条的流畅，大有微风轻飏之感。

塑像的泥的主要成分是白灰和白膏泥。报恩寺泥塑色彩，均为矿物颜料，有朱砂、黄丹、石绿、天蓝、茄皮紫等。由于雕塑材料搭配合理，雕琢精细，报恩寺的泥塑经受了历史上多次大地震的考验，无一出现裂痕或剥落的现象。

须弥座的束腰、上枋、下枋均用木板，于木板上着黄土、棉花、麻丝或头发混合物，然后着泥，再进行雕刻、着色。

山门六臂金刚像

山门八臂金刚像

山门那延罗金刚像

山门密迹金刚像

天王殿东方持国天王多罗吒

天王殿南方增长天王毗琉璃

天王殿西方广目天王留博叉

天王殿北方多闻天王毗沙门

大悲殿千手观音木雕像

观音菩萨母亲像

观音菩萨父亲像

大悲殿招财童子悬塑（一）

大悲殿招财童子悬塑（二）

大雄宝殿"三身佛"塑像

大悲殿壁塑《妙善出家》情节——火烧白雀寺

大雄宝殿金翅鸟塑像（一）

大雄宝殿金翅鸟塑像（二）

大雄宝殿文殊菩萨悬塑

大雄宝殿普贤菩萨悬塑

万佛阁王鉴像

万佛阁王玺像

万佛阁佛祖说法像

万佛阁佛祖释迦牟尼像

壁画

报恩寺壁画的分布与内容特色

报恩寺现存壁画主要分布在大雄宝殿和万佛阁的墙壁上。寺内约450平方米的壁画全部绘制于明代，属明代早中期典型的宫廷工笔重彩"道释画"，并有地方画师所特有的表现技法。各殿壁画，从技法、风格上考察属同一批工匠绘制，它与现存的同时期著名四川省蓬溪宝梵寺、新津观音寺、剑阁觉苑寺壁画有可比性，均采用通景画面构图，有场景巨大而精细、内容丰富而简洁的特点。

壁画的最大特点表现在题材上的多种宗教糅合，这是与平武当时的历史、地理条件有关，也是服从于土官王氏家族的政治需要。唐、宋以来，平武"地处边陲，界在氐羌"，属羌、氐、藏、回、汉民族杂居地，各民族信仰有别。王氏家族修建报恩寺的原因之一是利用宗教信仰教化民众。因此，整个壁画题材，反映出密宗、显宗并存，同时也表现了内地壁画传统技法和藏画题材艺术相互糅合，令其成为我国现存明代壁画中的上乘之作。

大雄宝殿

大雄宝殿的左、右、后三面砖砌墙壁上，共绘制有约110平方米的壁画，主要内容为佛祖弟子"十二圆觉像"。这十二位弟子分别是文殊师利菩萨、普贤菩萨、普眼菩萨、金刚藏菩萨、弥勒菩萨、清净慧菩萨、威德自在菩萨、辩音菩萨、净诸业障菩萨、普觉菩萨、圆觉菩萨和贤善首菩萨。十二个菩萨像的周围还衬以祥云、楼台亭阁和其眷属小菩萨们。像高2.5米，全为坐像。均为工笔彩绘，描金，绘画技法娴熟，同殿内主供三世佛及后部泥塑共同组成了《圆觉经》佛为说大乘圆觉清净境界修行法的场面。

万佛阁

万佛阁的壁画面积是全寺内最大的。阁楼上下两层的三面墙壁上均绘满了壁画，总面积约330平方米。壁画内容为"礼佛图"。画面上有身材高大、神情肃穆的帝王君主；有手捧贡品、端庄美丽的天神玉女；有体型彪悍、面目狰狞的天王力士；还有两手合十、神情谦恭的寺庙僧侣。整个壁面上绘制各类人像100多身，这些人物形象高大，有的高达3米，高低错落，左右顾盼，周围衬以流云仙气，并与阁内供奉的金身佛像有如众星拱月，前后呼应，动静相衬，生动地构成了一幅庄严的"护法图"。这批壁画，构图生动，笔法精练，线条流畅，色泽艳丽，出神入化，它是报恩寺中的珍贵遗存，也是我国明代壁画中的精品。南北回廊墙壁上由记载得知：壁画内容主要为"释迦源流图"，惜已毁无存。

报恩寺壁画的传统技艺

壁画的制作程序

报恩寺壁画制作程序有两种：一种是直接在砖砌墙上制作泥胎层；另一种是用竹编抹泥作胎，两种方法的泥胎层结构基本相同。砖墙上底层结构厚度为2.5厘米，竹编泥胎厚约2厘米。其壁画制作结构和程序与宋《营造法式》卷十三泥作制度"壁画"条款规定相似，但又有创新：即在泥层底部增加了棕丝，面层砂泥部分内的麻刀用棉花代替。棕丝和棉丝起到增强壁画结构的强度，使整个墙面不易裂缝、脱落。

经受住强震考验的泥层做法

报恩寺壁画的泥层，其解剖结构无论是在砖墙或是在竹编墙上，均是在形成的面上先抹草泥两层。第一次为底层，麦秸泥掺棕厚2.2厘米，其中短麦秸1.2%，棕丝2.6%，黄土96.2%；第二层为中层，麦秸泥厚1.8厘米，其中碎麦秸3.4%，黄土96.6%。其上为面层，灰泥厚0.5厘米，其中白灰30.5%，白膏泥25.5%，黄土42.5%，棉花1.5%（质量比）。如此做法，令壁画经受住了历史上多次强烈地震的考验。

壁画的绘制方法

在墙上抹泥干燥后，刷白土粉一道，干后底子洁白，这样对所绘壁画起到了很好的衬托作用。工匠们的绘画程序分起稿、勾线、着色三个步骤，即古代匠师们所说的"一朽、二落、三成"。也就是用炭条（柳木制成又称朽子）起稿，待修改后用淡墨或赭色勾出初稿，然后用墨笔勾线，有的则采用沥粉，勾线完成后按计划着色，这样一幅精美的壁画就算完成了。报恩寺全部壁画绘制均采用"沥粉贴金"，使画面艺术效果更为逼真。

大雄宝殿壁画（一）

大雄宝殿壁画（二）

大雄宝殿壁画（三）

万佛阁底层右次间壁画和雕塑

万佛阁底层左次间壁画和雕塑

万佛阁底层壁画局部（一）

万佛阁底层壁画局部（二）

万佛阁底层后壁壁画（一）

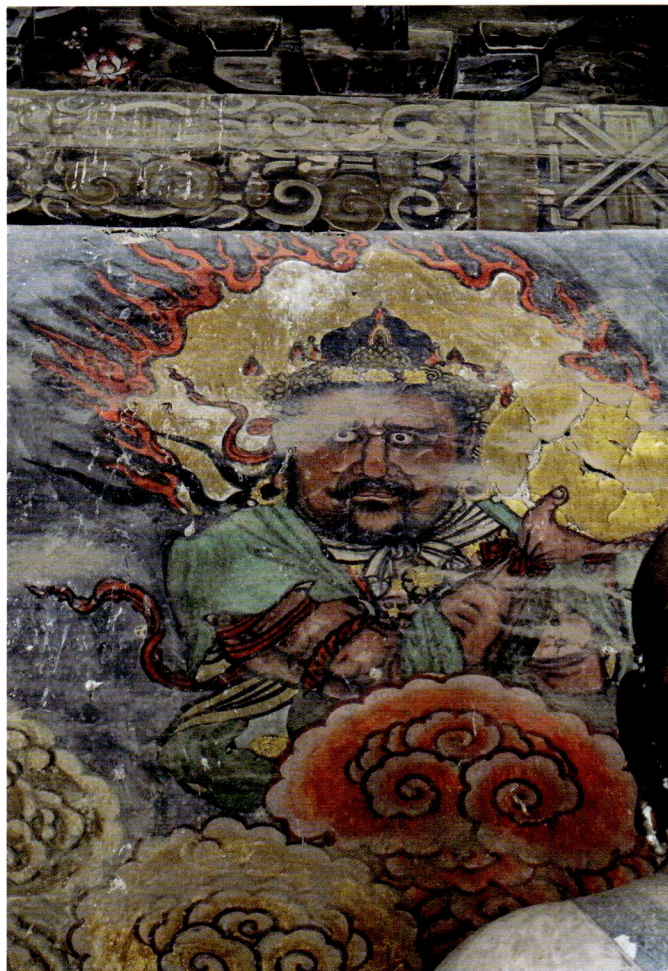

万佛阁底层后壁壁画（二）

石雕

平武报恩寺内现存的石雕佳构颇为丰富，以石乌龟、石井栏和石香炉最为突出。下文着重介绍寺内的石香炉，其形状各异，雕刻精细，布局严谨，有较高的史料价值和艺术价值。

香炉本是佛教法器名，是一种烧香的器皿。它的种类很多，做法各异，质地也有区别，如金制的称金香炉，土制的称土香炉，石制的称石香炉，还有手中拿着的柄香炉，是佛教信徒不可少的用物。寺内的石香炉不论是从单件到整体组合，还是从单个图案到连续花纹，不论是实体雕还是浮雕，工匠们都以粗犷、细腻、遒劲、柔软相结合的刀法，巧妙地运用平雕、圆雕、浮雕、透雕、突雕等形式，构图严谨，均衡对称，纹理清晰，质感突出，繁而不乱，简而有序，造型优美，生动逼真，别具一格，处处显示出特有的艺术魅力。

华严藏殿内石香炉

整体形状为立柱体，平面为长方形，通高 146 厘米，造型大方美观，分层堆砌，可分可合，各层重叠起来，构图完整合理，每一层单放，仍是一件完整的雕刻艺术珍品。现分炉斗、炉身、炉底三层加以说明。

炉底为须弥座，长 100 厘米、宽 85 厘米、高 18 厘米。正面雕刻一条腾云驾雾的龙，左、右、后三方均为浅浮雕卷云，刻工精细，形态逼真。

炉身束腰部分，在长 64 厘米、宽 10 厘米、高 30 厘米的立柱体的四个长方形侧面上，浮雕"唐三藏西天取经"的历史故事。左边高浮雕"孙悟空三打白骨精"，右边雕刻"巧过火焰山"。正面则是取经归来图，孙行者在前边探路，中间白龙马驮着经书，紧跟其后，接着是猪八戒。后面浮雕为群山白云图。其人物造型惟妙惟肖，栩栩如生，给人一种身临其境的感觉。

炉斗高 34 厘米，上宽下窄成斗形，在正面 200 平方厘米的平面上，浮雕双凤呈祥图。其余平面采用圆雕、镂空雕和高浅浮雕等手法雕刻卷云、卷草图案和花卉。

大雄宝殿内石香炉

呈圆柱形，通高 119 厘米，共分五层，层层收放得体，远远望去，犹如一朵盛开的荷花，直立于水面上。

底层：直径 92 厘米、高 32 厘米，等分圆弧上浅雕四束鲜花，它们分别为牡丹、月季和菊花等。那含苞欲放的月季，翻动舒展的花叶，都雕得圆润、流畅，整个构图严谨而不杂乱。

二层：直径 60 厘米、高 18 厘米，为圆雕、镂空雕手法，雕刻有卷云纹。

三层：直径 50 厘米、高 24 厘米，采用高浮雕镂空雕刻手法，雕刻狮子滚绣球，四头狮子，翘首互望，相互追逐，颇具神威，立体感极强。

四层：直径 48 厘米、高 22 厘米，高浮雕"二龙抢宝图"。

五层：直径 70 厘米、高 23 厘米，为炉斗及插香之用，边缘浅浮雕三层荷花瓣，花蕊形成炉斗。

万佛阁内石香炉

难得的香炉之瑰宝。此炉是结构最复杂、刻艺最精湛、炉身最高、层数最多、形状最丰富多彩的一座。整体取势为圆柱方台，其底为六曲形、中为六边形、上为圆形，采用了浅浮雕、镂空雕、圆浮雕等多种技法，炉身雕刻有各种奇花异草、人物、动物、山水祥云、天宫楼阁等多种图案，由八层组成，通高 196 厘米。

底层：高 25 厘米、直径为 120 厘米。由六个曲形花瓣组成，每段曲长 58 厘米，上边浮雕花边图案，密而有序，繁而不乱。

二层：高 32 厘米、直径为 100 厘米，仍等分为六个曲形。上面高浮雕、镂空雕六种形态各异的花卉。每段曲上一种，分别是菊花、牡丹、月季等，刻工精细，花叶、花蕊、花瓣纹理脉络清晰可见。

三层：高 20 厘米、直径 70 厘米，为圆柱形，用高浮雕和镂空雕手法，精心设计，精心雕刻石绣球一个，石狮子四头。四头狮子形体健壮，大小相仿，形状各异，分别为二雄二雌。它们身饰缨络，前后顾盼，追逐嬉戏，威风凛凛，令人拍案叫绝。

四层：为六边形组成，每边长 46 厘米、高 30 厘米，内空外实。在浅浮雕荷花瓣上，浮雕楼阁成围栏戏台状，台沿都有栏杆雕刻柱内，台上每边高浮雕两人像，共 12 尊。他们有的弹琴，有的阅卷，有的铺宣，有的演唱，还有两人正对阵下棋。各具形态，说、唱、弹、奏，自然生动，比例适中，动作协调，工艺精湛，令人耳目一新。

五层：高 30 厘米、直径 55 厘米，高浮雕、镂空雕"滚龙抱柱"，巨龙腾空、盘旋其上、祥云缭绕。

六层：高 20 厘米、直径 90 厘米，在圆雕、镂空雕卷云之上又高浮雕。十二尊手持各种乐器的乐人，组成"伎乐百戏"。他们正在专心弹奏，与下面（四层）琴棋书画构成天官地阁，天地同乐之境，组成一个弹唱曲艺的大剧团。这些形象的头部虽已被破坏，但据其不同的举止动作，也想象得出每个形象的喜、怒、哀、乐。

七层：高 19 厘米、直径 50 厘米，形似三脚鼎，足高 17 厘米，上面浮雕祥云图。

八层：高 20 厘米、直径 85 厘米，是该香炉的炉斗，斗为外圆内方，边长 57 厘米、深 13 厘米，外弧上高浮雕云纹和两条龙。二龙前后盘绕，两首翘出炉斗左右相对而立，双爪紧抓炉斗上口边，两面相对，两眼俯视炉斗香火。

山门石兽（一）

山门石兽（二）

金水桥抱鼓石雕刻

金水桥抱鼓石前石兽

大雄宝殿踏道象眼石雕刻

大雄宝殿须弥座局部

大雄宝殿后檐踏跺局部

大雄宝殿须弥座石狻猊

大雄宝殿须弥座束腰雕刻局部

大雄宝殿台基（一）

大雄宝殿台基（二）

大雄宝殿台基细部

大雄宝殿室内地面

大雄宝殿石香炉

大雄宝殿木鱼

大雄宝殿九龙牌位

万佛阁石香炉

万佛阁石香炉局部（一）

万佛阁石香炉局部（二）

万佛阁石香炉局部（三）

万佛阁石香炉局部（四）

碑文

敕修大报恩寺碑铭

「物之大者莫过于天地惟圣人之心方能包括焉是故日月星辰天之文章也春夏秋冬天之刑赏也风雨霜露之交相寒暑草木鸟兽之荣瘁生育举不能出于方寸之表自吾宣圣参乎两间其道甚尊其教易行所以集群圣之大成无有儗伦」「之者厥后西方有大圣人者名曰佛其道尚清净寂灭以明心见性为宗旨以谈空人定为阃奥说三百五十会之妙法运八万四千座之浮图而西乾诸国推为世尊其名号之大槩可知矣及乎东汉明帝梦金人长丈余其教遂骎□遍于中国中」「国沙弥于名山胜地建立寺宇以奉供之若精舍招提宝坊金刹丛林梵宫庵院之类名虽不一而所以事之者同一诚也故后世称颂佛者谓天地之至大不足以等佛之法身谓日月之至明不足以儗佛之毫相谓尘沙之至广不足以数」「佛之功德噫诚若斯言刚佛之方寸包括天地而无外矣其信也欤其勿信也欤龙阳日治青川洪武中徙今乐平古有观音院在今寺之南规制湫隘无以容众土官金事王玺恩无补报欲大创寺宇保障遐方乃与土僧正知叶同开山遂请于」「朝皇上允之」「纶音既下卜其美地水环以流山拱而秀抡材鸠工伐石陶甓经始于正统庚申龙人之趋事赴功者罔敢或后越七禩而告成殿宇深峻阶墀轩敞殿之前则有天王殿三桥山门二狮二幢钟楼而极其华美殿之后则有七佛楼二亭戒台龙神祖」「师之堂而极其壮丽殿之东西峙以大殿轮藏殿而翼以廊庑楼之后则环以方丈僧寮斋厨库舍悉完整清洁其妆塑点染雕琢藻绘黝垩丹漆金碧琉璃争光照耀炳焕夺目盖巍巍乎其不可及也于以祝延」「圣寿于以护国保民非特为美观而已乃走书京师谒余为铭将勒诸石以传示永久夫有绝伦之才器斯能成莫大之事业有莫大之事业斯能获无量之功德故作之于昭昭之际而报之于冥冥之中矧佛圣之心以慈悲为本人有纤芥之」「善颠罔不俾之如意初不计其此其智愚贤不肖而咸囿于化化之天今王公才器如此其高事业如此大功德如此其广佛圣之心当何如哉其报施之效必显于后裔而垂裕于无穷也铭曰」「龙城之内地平以丰一水萦带四山穹窿开基创寺坐西面东伊谁檀越金抚王公奏于」「帝廷」「帝曰准从敕赐寺额永示褒崇危楼大殿法门有容祝」「延圣寿普化愚蒙祥云绚采慧日当空资费无筹福德在躬有僧正知赞襄同功阐明三学振扬宗风我铭贞石传之无穷」

「大明正统十一年岁次丙寅春三月上澣」

「赐进士出身翰林院检讨斧川李本　撰」

「儒士吉永黎延书丹并篆盖是岁冬十一月吉旦立石」

敕修大报恩寺之记

「忠君爱国人臣之本心也建寺奉佛人心之至善也然势有可为而不为理不可为而为之均之不得为忠君爱国不忠君爱国必孤君恩而罔之所报则福亦何至生哉余尝伏读」「御制大诰有云民知报效福良有以夫龙州宣抚司土官金事王公玺字廷璋以明敏之资绍箕裘之业自」「皇明奄有六合厥曾祖讳祥效忠归附拜本州判官护守兹土享有爵秩延及子孙」「恩至渥也宣德间西戎犯边公率民兵策应累著奇功」「朝廷陞州为宣抚司遂阶今职心虽一级不忘未有明著其验以昭示于人人者故以势之可为惟建寺以祝延」「圣寿为允当又懼拂乎理而为之则亦非所宜也爰具始末请之于朝」「圣天子念其土官特」「允所请而不为例岂非廷璋忠君爱国之心有以感动」「帝心而致然欤寺既落成乃走书」「京师征余为记夫忠爱之诚出于天性之自然不以地之偏正而有异不以人之贤愚而或殊然所以不能忠爱者以其溺于人欲之私而昧乎固有之善天理民彝由是泯没其不混于非类者哉希或者诘余曰佛本西」「方圣人自东汉永平间始流入中国厥后蔓延派衍弥漫天下上而王公贵人以及黎庶罔不敬信其道而事之若君王父母然传其教者必剪发剃须往往外君王父母而曰方外上人是安能尊君亲上有益于忠爱者」「哉余曰不然天竺身毒舍卫诸国俱有城廓君民其法度教令亦必奖忠孝而禁悖逆且佛即是心心动则觉以此觉彼彼自觉之觉之不已则十百千万兆之众同乎此觉是以方寸之中虚灵洞彻而万虑屏息绝无」「纤尘之翳放之则弥六合卷之则退藏于密人而知此则于忠君爱国乎何有今土官金事王公真知灼见创寺而皈依像教焉所以祈」「国永宁而祝」「延圣寿于无疆也殆见子子孙孙钟奇毓秀绳其祖武获福流庆食报于未艾也或者唯唯而退遂书以为记俾勒诸坚珉用传不朽云若夫殿宇之崇卑深广则具梓人之书余不伸喙」

「大明正统十一年龙集丙寅春三月之吉」

「赐进士及第翰林院编修长宁周洪谟述」

「儒士吉水黎延书丹并篆盖是岁冬十一月吉旦立石」

敕修大报恩寺继葺碑铭

「赐进士奉议大夫礼部郎中安岳孙茂撰文」

「赐进士前翰林院庶吉士行□司行人仁和张宣篆盖」

「赐进士承德郎户部主事成都桂□书丹」

「德及于人者必生继述之贤孝存乎己者必以继述为事此天理为

有在而人道之不泯也然作之于前固有其人而述之于后匪得其人则德日损孝弗彰求之细微之」「事且不足徵况宝坊之大而能修葺者哉必也拔萃群伦超迈庸辈念先人克艰创造之勤踵昔日已为未为之志俾德之于人者日益盛孝之存于己者日益纯则名实」「相孚前后一辙揆其可以克当此者余于龙州宣抚司土官金事王公桥梓足徵矣公名鉴字景昭尝从晋阳鲁宗勉先生游讲群书子史及居官为政体要其先君子讳」「玺字廷璋世守兹土才雄志大德政俱优其信向佛道出于天性知佛法慈悲普化颙蒙而謦残暴其五戒十善可以辅行」「王化可以祝延」「圣寿但未有壮丽梵刹以兴像教而启昏昧使一州之人所无信向靡沾佛道之利益因旧有大藏全文一部无所收贮乃以己之园地一区深广如度遂与土僧正知具本以」「闻时廷臣以例执之」「皇上嘉其土官能以保障遐方祝延」「圣寿为请故不为例而」「允之既奉」「敕旨爰竭赀产鸠工积材出心修造正知及普恩海祥赞襄其事始创于正统庚申落成于丙寅之岁正殿绘十二圆觉殿后塑观音大士两庑绘释氏源流并圣僧罗汉左右二」「殿有大悲千手观音圣像华严十会转轮宝藏七佛诸天楼阁祖师龙神之堂前殿天王殿山门明王金刚」「圣旨赐额二亭三桥二幢二殿钟楼戒台方丈禅室库舍斋厨无所不备金碧辉煌琉璃光耀使荒芜之地化为宝坊自州之开设未尝有也功德仅完公遽即世今景昭既袭其」「荫旧以继述为事工之未备者咸为修葺其七佛圣像藏经函具钟鼓法磬器用之类悉造塑铸饰念其先人之功德遂肖其遗像于后堂颜其楣曰檀越以著终身之慕而」「朝钟暮鼓梵□飞扬祝」「延圣寿宁有既乎夫以廷璋作之于前景昭述之于后父子之心同归一揆所谓趾美克肖肯堂肯构信不诬也非德之及人孝之存已能如是乎况景昭之季子廷玉积善植德二」「弟铖轮俱输粟冠带孙枝尤盛其德及后人又可徵矣景昭以人」「觊留京谒余寓舍备道其详且干为铭谊不可辞为之铭曰」

「王氏先世其德难名及乎廷璋积善尤增创造寺宇奏于」「帝廷危楼大殿金碧辉明勤力七载功德完成未几即世景昭继承补其未备笃信力行芝兰拥砌槐阴满庭慈悲利益德荫后人永垂千古」「著乎斯铭」

「天顺四年岁次庚辰春二月初吉」

「辛巳岁冬十月良旦立石」

「龙州宣抚司土官金事王鉴」

「叔王壁　弟王铖　王钥　男王瀚」

敕修大报恩寺功德之记

「赐进士奉议大夫刑部郎中叙南李宽撰」

「四川布政司右参议江夏王彦成篆盖」

「蜀府纪善迪功郎吉水黎纨拜□书丹」

「天道之福于人者在乎作善善心之感于人者在乎立诚盖诚者作善之本而善者感人之本以善感人人心自化则大功德由斯而著大福田由是而广其福祚」「之来自有不容已者故曰天道无亲常与善人此之谓也大雄氏之道广大无极此感彼应普利有情约而言之善之一字而已自其教入中国禅宗寝盛三尺童」「子皆知其慈悲利益故可以化冥顽抑强梗羽翼乎」「帝王无为之治然非有宏大寺宇以兴像教则人无所瞻仰而向善之心或几乎息泯天下郡邑名山胜地往往皆有寺院庵塔无非欲人向善大作功德广种福田俾」「人人皆兴起其向善之心而悖逆作慝者渺矣先龙州宣抚司土官金事王玺廷璋发心修造梵刹奏于」「帝廷经营七载始克完成其大殿危楼廊庑僧舍轮奂一新金碧交辉琉璃争耀若地涌灵鹫天降兜率西山之外见此宝坊诚为一大功德也龙人瞻仰莫不啧啧称」「叹是非善心开明欲种福田兆之于此者乎其致政土官宣抚司薛忠义暨今宣抚薛公辅副使李爵等谓兹殿宇完整未有佛像吾与若各捐己资妆塑正殿大佛」「三尊百夫长薛忠信同男薛志冕妆圣父圣母舍人薛忠恩妆千手大悲观音是亦大功德也副使李爵复捨山地四亩以为常住其余贵游宦达士

民商贾各捐资」「妆塑有差不可枚举」

「是非善心昭著广种福田验之于此者乎金事王鉴景昭思先君子所作功德薛李诸公所种福田不可湮没因入」「觊京师徵余记其事将归而刻石以彰阙善以启后人辞之不获乃告曰昔者迦文出世亦有给孤施园祇陀施树以为精舍而优陀延王最初造像遂成三百余尊」「大阐空法以流圣教其给孤祇陀优陀延王之功德历千万年而尚存也今薛公忠义等种此福田真若灵山一会俨然未散也然非王公廷璋造寺于前有感其」「善心则亦莫能兴起以趋于佛日之中无获成就此大功德也将见种此得彼传之后裔沐」「天恩享天爵绵绵流庆当与佛海之波同流而不尽也是为记」

「天顺四年岁次庚辰春二月初吉辛巳岁冬十月良旦立石」

「龙州宣抚司宣抚薛公辅荫嗣薛永隆副使李爵荫嗣李胤实金事王鉴荫嗣王瀚经历区成随司办事长官薛忠翊」

「把事王思聪杨子文岳海管工人任□王□任进通康兴永李福结赵才之知事康进忠阴阳正术任凤」

「缯纲司都纲惠凯副都纲智钦开山住持土僧正知」

「匠人卢禹严普灯朱福何济文敏洪实曾伯口王福」

「儒学教授井源训导何珇义官李胤宽王铖王钥冯和驿丞仵彦章」

「匠人郭鼎赵志忠李子贵贾大隆龚先雍文书强林雍文谅易永进蒲景安强永林」

九重天命

奉「圣旨既是土官不为例准他这遭钦此钦遵修理报」「恩寺壹所转轮藏壹座完备安放藏经祝延」「圣寿具本谢」「恩外」

「大明正统拾壹年拾壹月吉旦土官金事王玺建立」

万乘皇恩碑

「敕赐古刹道场额名壹拾肆处钦此钦遵外」「天宁寺华严寺石马寺长惠寺巴潼寺常乐寺石室寺」「观音院龙归寺东皋寺广福寺罗汉院旧州寺大荫寺」

「大明正统拾壹年拾壹月吉旦土官金事王玺建立」

报恩十景碑

「报恩宝坊十景诗序」

「建莫大之功著不朽之蹟者此非常」「之人也有非常之人必能为非常之事能为非常之事必有非常之功之蹟昭著乎天地之间显于当时」「贻诸后世愈久而愈彰也苟无善念存于中善行著于外曷能建是莫」「大之功著莫」「大之迹于悠久哉能建是功蹟于世者龙阳宣抚司前」「金抚王侯实维其人焉侯名玺字廷璋貌异而才优行高而智广崇儒」「奉释凤桓善根且乐施不倦好谋而成一日谓释子正知曰吾受」「命于朝世守斯土与国同休恩至渥也夙夜感戴未遑莫报沿埃维欲」「建修一刹令尔等朝夕祝延」「圣寿以表丹诚古遗藏经而有所安放一举两得不亦可乎正知以手加」「额赞叹未有既而侯值□例朝贡京师乃具本以□文」「皇上可其奏赐敕而归俟遂大捐资修寺一所名曰报恩俾楼阁殿宇」「突兀峥嵘广厦长廊金碧交映前有三桥二幢狻猊守卫后有碑亭法」「座轮藏大悲与夫禅榻僧房香积之所莫不焕然一新七载而就其功」「德之高赞莫能尽非善念纯诚负非常之才岂能建是莫大之功以」「传不朽者哉于是荫嗣王侯景昭克绍其志有所未完悉能补葺不宁」「惟是又恐严翁所建之功久而湮没因其宝刹所有立意命名分为十」「景曰二幢凌云以其高耸接云而不可仰也曰三桥石洞以其造作精」「奇而不可泯也狻猊雄镇观其势有可壮也蒲牢晓音听其声有可警」「也以至克栋盈函塑形绘像非轮藏全文香山壁记乎画栋嵯峨龙章」「辉暎又非宝阁冲霄双亭勒石乎遗像凛然此功德王氏之貌凛然有」「可想也报恩胜槩此祝釐梵

刹之境槩然有可观也虽然尤虑其斥名」「之未尽复命善诗者揄扬其美欲不坠先君子之志猗欤盛哉于是住」「持正知睹斯善美踊跃懽忻持香币诣予官舍徵文请勒于石以志其」「永久云」

「天顺六年岁次壬午冬十二月八日」

「奉训大夫知绵州事前乡贡进士」

「永嘉金敩序」

注：报恩十景诗略。

大钟铭文

「造钟疏语」

「恭维兴作之道必本乎」「太平之盛时」「大明宣德十年」「龙州宣抚司」「佥事王玺切念自」「洪武开」「国以来父祖相承世」「享天爵于龙阳切思无」「无任而补报乃立心」「奏」「闻准建大报」「恩寺为祝延」「圣寿宝地然无制」「治之」「隆盛则不能无兴作」「之从容以光」「圣治之广运盖曰有」「是化而有是应矣尝」「闻」「天德自上而降地以是」「德而伸天覆地载非」「器不鸣迩于正统乙」「丑岁梵刹将完无名」「物以振远公之禅惧」「白马寺成真个是」「达摩之境界是以」「宝地名器非良师」「以难成故兹敦邀」「金府之师忽迩蒲」「牢之成就」「韩子有云善鸣者」「必得金器而振之」「此所为钟者若悬」「于景阳之上则能」「使百官肃正于丹」「墀之内若振于梵」「王之静界唤醒多」「少之禅心愿愿昭」「明肃清万世谨题」

「大明正统拾壹年岁」「次丙寅正月吉旦晋」「阳鲁斋宗勉迹」

「同僚官宣抚司致仕宣抚薛忠义」「宣抚薛公辅」「副使李爵」

「修造信官」「龙州宣抚司佥事」「王玺一家善眷」「母周氏安人」「室曹氏安人」「蔡氏安人有子二」「人王鉴室薛氏王钺」「次室田氏有子一人王钥」「贾氏」「弟王壁室薛氏」「养男刘永清王氏」「史应隆王氏」「住持土僧正知」「铸匠谢谏李先冯海李松祖冯永清朱伯先」「管事人周友富冯清李文刚任思贤王纪任思和彭祥李福原杨荣山康兴永」「党锦忠张永清蹇俊李进永」「杨计祖任立李仲贤」

「刊字人杨进昭」

「钟磬云板共重壹万斤」

小钟铭文

「佛日增辉法轮常转」

「皇图巩固帝道遐昌」

「龙州宣抚司忠义侯景昭念惟大报恩寺乃其先君廷璋请奏奉敕建乃祝圣寿并于兹有年寺旧铸铜铁钟三口晨昏若击音弗大振兹特虑诚捐资倡导募得重铸造洪钟一口凡五千斤炉□□本□属予铭勒铸于上以纪其事并为之铭曰圣教化人夷众聿彰鸣钟警众遐迩孔章尊者先君佥抚龙阳上疏请敕肇建宝坊以厘锡福镇靖遐荒广铸法乐务聩储祥贤嗣继述殚厥忠良重集祥金博施孔方金刚藏倒容成侯忙营就大器应穹鸣霜岑楼高揭巍巍堂堂鲸音吼啸蚁梦醒将檀那长福兰若增光愿祝圣寿地久天长边尘肃靖民物阜康我作铭诗永振上方」

「大明成化八年岁次壬辰秋七月之吉」

「乡贡进士龙州宣抚司儒学训导廷南陆铭识书丹生员王章」

「龙州宣抚司佥事王鉴室朱氏安人母蔡氏安人伯母贞节任氏男王伦王广王维叔王壁弟义官王铖王钥侄王渤王溥龙州宣抚司宣抚薛绍勋副使李胤实义官李胤宽李胤宏百夫长薛志冕」

「舍人薛志春薛公铭薛志成薛志隆鲁明宗薛志海薛志业薛志辅李系宁薛永辉雷济生王统王靖薛志清田俊康业永」

「成都右南舍人朱帛朱靖」

「僧纲司都纲惠睦国子监生杜晟」

「成都商人刘天林王浩王汉儒学生员刘俊李景辉李本德鲁林善士刘芳王海母志平张俊宋端翟志千任本道」

「开山住持正知额住持觉性智奎领献僧智玄智行智惠智奎惠林惠忠智能惠晶智曜惠忻惠觉惠启惠曾海坚允月海和海月惠月」

「董工人任进通冯骥酒朝甫文明杨荣山何希仇仲贤邓思降杜茂匠人范兴善刊字人白敬美」

「赞曰昔我先君诚孝忠勤爰陈疏请开创祇园圣明垂允赐额报恩庸铸钟磬逸响久闻警彼迷聩盍种善根维予小子叨荫世勋仰承先君能永著存洪钟载铸以衍庆源载扣载击深省晨昏悠扬远韵光振山门祝延圣寿保□谷元惠日增辉福我子孙绍述三槐以应慈尊」

「大明成化八年岁在壬辰秋七月中浣之吉」

「龙州宣抚司土官佥事太原王鉴拜赞」

南经幢铭文

「唵大佛顶尊胜陀罗尼幢」

「南无薄伽筏帝怛赖路枳耶钵啰底尾始瑟吒耶没驮耶薄伽筏」「帝怛你也他唵尾戍驮耶尾戍驮耶娑么娑么三满多缚婆娑娑」「跛啰拿哦帝哦贺喃娑缚婆缚尾秣睇阿鼻诜左睹羚摩素哦多」「缚罗缚左喃阿密嘌多鼻晒□么诃曼但波乃呵贺啰阿呵贺啰阿」「庆散驮啰尾戍驮耶戍多耶娑婆羯摩尾尾奴佛摩拿哦哦喃尾」「秣睇无瑟尼沙尾惹耶尾秣的娑诃娑啰曷啰显茗散祖你帝莎」「波怛多哦多波啰伽娑吒波啰宁多波利布啰尼莎波怛他哦」「多讫利多耶地瑟吒喃地瑟耻多摩诃母捺啰缚日啰缚日啰伽耶僧贺」「多喃尾秣帝莎缚缚啰拿波耶突力伽的波力秣帝钵啰底宁筏」「力多耶阿欲秣帝三么耶地瑟耻帝摩宁摩宁摩贺摩宁母宁母宁尾母宁摩帝摩帝摩摩帝摩诃摩帝素摩帝怛达多部多句知」「跛利秣帝尾娑普吒没殿秣帝左耶左耶尾左耶尾左耶娑摩啰」「娑摩莎波莎怛波舍利蓝莎波莎多喃南者迦耶波利秣的娑波哦帝跛利秣帝莎波怛他夜多室者名三摩湿波娑演睹娑」「波恒他夜多三摩湿波娑地瑟耻帝没侄耶尾冒」「多耶尾冒多耶三满多跛利秣帝莎波怛他夜多讫利多耶地瑟吒喃地」「瑟耻多摩诃母捺□娑婆贺」

「龙州宣抚司世袭土官佥事王玺长子王鉴书丹」

「住持正知拣藏锦城朱福刊字」

「大明正统十一年丙寅二月吉旦建立」

北经幢铭文

「大佛顶尊胜陀罗尼幢」

「广大宝楼阁秘密善住陀罗尼唵莎波但他伽多摩尼舍多你必flowers社波罗莲摩多睹碣里必摩尼摩尼摩诃但他伽多利么尼莎波诃」

「尔时也尊为诸大众说此陀罗尼有闻者见者读诵者若佩身上若书衣中若置幢上于幢塔影中过者彼等之人不堕六道不入轮回不失人身永住天堂受天快乐衣食自来寿命无穷由斯功德而获如是」

「乌斯藏喇端林传写　赵思进　郎开竹」

补修佛像功德碑记

「本寺之殿宇佛像甲于天下凡远近之人而瞻仰者莫不叹观止焉然历年既久因葺」「补修固不得缕为记也而独有出于常情意计之外为世人之大可异者不得不采掇」「以书道光癸未秋大雄宝殿之正中金像一尊倏尔腹内生烟势难遏抑随报知地方文」「武官长新临省视火已炎上当即设法救熄而像已不复如前矣然终莫测其火之从」「何至也巍巍金身有所缺陷岂一时所能就理乎幸有本郡青城宫之大禅师上广下」「昌上广下清适来于兹一见恻然情愿独力修补果尔不待捐助自出丹积买金觅工匠」「心修理费仅三百伍拾余金不阅月而告厥成功则虽不敢上拟

前人而已焕然新貌」「夫一绿一粟而种无量福田矧于人所不及料之外而忽出此非常之事且得一二非」「常之人而成此非常之功则其善之大想亦诸佛菩萨之所默为洞鉴者矣爰叙叙始末」「渺之于石以垂永久云」

「大清道光四年岁次甲申秋七月吉且住持僧洪应立」

范公遗爱记

「范公遗爱者其故维何□公名铭字以载湖广郴州桂阳人公少有大志于身心家国天下」「之理罔勿穷究与内外大小之人无不加爱由进士历阶侍御清戎江西抗疏排奸盖欲」「大其所爱以酬平生之志不意事不称心迁註龙州经历职也他人处此未有不变其」「心而为抑欝者。公则优游闲裕视龙州无异郴州惰廌举坠讲授掩变之暇于所寓寺前」「左边开修一井以便汲取州人德之无由而名予与公素旧辱爱独深过龙拜公得见此」「井永济之利已验公平生作之美又见原竖碑阴平整端方不事琢磨若有俟于今日」「之意喜不自胜时有宣抚薛子晋卿副抚李子吉金抚王子枋儒学司教揭子升卢子俸」「各具酒肴致庆请记垂远予亦喜得附名不忌疏庸乃书范公遗爱四大字于上书开井」「之由百小字于下命工镌刻以表公虽在造次颠沛之际终不能忘惠爱斯人之心使自」「今以往大□观碑汲水思公所以加惠者与睹蔽节甘棠思召所以为政者百世如存乃」「若欲知公平生所见之明所养之充所存之正所立之高留心注念无不在乎家国天下」「者当于远咎子范龙州诸集求之予复何言予何人斯□奉」「命整饬松潘等处兵事四川按察司副使广东三江胡沣百钟别号节庵翁也记而书刻者是」「何时□」「大明正德辛已岁孟夏四月望前五日也从事供成其美者荫舍李周臣王世忠舍人王柯」「舍人薛萱经历耿俟知事康廷风驿丞田举监生薛志嵩王钰赵时中杨时爵刘闰生员」「肖九成李琼王洵王淇门下生李政举刘鑰王希王采赵景林王林王佐王任苏廷善刘」「镗苏泰吴邦袁缙尼祥王明善税廷宝苏春赵伟王杞王怀玉王用才义官苏杲老」「人孟成甫商人李瑞邻僧圆嵩本寺智惠用□□□□□至称□者保王李同知王子珝也」

告示碑

「府正堂杨示」

「报恩古寺朝贺重地」「宵小行窃案几酿巨」「本府垂慈保全非细」「谕尔军民不准盘踞」「闲杂人等禁止游戏」「倘敢故违立拿惩治」「枷示庙门以为儆惧」「自谕之后遵守勿替」

「光绪二十年三月二十八日饬刊寺门」

「县正堂陈示」

「城东古寺厥名报恩二百余年」「自明迄今柱檀椽梢楠木修成」「古香古色宵小生心岁在癸已」「酿讼公庭由县而府拖累非轻」「府宪仁慈明察如神大局既全」「示复谆谆朝贺重地理宜肃钦」「防微杜渐不准容情违者枷示」「言出法行并谕勒石一体凛遵光绪二十一年五月初一饬刊寺门勿损」

「住持昌顺」

天殿常住碑

「普观吉人为善惟日不足凶人为」「不善亦惟日不足所谓吉也者善之谓也凶也者」「不善之谓也惟我师大千五官虽具手足雕残所谓去其不善以归于善不者惟斯」「人乎所谓舍凶就吉者亦斯人乎考自天启三年跋涉龙城以爻象判吉凶恶」「卜寻生路上不求资于世昧不下缘染于俗情多方曲苦受尽千辛买置常住水」「陆二庄以充本寺为绵远香火之计恐地主生非奸民侵没故具诉投」「本府大爷批赏印炤以给本僧每岁籽粒半为补修供佛半为滋僧日费其馀不」「得混淆内外不得舛错奸棍不得侵渔后世不得湮没故勒之石碑以垂后世」「计开」

「一买强儒原买古一里赵自德赵继芳赵孝东水田共三斗五升□□」「壹讣通共价银壹拾柒两晶字重复在外共该荞根壹斗八升正」

「一契价银四两五钱买明赵承芳原买正二里」

「赵尧臣东皋沙田八升每」「承粮三升正」

「一买赵承芳原买古一里王慎王敏下併续买」

「王启聪东皋大盆沟山林一」「段上至山顶下齐沟底左齐蒋家官地龙子湾右齐水井为界通共价银壹」「拾叁两五钱共计荞粮壹斗壹升正」

「一契价银柒两买到正二里薛」「珍之山地坐落双溪石笋山东至蜂岭直下河为界西至白雪岑下河北」「至雍家地为界承粮二斗又同买雍良奇奔仙岭地壹块承粮三升」

「□□拾叁年庚辰季春吉且功德主亶膳生员王喆敬书」「龙安府知府余置买报恩寺常住焚」

「献戒僧如惠　同徒性王性」

「推官李捐资遗业亡师真明亡徒性稳」

「知县张恩主陈九思熊伟」

「族生员成荣方足成大坐」

「世通判王李」

「僧纲薛如一　海源海纳寂用」

「功德主乡官　王承祖　王启皋本寺教师」

「寂衿师友真元性亮海潮海清」

「如泽海深觉应道或海明」

「侯选王启愚海注道一罗学阳刻」

广种福田

「立出施约□□下八甲马湾三人汪廷富自汪成龙汪成鳌□□同治拾柒年七月内凭凭凭中买明杨天」「禄场下马采场山地一契去买价钱四百八十钏二契去买价钱五十钏三契去买价钱壹陆拾」「钏又买民杨映川名下山地一契去卖价钱叁拾贰仟以上买名四契之业契内界趾指明以及房」「屋地基树木苗圃片瓦木石一并在内身自买之后屡被」「杨天禄强借不还藉地裁卖重索不遂因」「杨天禄复寻裁卖将身具告在县身年迈妻亡二子均分各居身独立一人迭被杨姓图索重□□」「实系无力承买惨不可言难遭讼累身父子商议甘愿将买明杨姓之业四契价值七百贰拾钏」

「请城约领袖人证将买明四契地土房基寸木寸石身甘滌心一并扫土口与本城」「报恩寺诸佛位前以作焚献之资当时契约字据点交住持经手管业自施之后身汪姓房族子姪」「均不得异言身并不得翻悔倘有异言翻悔誓必佛神不佑更祈施后家门清吉福寿□延恐后无凭特立施约永远为据」

「首证王国道王维泽王光宗」

「族证汪廷顺汪天金汪乾」

「约甲徐舒张洪连」

「住持慈惠」

「役差肖国潘罗尚福相太」

「同治五年四月初十日立出施约人」

「汪廷富同子汪成龙汪成鳌孙汪盛仁汪成贵立」

「计前四契共成地壹契上齐钓鱼台下齐张姓地为界右齐过街楼梁心左刘□立龙沟为界内有杨姓重卖□木□□□地在界内外有契约中破无用日后僧俗殃殃常住神天鉴察」

「通判　王生源」

「长官司　王光□　王国禄　王光裕阁族等同治□□□正月二十七日　本寺住持方丈　昌浩」

「兄徒孙宗舆同两序大□□□」

常住碑记

「龙安府擄陈不念用无常住愨恩赏贴」

「勒碑以杜湮没事报本府报恩寺焚献僧人」

「性福诉称僧幼从禅谨守清规苦积衣钵」

「陆续备价五契通共纹银六十四两四钱买到古二里民王敬祖王奉祖李凯古二里蒋宗政蒋朝绪水田共壹石以充本府报」「恩寺大雄殿永远常住价约书交明白并无货物扶基亦无债利准折天日可矢神人共鉴弟恐事入湮没更虑僧俗贤愚荃主」「涎骗有负今日片缘僧欲事垂永久策莫善於勒碑幸际」「仁祖当道尧舜泽施俯祈恳准赐赏帖照立碑殿傍将僧买水田开还碑中每年取谷租拾石大麦贰石永充本殿常住造就」「再来福田等情据此蒙」「本府太爷觉看得本府报恩寺焚献僧」

「性福惟教是崇清规素守衣钵置买水田壹石用充本寺大雄殿常住是禅林中」「之翘楚者也相应给帖镌碑以垂永久为此除将文约印照外帖仰本僧续派焚献僧人查照帖内事理将僧性福置买苟家坝」「水田壹石查照后开软目遵照每年取谷租拾石大麦贰石永充本寺大雄殿永远焚献香火之用但不许原主日后妄生事端」「亦不许势豪浸隐本寺焚隐者亦不得别项取用违者许执帖赴府陈告以凭按法究处至於应纳条银俱照后开粮数逐年」「赴县上纳亦不许里户人等外行科派俱勿故违未便须至碑者」「计开」「一契用价银叁拾五两买到古三里民王敬祖王俸祖下苟家上中坝坑窝三处水田大小共壹拾贰坵计种五斗每年人认纳条银贰钱」

「一契用价银六两买到王敬祖下苟家坝路边水田大小二坵计种壹斗每年承纳条银肆分」

「一契用价银七两二钱买到古一里民蒋宗政下苟家坝堰下石板边水田大小五坵计种一斗二升每年条银肆分捌」

「一契用价银九两买到古三里民李凯下苟家坝水田二坵计种一斗五升每年承纳条银陆分」

「一契用价银七两二钱买到古一里民蒋朝绪下苟家坝杨柳垠水田大小三坵计种一斗二升每年承纳条银四分八」

「本府司典吏　孙林张志道任朝恩李凤翔李承国赎买常住僧人性福徒海清海天」

「徒孙□□」

「本寺僧纲真向」

「住持僧　真　源　净修　真远　如轧　寂裙　如凌　□□」

「侄　徒　海　明　海源　海潮　海深」

「石　匠　罗素明」

「四川吏司郎中右辅党　修吉」

「张文成施银记」

「平武县知县王世泰发心弟子张文成因住唑报恩寺数年蒙佛默佑今已年迈无可报答发寸念将自身苦积之银施三十两以作诸佛菩萨殿内焚献香火之资自施之后更祈年或置当田地以为公资勿得私费」

「□□」

「同堂弟　张文魁　张文元」

「住持僧曾　徒　道明　道玉　华清　收存大清乾隆十六年二月初二日吉旦立」

解氏舍田记

「青川所耆老解君舍田记」

「诗云贻厥孙谋以燕翼子今世为子孙谋者莫田业若也或增价以易或争讼以图创为不拨之基欲图万年子」「子孙孙勿替引之愿斯毕矣孰肯轻于施舍以惠彼僧徒哉口有之者非以粮重而耕稼不敷则因为谋算而兼并矣」「奈要皆不得已也而为之迺若解君则不然君本为图阴地卜

宅味坝公子浴麦浪山王氏基上王氏愿以水田」「十三山地一段求售於君君喜而纳焉其交易中证有价数有卷恹旋后王氏背盟为鼠牙雀角之非荣」「府尊郑太公断业归君发心当官愿舍於报恩寺禅僧真诠如宇永为常住凿则有龙神鉴照据往愿为」「矢誓明则有官司贴文凭天篆为永命虽以息惯讼于一时实以彰谊闻于百世沙门佥曰广种福田给孤长者人之后于解君仅具之义矣哉斯人也其水田五斗旱地二石五斗籍册禩二里其价银二十一两其粮该荞一斗其」「原田主王华王珠王堂兄弟也共喜舍主解廷诰任氏邹氏夫妇也九职九赋三子也其管业僧真诠如海如□□师徒也其」「置买在万历六年冬施舍在万历七年秋也是为记次男九寿」

「万历九年辛巳夏五月吉旦建立」

「青川守御所儒学掌教濛泉张文光撰本师无杲」

「大乘妙法莲华经二十部莆田隐士龚以善书丹」

「石匠李应春刻」

常住碑记

「龙安府为祈天给贴镌碑以垂之久以免奸谋事据僧人道成诉前事案照先据道成靠犯」「人韩吉词称为计笼谋叛事行拘各犯到府蒙」

「本府太爷杜□审得僧人净修原与韩吉久处净修颇有襄资受吉计套银买地合府」「愤其买地文约虽系韩吉名字其价原系净修所出口定之时吉子韩耀祖并奴事事香到寺」「叫净修上墙全逃遂尔跌死其中似有隐情姑不深究净修原买赵良厚等地□□今入本」「寺常住作焚献公用仍刻石垂浚文约九张即付卷常住收管净修原资须叧追给两」「公用随径发落讫今据近复诉镌碑赐贴等情合行给贴遵照为此贴仰本寺僧人道成」「等遵照案嗣净修买明田土永充本府报恩寺焚献公用照依约载粮数四至租种办纳以」「后不许韩吉及卖主妄生事端如违许僧众执词赴告定行重究不贷须知碑者」「用价二十三两五钱买明赵良厚栢蘭园河柳塔子豆叶园毛山坡地四段约种二石」「壹斗又价七两买明三语水磨一所栢蘭河沙坝子地一分约种六斗照约界分讲」「种通共收糖壹斗陆升」

「本寺僧司僧纲　海源住持僧」

「年六月益秋吉旦立」

「捐资买常住僧人　净修法道　孙徒滢」

「本府知府　杜同知李　推官李　功海立通判」

敕修大报恩寺功德之记碑铭

万乘皇恩碑铭

回廊碑刻（一）

回廊碑刻（二）

回廊碑刻（三）

回廊碑刻（四）

地震后的报恩寺

地震灾害对报恩寺的影响与灾后修复简述

一、平武史载地震对报恩寺的影响

平武古称龙州，"地处边陲，界在氐羌"，明朝在平武设宣抚司官衙。报恩寺即坐落在平武县城，始建于明代正统五年（1440年），占地面积2.5公顷，耗时20年建成。该寺是目前我国保存最完好的明代古建筑群之一，也是四川现存规模最大的明代佛教寺庙建筑群之一。由于盘亘在平武县境的岷山、龙门山和摩天岭三大山脉，均处于地震断裂带上，因此，自有文字记载的2200年以来，平武频繁发生地震。在报恩寺500年风雨沧桑中，该寺主要经历了平武历史上两个地震活跃期，即1630年至1713年的活跃期和1933年开始的活跃期。

在历次的地震灾害中，对报恩寺产生实质性影响的有两次：在1879年大地震中，报恩寺寺前一经幢底座位移，部分建筑墙体轻微开裂，大悲殿前石基开裂；而在1976年松潘、平武大地震中，建筑物仅部分墙体台基变形，几座殿宇翼角下沉，另外，各殿屋顶脊饰吻兽，山花的博缝砖、檐角铎铃偶有脱落与位移。但从总体来看，这两次地震均未对报恩寺文物建筑产生破坏性影响，因此平武报恩寺整个寺庙建筑群尚未大修过，基本保持了其建成时的风貌。

二、汶川大地震对报恩寺的影响

历史上若干次强震未对报恩寺建筑主体带来重创。但发生于2008年5月12日，震中位于四川省汶川县，震级达到8级的大地震却使这座抗震性能极佳的寺院受到了相当程度的损伤。根据绵阳市文物局的灾情报告，汶川特大地震中，平武报恩寺古建筑均受不同程度的损坏：山门、天王殿、大悲殿、万佛阁屋脊多处震毁；山门正脊断裂，两侧八字墙前壁垮塌，殿内明代塑像手臂断裂；天王殿墙体和报恩寺祭祀碑垮塌；大雄宝殿墙体向外开裂，裂缝达10厘米，壁画受损；大悲殿明代泥塑受损，墙体开裂、倾斜；敕修报恩寺功德之记碑碑亭裂口，亭盖严重错位；钟楼屋顶倾斜；天王殿天王塑像、万佛阁释迦牟尼佛等塑像局部损坏，多处壁画遭重创。据专家介绍，报恩寺古建筑在之前原有残损的基础上，增加了很多残损点，直接可见的残损主要集中在屋顶和墙体，所有屋顶和墙体都受到不同程度损伤，几乎所有墙体都与本构架发生构造性脱离，局部墙体垮塌。附属文物受损严重的是壁画和泥塑，石质文物也受到较大损坏，木雕文物受损较微。

三、报恩寺木结构的抗震性能

在历次地震中，尤其是2008年汶川大地震中，平武是重灾区，大量民房受损严重，甚至存在建筑在地震中损毁坍塌的情况，而平武报恩寺仍然屹立不倒，建筑主体结构受损轻微，主要残损均集中在墙体、脊饰、泥塑、碑文上，其原因在于木结构建筑的结构特性，以及报恩寺建筑本身独特的结构设计，包括以下几点：

1. 副阶周匝

报恩寺建筑殿身多用副阶周匝。大雄宝殿、万佛阁、钟楼、御

碑亭均采用内外两周、均衡对称严密的柱网布置。双层柱网的平面布置类似于现代建筑的"筒中筒"结构,这种平面设计提高了建筑物的抗震性能。

2. 侧脚

侧脚是宋代以前建筑结构常用之制,即建筑物的柱子向中心倾斜的做法。该做法是基于结构稳定的考虑产生的,宋代以前的构架,尤其是殿堂型构架,由于采用铺作层,柱与梁、梁与檩皆通过斗栱连接,增加了结构构件的过渡环节,相较于明清建筑的柱、梁、檩直接搭接,具有较低的抗震性能。而侧脚使柱子向中心内倾,产生自然内倾力,增加柱子与水平构件之间联系,从而加强了结构的整体连结力。中国木构建筑采用榫卯结构,侧脚也可以产生水平挤压力,在榫卯外向分散时,可以给予有效的控制。

明清建筑因结构自身的整体性和稳定性加强,很少再使用侧脚。但报恩寺建筑中,殿堂型构架与厅堂型构架建筑皆用侧脚之制,增加了建筑的抗震性能。

3. 通柱式

报恩寺主要建筑皆用通柱式,山门更置中柱通柱式,通柱式的立柱做法增加殿阁的整体性和稳定性。

4. 斗栱

斗栱从上往下层层收进,呈倒三角形,起到球铰支座的功能。各斗栱连接檐桁及斗栱枋,加强了斗栱层(铺作层)的整体性,起到弹性可错移叠层圈梁的作用。因此斗栱有一定的抗震性能。

5. 榫卯

中国古建筑各构件通过榫卯连接,榫卯是半刚性节点,在建筑受到地震作用力影响时,构件在榫卯处的摩擦可吸收一定的地震能量。中国木构建筑因为榫卯的使用,本身即具有一定的抗震性能。

6. 建筑材料

木构建筑的常见病害,包括糟朽、虫蛀等现象会破坏建筑构件的完整性,大木构件残损点是地震中的受力薄弱点。报恩寺主要建筑的大木构件多采用楠木,楠木具有质地坚硬、虫蚁不蛀、蛛网不结的特性。选用楠木也一定程度地提高报恩寺建筑的抗震性能。

四、"5·12"汶川大地震后报恩寺的维修

1. 震后应急措施

2008 年"5·12"汶川大地震发生后,报恩寺管委会工作人员迅速对危险建筑排险,并对受损建筑进行临时加固、防雨处理,将天王殿、万佛阁等多处建筑进行了封闭式管理。国家文物局和四川省文物局立即成立了专家组,各级文物部门设立联络员。

2. 抢险修缮

国家文物局于 2008 年 6 月委托清华大学建筑设计研究院遗产保护研究所专家编写抢救修缮实施方案。

3. 三维数字复原

2009 年初,报恩寺启动了"4A 景区三维数字复原项目"。

4. 分期维修工程

2010 年,一期工程完成了报恩寺钟楼、南北长廊、南北碑亭、王玺公祠等 6 个建筑的修缮。

二期修缮工程于 2011 年 7 月开工,2012 年 12 月全部完工。修缮方案由清华大学建筑设计研究院制订,修缮以保持古建筑群完整、健康的状态及文物建筑的历史真实性为目的。修缮对象包括:万佛阁及其西侧耳房、大雄宝殿及其两侧斜廊、大悲殿、华严藏、天王殿、金水桥、山门及八字墙。

值得一提的是,于 20 世纪 80 年代初完成的建筑整体测绘图纸,及文物管理部门所提供的照片文字信息记录,为震后报恩寺的修复和研究提供了极为重要的依据。

灾后,重庆大学建筑历史与理论研究所张兴国教授等师生第一时间前往现场调研,并拍摄记录下地震后报恩寺的损毁实况,本书在此略列出来,以供读者对照报恩寺受灾前后的状况。

灾后文物修复不光是文物的问题,也是社会恢复、重建信心的问题。平武报恩寺的震后修复工作开展得卓有成效,亦受到了世界各国的文物修复专家的关注。

地震后照片

山门墙体坍塌

敕修大报恩寺功德之记碑碑亭受损

山门前檐左次间槛墙受损

山门右侧八字墙受损

震后的天王殿

天王殿山墙受损

天王殿围墙坍塌

大悲殿壁塑开裂（一）

大悲殿壁塑开裂（二）

大悲殿壁塑开裂（三）

大悲殿壁塑开裂（四）

大悲殿屋脊正吻受损

震后的大悲殿千手观音

震后的华严藏

大悲殿山墙受损

华严藏转轮藏

震后碑亭

附录

报恩寺彩画
复原图

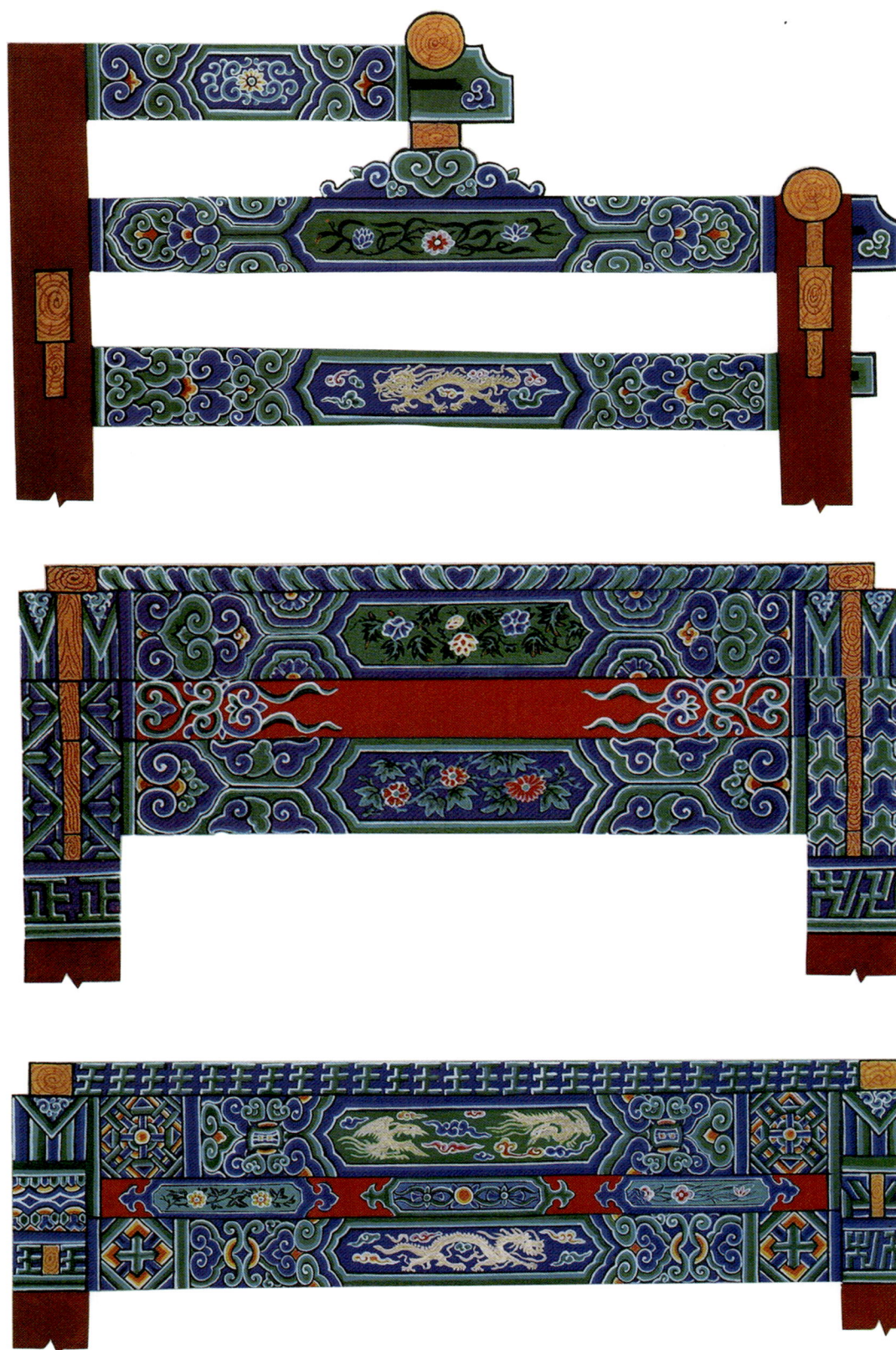

报恩寺彩画复原图（一）

报恩寺彩画复原图（二）

报恩寺建筑斗栱形式、等级一览表

间次 / 建筑名	明间		次间	稍间	斗间距	柱头科与平身科坐斗
天王殿	七踩三翘出45° 斜翘		形式同左	形式同左	明、次、稍间各不相等	相同
大雄宝殿	上檐　九踩四昂出45° 斜昂 下檐　七踩三昂	象鼻昂 琴面昂	上檐　形式同左 下檐　形式同左	下檐　无平身科	明、次、稍间各不相等	柱头科＞平身科
华严藏	上檐　七踩三昂出45° 斜昂 下檐　七踩三翘出45° 斜翘	琴面昂	上檐　形式同左 下檐　形式同左		明、次间各不相等	相同
万佛阁	上檐　九踩四昂出45° 斜昂 平坐外檐　七踩单翘重昂 平坐　七踩三翘出斜翘 下檐　九踩重翘重昂出45° 斜昂	琴面昂 头昂象鼻昂、二昂琴面昂 琴面昂	上檐　形式同左 平坐外檐　形式同左 平坐　形式同左 下檐　形式同左	平坐外檐　无平身科 平坐　无平身科 下檐　形式同左	明、次、稍间各不相等	柱头科＞平身科
大悲殿	上檐　七踩三昂出45° 斜昂 下檐　七踩三翘出45° 斜翘	琴面昂	上檐　形式同左 下檐　形式同左		明、次间各不相等	相同

报恩寺大事记

1438年（正统三年），王玺带领龙州宣抚司番牌头人赴京朝贡时向皇上奏请，准备在龙州治地修建一座为皇上"祝延圣寿"的寺庙。

1439年（正统四年），王玺再次携奏章进京，正式向皇帝奏请修建寺庙。

1440年（正统五年），王玺大捐己资，与土僧正知、普恩、海祥等僧侣一道，正式大兴土木，开始营造报恩寺。

1446年（正统十一年），历时七载，报恩寺主体建筑基本完成。"殿宇深峻，阶墀轩敞。殿之前，则有天王殿、三桥、山门、二狮、二幢、钟楼，而极其华美。殿之后，则有七佛楼、二亭、戒台、龙神祖师之堂，而极其壮丽。殿之南北，峙以大悲殿、轮藏殿，而翼以廊庑。楼之后，则环以方丈室、僧寮、斋厨、库舍，悉完整清洁。"随后，王玺又再赴京师，延请翰林院检讨李本撰写了《敕修大报恩寺碑铭》，将其带回刻石。

1452年（景泰三年），王玺去世，其子王鉴继承父职，并以先父未竟之志，再次前往京师，奏于帝廷，获得皇帝"准从"。归来后与宣抚使薛忠义、副宣抚使李爵等人协商共同出资，一并装塑佛像，彩绘楼阁等。宣抚使薛忠义、薛公傅，副宣抚使李爵共同装塑了正殿内三尊大佛像；百夫长薛忠信及其子薛志冕捐资装塑了大悲殿内的圣父圣母（即千手观音的父母），舍人薛忠恩资款装塑了千手观音及殿内的观音得道壁塑。平武地方的其他官员士绅商贾也纷纷捐资出力，继续装塑修葺。

1460年（天顺四年），报恩寺全部得以完成，前后历经二十载。

1460—1956年，报恩寺历经数次地震和清王朝数载的兵燹浩劫而幸存，其价值弥足珍贵。

1956年8月16日，四川省人民委员会公布报恩寺为四川省第一批省级文物保护单位。

1980、1981年暑期，重庆建筑工程学院建筑系（现重庆大学建筑城规学院）建筑历史研究室教师指导77级、78级建筑学本科生开展了对平武报恩寺建筑群的调查与测绘，共完成精美的测绘图手稿近百张。

1996年11月20日，报恩寺被国务院公布为第四批全国重点文物保护单位。

2008年5月12日，报恩寺经历汶川大地震，建筑受到不同程度影响。

2008年6月，由清华大学文化遗产保护研究所对寺内受损部位进行调查后，制订了文物保护抢救工程的灾后重建修复规划方案。

2010年暑期，重庆大学建筑城规学院建筑历史与理论研究所教师指导2006级建筑学专业部分本科学生对原始测绘图纸进行了数字化处理。

2010年6月底至2011年3月，国家文物局拨款5700万元修缮报恩寺，开始了报恩寺史上最大规模、最全面、最彻底的一次修缮工程，一期工程竣工。

2013年，由重庆大学建筑城规学院建筑历史与理论研究所主编，包括《平武报恩寺》在内的《中国西南古建筑典例图文史料》丛书得到国家出版基金的资助，使得这批珍贵的史料能够得以问世。

后记

本图书的编写是对重庆大学建筑城规学院历史建筑测绘及研究工作成果的总结。从前期的实地测绘到后期的整理工作，其间凝结了许多不辞辛劳且热爱中国传统建筑文化的人们的心血。

参与平武报恩寺古建筑群测绘、图纸整理和丛书编著的工作人员名单如下：

一、古建筑测绘

时间：1980 年、1981 年暑期

指导教师：叶启燊、邵俊仪、白佐民、杨嵩林、李先逵

参加学生：

1977 级建筑学专业：

邹正瑜、王丁士、施维琳、徐　艺、李亚琴、谭　英、杨文华、李小静、毛永宁、赵洪宇、曹光辉、胡　翌、黄　平、刘正荣、王求是、徐行川、钟　华、刘家琨、潘　安、华　林、王浩明、潘国柱、胡小滨、戴志中、杨文炎、汤　桦、付　勤、潘　欣、郭德桥、陆　琦、付海聪、曾子文、孙　平、范晋华、杨　鹰、尹元良、李　奇、程文德

1978 级建筑学专业：

董晓鸣、江　汀、徐　慧、李茜子、丁晓兰、孙慧玲、向　莉、姜　黎、李超英、唐　璋、张白为、成　立、杨崇场、卓　刚、叶四安、李世煜、邹　伟、曾旭东、杨　嘉、孙　威、龚　进、张文斗、吴　超、甘　川、邹华堂、唐明宇、陈卫东、曾　旭、欧启高、李秉奇、林　毅、王　奇、何锦超、王　冬、何永能、陈中义、甘　红

二、测绘图纸的数字化处理

时间：2010 年暑期

指导教师：郭　璇、戴秋思

参加学生（2006 级建筑学专业一班）：

张　溥、范娟娟、王英楠、金圣现、翟逸波、余　岛、吴晓帆、晏心奕、高　帅、陈　斯、徐　腾、罗　米、姚　远、帅彦男、朱光旭、王玉琦、郭　或、徐　绮、杨翔宇、何鹏程、刘生兵、杨成垒、刘　菁、陈力然、王　聪、舒晨箫、江玉林、蔡尚君、张　寒、于　杨、张文青、张　亮、刘　锦、樊俊苏、陈劲帆、何　磊、张欢欢、潘　皓、付　逸

三、本书的编撰

本书由郭璇和戴秋思总体负责编写。

报恩寺震后的照片由张兴国提供。戴志中、徐艺负责测绘老照片的征集。张书铭承担了主要建筑实景照片的拍摄和排版。

赵月苑、游璐、王谊、程辉参加了本书的初编工作。

张书铭、彭文峥、崔燕宇、张羽佳、张著灵、尹子祥、吴奕霖、张潇镭、罗玺逸等参加了测绘图纸的补绘、修正、编排和本书的精编、校对工作。冷婕对部分文字进行了修正和编辑。

希望本书系不仅能供建筑学领域研究人员参阅，同时可以作为文物保护工作者、管理者的参考书，也能激起更多有识之士和民间大众对我国建筑遗产的珍视和保护之情。这正是编者的初衷。

编　者
2014 年 6 月

参考文献

［1］（清）邓存咏，等.龙安府志［M］.四川：平武县人民政府重印，1996.

［2］平武县文物保护管理所.平武县文物志［M］.四川：平武县文物保护管理所，1984.

［3］刘致平.西川的明代庙宇［J］.文物参考资料，1953（3）.

［4］刘敦桢.刘敦桢文集（一）［M］.北京：中国建筑工业出版社，1982.

［5］刘敦桢.刘敦桢文集（二）［M］.北京：中国建筑工业出版社，1984.

［6］刘敦桢.刘敦桢文集（三）［M］.北京：中国建筑工业出版社，1987.

［7］刘致平.中国建筑类型及结构［M］.北京：中国建筑工业出版社，1987.

［8］梁思成.营造法式注释［M］.北京：中国建筑工业出版社，1983.

［9］梁思成.清式营造则例［M］.北京：中国建筑工业出版社，1981.

［10］杨鸿勋.建筑考古学论文集［M］.北京：文物出版社，1987.

［11］陈麟书，朱森溥.世界七大宗教［M］.重庆：重庆出版社，1986.

［12］刘敦桢.中国古代建筑史［M］.北京：中国建筑工业出版社，1984.

［13］张驭寰.中国古代建筑技术史［M］.北京：科学出版社，1985.

［14］于倬云.紫禁城宫殿［M］.香港：商务印书馆香港有限公司，1982.

［15］李志荣.平武报恩寺研究［D］.重庆：重庆建筑工程学院，1988.

［16］庄裕光.报恩寺求索［J］.华中建筑，1995（4）.

［17］四川省文物考古研究院，四川省平武报恩寺博物馆，四川省平武县文物保护管理所.平武报恩寺［M］.北京：科学出版社，2008.

［18］苏洪礼.石雕佳作——报恩寺石香炉［J］.四川文物，2000（6）.

［19］李立.地震灾害对文化遗存的影响与文物抗震保护的历史经验——以四川省平武报恩寺古建为例［J］.中外文化与文论，2009（2）.

［20］四川省革委会地震办公室.四川省地震目录［M］.成都：四川省革委会地震办公室，1975.

［21］四川省革委会地震办公室.四川省志·地震志［M］.成都：四川省革委会地震办公室，1998.

［22］向远木.报恩寺揽胜［M］.北京：中国三峡出版社，2000.

［23］四川省地方志编纂委员会.四川文物志［M］.成都：四川人民出版社，1999.

［24］刘煜.历史的延续——平武报恩寺［J］.紫禁城，2010（1）.

［25］夏克礼.清华专家援手"深山故宫"震后疗伤［N］.四川日报，2011-01-21.

［26］殷汝培.清华大学专家"捉刀"平武报恩寺动"大手术"［N］.绵阳日报，2011-02-19.

［27］陈四四，吕舟.文物保护的新视野［N］.四川日报，2011-09-16.

［28］梁思成.中国建筑史［M］.天津：百花文艺出版社，1998.

［29］梁思成.图像中国建筑史［M］.天津：百花文艺出版社，1998.

［30］梁思成.梁思成文集（二）［M］.北京：中国建筑工业出版社，1984.

［31］赵立瀛，何融.中国宫殿建筑［M］.北京：中国建筑工业出版社，1992.

［32］王世仁.明清时期的民间木构建筑技术［J］.古建园林技术，1985（3）.

［33］马炳坚.中国古建筑木作营造技术［M］.北京：科学出版社，1991.

［34］马炳坚.明清官式木构建筑的若干区别（上）［J］.古建园林技术，1992（2）.

［35］马炳坚.明清官式木构建筑的若干区别（中）［J］.古建园林技术，1992（3）.

［36］潘谷西.营造法式初探（一）［J］.南京工学院学报，1980（4）.

［37］潘谷西.营造法式初探（二）［J］.南京工学院学报，1982（2）.

［38］潘谷西.营造法式初探（三）［J］.南京工学院学报，1985（1）.

［39］潘谷西.营造法式初探（四）［J］.南京工学院学报，1990（5）.

［40］潘谷西.中国古代建筑史：第四卷［M］.北京：中国建筑工业出版社，2001.

［41］于倬云.斗栱的运用是我国古代建筑技术的重要贡献［A］.科技史文集［C］.上海：上海科学技术出版社，1982.

［42］陈增弼.《鲁班经》与《鲁班营造正式》［A］.建筑历史与理论：第三、四辑［C］.南京：江苏人民出版社，1982.

［43］郭湖生.关于《鲁班营造正式》和《鲁班经》［A］.科技史文集：第7辑［C］.上海：上海科学技术出版社，1981.

［44］陈明达.营造法式大木作制度研究［M］.北京：文物出版社，1993.

［45］王其亨.古建筑测绘［M］.北京：中国建筑工业出版社，2006.

［46］郭华瑜.明代官式建筑大木作［M］.南京：东南大学出版社，2005.

［47］郭华瑜.明代官式建筑侧脚生起的演变［J］.华中建筑，1999（4）.

［48］陈诗启.明代的工匠制度［J］.历史研究，1955（6）.

［49］单士元，王璧文.明代建筑大事年表［M］.北京：中国营造学社，1996.

［50］李先逵.深山名刹平武报恩寺［J］.古建筑园林技术，1994（2）.

［51］李先逵.古代巴蜀建筑的文化品格［J］.建筑学报，1995（3）.

［52］焦洋.报恩寺万佛阁探微［J］.华中建筑，2008（8）.

［53］向远木.四川平武明报恩寺勘察报告［J］.文物，1991（4）.

［54］向远木.记平武报恩寺［J］.四川文物，1986（3）.

图书在版编目（CIP）数据

平武报恩寺 / 郭璇，戴秋思编著 . —重庆：重庆

大学出版社，2015.3

（中国西南古建筑典例图文史料）

ISBN 978-7-5624-8580-3

Ⅰ . ①平… Ⅱ . ①郭…②戴… Ⅲ . ①寺庙—古建筑

—介绍—平武县 Ⅳ . ① K928.75

中国版本图书馆 CIP 数据核字（2014）第 206877 号

中国西南古建筑典例图文史料
Pictorial Historic Recordings of Representative
Ancient Architecture in Southwest China

平武报恩寺
Bao-en Temple of Pingwu

郭 璇 戴秋思 编著

策划编辑：林青山 张 婷

责任编辑：林青山 版式设计：范云川

责任校对：刘雯娜 责任印制：赵 晟

*

重庆大学出版社出版发行

出版人：邓晓益

社址：重庆市沙坪坝区大学城西路 21 号

邮编：401331

电话：（023）88617190 88617185（中小学）

传真：（023）88617186 88617166

网址：http://www.cqup.com.cn

邮箱：fxk@cqup.com.cn（营销中心）

全国新华书店经销

重庆市金雅迪彩色印刷有限公司印刷

*

开本：787×1092 1/8 印张：35.25 字数：905 千

2015 年 3 月第 1 版 2015 年 3 月第 1 次印刷

ISBN 978-7-5624-8580-3 定价：350.00 元